Der Graupapagei

„Wie findet man Mut zur Veränderung?"

Ein Tippgeber

Impressum

© 2020 Daniel White

Verlag und Druck: tredition GmbH, Halenreie 40-44,
22359 Hamburg

ISBN Taschenbuch: 978-3-7497-5561-5 (Paperback)
ISBN Hardcover: 978-3-7497-5562-2 (Hardcover)
ISBN e-Book: 978-3-7497-5563-9 (e-Book)

Bibliografische Information der Deutschen
Nationalbibliothek:
Die Deutsche Nationalbibliothek verzeichnet diese
Publikation in der Deutschen Nationalbibliografie;
detaillierte bibliografische Daten sind im Internet über
http://dnb.d-nb.de abrufbar.

Inhalt

Dieses Buch ist meiner geliebten Omi gewidmet, die am 08.04.2017 im Alter von 101 Jahren verstarb.

Vorwort

Herzlich willkommen zu meinem Nachschlagewerk für Neugierige, Suchende, Arbeitslose, Freidenker, vom Berufsalltag Genervte, Studenten, Studienabbrecher, für jene, die sich frühmorgens nicht mehr durch das grausame Geräusch des Weckers aus dem Schlaf reißen lassen und in den ihnen Bauchschmerzen machenden Arbeitsalltag quälen wollen, oder für jene, die zwar schon seit Längerem mit dem Gedanken an eine neue Tätigkeit spielen, aber noch nicht den Mut aufgebracht haben, den letzten Schritt raus aus Ihrer jetzigen Tätigkeit zu vollziehen. Sie spielen mit dem Gedanken, in die Selbstständigkeit zu gehen oder einen beruflichen Neustart vorzunehmen, aber sind sich noch nicht im Klaren darüber, wie Sie das umsetzen oder welche Tätigkeit Sie überhaupt in Erwägung ziehen sollen? Sie denken nur noch daran, dass Sie schnell rausmüssen aus Ihrer alten Tretmühle und deshalb dringend etwas Neues für sich suchen?

Da Sie das Buch in Ihren Händen halten, suchen Sie vermutlich nach einem Rat für Ihren nächsten Schritt, nach einer Idee oder Inspiration. Das ist klug. Sich zu informieren ist immer klug. Damit sind Sie Ihrem Ziel schon ein Stückchen näher gekommen. Dies ist Ihr erster Schritt. Dazu kann ich Ihnen nur gratulieren: „Herzlichen Glückwunsch!" Nun gilt es, weitere zu tun.

Zum Verständnis: Zur besseren Lesbarkeit wird in diesem Buch die männliche Form verwendet. Die weibliche Form ist selbstverständlich immer mit eingeschlossen.

Sie haben vielleicht auch schon einige Ratgeber gelesen? Es war aber noch keiner dabei, von dem Sie sich angesprochen fühlten? Oder Sie fühlen sich angesichts der Flut von Selbstverwirklichungsratgebern regelrecht orientierungslos? Der eine meint, dass ein Wechsel in die Selbstständigkeit oder Freiberuflichkeit durchaus riskant ist, der andere, dass man alles ändern kann.

Dazu sage ich: „Nein, nicht alles, aber vieles." Dieses Buch ist auch kein Bewerbungsstrategieratgeber oder ein Existenzgründungsstrategieratgeber, das ein Patentrezept enthält mit einer 100-prozentig verbrieften Erfolgsgarantie für ein zukünftig sorgenfreies Berufsleben, da natürlich die individuellen Ausgangslagen, Berufserfahrungen und Charaktere von Menschen sehr unterschiedlich sind und niemand treffsichere Zukunftsprognosen für die allgemeine wirtschaftliche und die Branchenentwicklung geben kann.

Es soll Ihnen vielmehr dabei helfen Ihre Potenziale zu entdecken und Ihre Ideen auszuarbeiten, damit Sie zukünftig ein zufriedeneres Leben führen können. Sie machen ab jetzt das, was Sie für richtig halten, und befolgen keine gut gemeinten Ratschläge von Arbeitskollegen, Freunden oder Eltern. Es geht nun darum, dass Sie Ihr Talent entdecken und aus Ihren Fähigkeiten Fertigkeiten machen und herausarbeiten, wie Sie sich positionieren und wie Sie schlussendlich Ihren Platz am Markt finden. Das Wichtigste ist, dass Sie sozusagen Ihr Ding finden und machen.

Das Buch bietet Ihnen kleine Hilfestellungen für einen Neustart, angereichert mit Schilderungen aus meinen reichhaltigen Berufserfahrungen und persönlichen Anekdoten von meiner Odyssee, in denen Sie sich vielleicht wiederfinden und die Sie in Ihrer jetzigen Situation inspirieren und ermutigen sollen, an sich und Ihren neuen Weg zu glauben. Es soll Ihnen auch als kleines, schnelles Nachschlagewerk dienen, sozusagen als Rüstzeug und Begleiter für die Umsetzung Ihres Neustarts. Dieses Buch wird Sie zuversichtlicher stimmen, Ihren neuen Weg weiterzugehen. Es soll auch dazu dienen, Ihnen Denkanstöße zur Erweiterung Ihrer Sichtweisen und zur Umsetzung Ihres Vorhabens zu geben. Durch diese Denkanstöße werden Sie vielseitige Anregungen für sich bekommen und in der Folge Ihre Situation aus anderen Blickwinkeln unter die Lupe nehmen, sie mit frischem Blick bewerten und sich Ihre Palette an Handlungsmöglichkeiten neu vergegenwärtigen. Verschieben Sie nichts auf morgen, oder wie Johann Wolfgang von Goethe es sagte: „Was immer du tun kannst oder träumst, es zu können, fang damit an."

Was auch immer Ihr Beweggrund für eine Veränderung sein mag: Der nervige Chef und seine cholerische Art oder seine unterschwelligen, provokant in den Raum gesprochenen und für alle hörbaren – aber nur auf Sie gemünzten – Kommentare zu Ihrer Arbeitsweise, das subtile Mobbing der Kollegen, die täglichen Bauchschmerzen, mit denen Sie in einer 40- oder 50-Stunden-Woche zur Arbeit gehen; die Geringschätzung, die Sie für Ihre Arbeit erhalten und die Ihnen das Gefühl gibt, eine Null zu sein. Der Tropfen, der das Fass zum Überlaufen gebracht hat, ist gefallen. Kurzum, die Zeit ist für Sie gekommen, zu handeln. Sie wollen und können die gegebenen Umstände nicht mehr hinnehmen.

Sie streben nach Veränderung, was innerhalb Ihres jetzigen Settings aber nicht möglich ist, und haben den Entschluss gefasst, dass es so nicht mehr weitergehen kann und etwas Neues hermuss. Dafür fehlt Ihnen vielleicht die zündende Idee oder die Herangehensweise, wie Sie den Wechsel gestalten sollen, ohne auf die Nase zu fallen. Damit das nicht passiert, brauchen Sie einen Plan, wie Sie sich sicher denken können. Ich gebe Ihnen dafür Beispiele, wie Sie ihn erstellen und für sich nutzbar machen können. Fakt ist, dass Sie ihn benötigen werden, um einen behutsamen Übergang zu schaffen von Ihrer jetzigen Tätigkeit hin zu Ihrem neuen Wunschberuf. Wenn Sie meine Anregungen in Ihre Pläne mit einbeziehen, dann werden Sie bald mit einem Zufriedenheitsgefühl in Ihren neuen Berufsalltag starten. Ich bin mir sicher, dass Sie nach Beendigung dieser Lektüre in einer zuversichtlicheren Aufbruchstimmung sind, als jetzt.

In diesem Sinne wünsche Ihnen viel Spaß mit dem Buch, viel Erfolg und ein Quäntchen Glück für Ihren Neustart! Was auch immer Ihr Traum oder Wunsch nach einer Veränderung in Ihrem Leben für Sie sein mag – seien es Ihre jahrelangen beruflichen Bemühungen, die Sie trotzdem in einer Sackgasse landen lassen, oder die fehlende Anerkennung im Beruf, obwohl Sie tagein, tagaus alles gegeben haben –, jetzt ist der Zeitpunkt für Sie gekommen, um zu sagen:

1. „Schluss damit" oder „Ich hol mich hier raus"

Vielleicht kennen Sie das Gefühl der Ohnmacht, nur Ausführender und quasi Befehlsempfänger, statt selbstbestimmt Handelnder zu sein? Das Gefühl, wie ein Papagei Informationen nur nachzuplappern und nicht eigenständig innovativ und kreativ sein zu können?

Übrigens haben Wissenschaftler festgestellt, dass Graupapageien auch bedeutungsbezogen sprechen können und zu erstaunlichen Gedächtnisleistungen fähig sind. Es ist also nicht zutreffend, wenn man dem Papagei unterstellt, dass er Gehörtes nur nachplappert, aber keine eigenen, auf Gedächtnisleistungen basierenden Beiträge entwickeln kann.

Seien Sie ein Graupapagei mit eigenen Gedanken und befreien Sie sich aus Ihrem Alltagskäfig. Seien Sie ab jetzt dadurch zuversichtlich, dass Sie gedanklich den Spieß umdrehen und sich auch mithilfe des Buches nichts mehr gefallen lassen. Somit ertragen Sie die Äußerungen Ihres Chefs, Ihrer Freunde oder gar Ihrer Familie viel leichter und lassen sich nicht mehr so stark beeinflussen durch deren negative Kommentare oder Aussagen wie: „Es wird schwer für Sie, die Konkurrenz im Unternehmen ist groß." „Was, du willst dich jetzt noch mal beruflich verändern? Was soll das denn werden? Überleg mal, wie alt du bist", „Und was verstehst du von einer anderen Branche?", „Was, du willst ein sicheres Einkommen eintauschen gegen finanzielle Ungewissheit?" oder „Was wird aus deiner Familie, wenn du kein regelmäßiges Geld nach Hause bringst?". Die Frage nach der Sicherheit Ihres jetzigen Einkommens darf durchaus erlaubt sein. Die nächsten Rationalisierungsmaßnahmen könnten auch Ihren scheinbar sicher geglaubten Arbeitsplatz betreffen. Das hat es alles schon gegeben. Sie wären kein Einzelfall. Welchen Wert hat also das Gefühl des vermeintlich sicheren Einkommens, wenn Sie auf der anderen Seite weiterhin jahrelang mit Bauchschmerzen zur Arbeit gehen? Mit dem möglichen Ergebnis, immer frustrierter und für andere im

privaten Umfeld unerträglich zu werden, weil Sie depri-
miert und permanent gereizt sind? Schlussendlich riskieren
Sie dadurch sogar, Ihre Gesundheit dauerhaft zu schädigen.

Aussagen über die scheinbar schöne, heile Arbeitnehmer-
welt werden meist von Ahnungslosen getätigt, also von
Menschen, die noch nie über den Tellerrand geblickt haben.
Das heißt Menschen, die sich noch nie aus ihrer Komfort-
zone bewegt haben und beispielsweise als Jugendliche von
der Schule in die Berufsausbildung gingen, sich immer noch
in ihrem Erstberuf befinden, möglicherweise im elterlichen
Haus blieben oder sich in dessen Nähe ansiedelten und sich
noch nie Gedanken über andere Lebensformen, persönliche
Entfaltungsmöglichkeiten und andere Berufswelten machten.

Menschen, die nie in Betracht zogen, dass es auch für sie
selbst interessant sein könnte, sich diesen zu widmen. Menschen, die nur konvergentes Denken und nicht laterales beziehungsweise divergentes Denken gelernt haben.

Diese Menschen sind geprägt durch ihre Scheuklappen-
Sichtweise und fehlende Erfahrungswerte und geben dennoch zu allem ihren unqualifizierten Senf dazu, so auch
möglicherweise zu Ihren Plänen. Sie sind im Prinzip die
„Zweifler" oder „Nörgler", die bei Ihnen unter Umständen
Ängste auslösen und Sie verunsichern können. Von diesen
müssen Sie sich regelrecht befreien. Womöglich müssen Sie
sich dafür komplett zurückziehen, um sich in Ruhe Ihrer
neuen Aufgabe widmen zu können. Verstehen Sie mich richtig, es geht nicht darum, Ihren Freundeskreis aufzulösen

und sich allein zuhause einzuschließen. Sondern es geht darum, sich von kraftraubenden Umständen und Einflussgrößen zu lösen.

Ich habe auch erlebt, dass ausgerechnet die Personen ihren Senf zur Selbstständigkeit oder freischaffenden Tätigkeit dazugaben, die bisher nur Arbeitnehmer waren, keine Ahnung von der Materie hatten und alles aus Arbeitnehmersicht betrachteten, getreu dem Motto: „Bist du wahnsinnig, von einer freischaffenden oder gänzlich neuen Tätigkeit würde ich dir abraten. Wie kommst du überhaupt auf die Idee? Ist doch auch viel zu riskant. Und ohne geniale Geschäfts- oder Berufsidee sowieso zwecklos." Stellen Sie sich einmal vor, es gäbe nur Arbeitnehmer und keine Menschen mit Mut zur Selbstständigkeit beziehungsweise einer kreativen Selbstständigkeit. Praktisch gesehen gäbe es nur einen staatlich gelenkten Großkonzern, der „sichere" Arbeitsplätze vergibt, sowie keine Kleinunternehmer, was natürlich weltfremd ist. Aber genau das käme am Ende dabei raus, wenn man auf die Zweifler und Nörgler hören würde. Ich sage nur: DDR oder was?!

Es braucht also Unternehmergeist. Egal, ob beispielsweise als Einmannbetrieb oder mit Geschäftspartnern. Egal, ob mit kleinem Handwerksladen, einem Künstler- und Zauberartikelbedarf, einer Vermittlungsagentur für Gestrandete, Querdenker und Nonkonformisten oder einem Software- und App-Store; egal womit Sie starten wollen, jetzt sollten Sie sich nur noch mit Fürsprechern umgeben anstatt mit Bremsern, selbst wenn Sie dann allein ohne Unterstützer durchstarten.

Der Autor

Wer bin ich?

Mein Name ist Daniel White, ich bin Deutscher, 56 Jahre alt und im damaligen West-Berlin aufgewachsen. Meine Mutter ist Deutsche und mein Vater war Afroamerikaner. Ich bin verheiratet und habe einen 14-jährigen Sohn. Nach meinem Abitur wollte ich den Versuch wagen, auf eine Schauspielschule zu gehen. Voraussetzung dafür war, dass man die Aufnahmeprüfung bestand. Bei mir sollte es letztlich zwei Jahre dauern, bis ich in Wien am Max-Reinhardt-Seminar angenommen wurde.

Bis dahin hatte ich die Zeit mit Aushilfstätigkeiten überbrückt, um mich über Wasser zu halten. So zum Beispiel als Kellner in Cafés, Callcentermitarbeiter, Reinigungskraft in Putzkolonnen, Lager- und Bürohilfskraft bei einer großen Firma in Berlin-Spandau, Hilfsarbeiter in Fabriken, wo ich acht Stunden lang Gewinde gebohrt oder ganztägig Europaletten mit Waren in Plastikfolie eingeschweißt habe. Während der ganzen Zeit motivierte ich mich einzig und allein mit dem Gedanken daran, eines Tages Schauspieler zu sein.

Mehr war es zunächst nicht, denn meine Realität sah anders aus und ich musste weiterhin meinen Aushilfstätigkeiten nachgehen. Ich hing buchstäblich in der Luft, da ich nicht wusste, ob ich die Aufnahmeprüfungen an einer Schauspielschule überhaupt bestehen würde und meinen Traum würde verwirklichen können. Am Ende hätte ich mit leeren Händen dastehen können. Mein Handeln war riskant, denn es verging wertvolle Zeit ohne greifbare Ergebnisse im Hinblick auf eine Berufsausbildung oder ein Studium. Andererseits ließ ich mich nicht von Zweiflern von meinem Wunsch abbringen. Was sollte ich tun? Wie kam ich von den Aushilfstätigkeiten zu meinem Traumberuf? Ein Plan musste her. Ein Schritt dabei war, mir professionelle Hilfe für die Erarbeitung von Vorsprechtexten zu holen, denn bei meinen ersten beiden Aufnahmeprüfungen hatte ich meine Vorsprechtexte allein vorbereitet, ohne aber irgendeine Sachkenntnis von Rollen- und szenischer Schauspielarbeit zu haben. Durch diese naive Vorbereitung fiel ich an den Schauspielschulen in Berlin und Bochum durch. Erst dank der Unterstützung einer erfahrenen Schauspiellehrerin namens Frauke Janssen und der monatelangen Vorbereitungen mit ihr bestand ich dann glücklicherweise die Aufnahmeprüfung am Max-Reinhardt-Seminar in Wien.

Nach meinem Diplom arbeitete ich fast 20 Jahre lang als Schauspieler. Während dieser Zeit war ich auch tätig als freier Mitarbeiter in der Öffentlichkeitsarbeit für Off-Theater, als Coach für Körpersprache und szenisches Spiel, als Synchronsprecher und Co-Texter für Songtexte im Auftrag von semiprofessionellen Musikproduzenten sowie Mitorganisator für Projekte im Bereich Kulturwirtschaft.

Heute bin ich beruflich unter anderem tätig als Jobcoach für junge arbeitsuchende Erwachsene, erwachsene Flüchtlinge und Schüler, die Orientierung auf dem Ausbildungs- und Arbeitsmarkt benötigen. Des Weiteren berate ich in meiner Funktion als Erzieher Eltern in Erziehungsfragen, auch unter Nutzung meiner interkulturellen Kompetenzen. Durch meine beraterischen Tätigkeiten unterstütze ich die Erziehungsberechtigten, sich ihrer Ressourcen bewusst zu werden. Ich ermutige sie auch dahingehend, andere Sicht-weisen wahrzunehmen und weiterzuentwickeln, um die neu gewonnenen Erkenntnisse für sich nutzbar zu machen. Ich stehe ihnen mit Rat und Tat zur Seite, und wir entwickeln gemeinsam ein spezifisches Angebot mit dem Ziel, für alle Beteiligten zufriedenstellende Lösungen herbeizuführen. Zudem ist der körpersprachliche Aspekt, als zusätzlicher Bereich meiner Arbeit als Coach für Körpersprache, ein unterstützender Faktor, mit dem Ziel, die Handlungsspielräume aller Beteiligten zu erweitern.

Erste Schritte

Seien Sie zuversichtlich. Alles beginnt mit Zuversicht und einer Idee, darauf folgt der Plan zur Umsetzung dieser Idee. Wer weiß, vielleicht gelingt es Ihnen sogar, durch ein fantasievoll entwickeltes Alleinstellungsmerkmal eine Marktlücke zu besetzen und zu nutzen und Marktführer in einem Bereich zu werden. Dann würde niemand mehr denken, dass Sie nicht imstande sind, etwas Eigenes auf die Beine zu stellen, wie die besagten Besserwisser behaupten.

Diese Zweifler und Nörgler brauchen Sie nicht. Sie pflegen negative, defizitär ausgerichtete Gedankengänge und Argumentationsketten und rauben Ihnen nur Energie. Es geht ab jetzt um Sie und Ihre Bedürfnisse, Ihren Traum und darum, dass Sie in Zukunft selbstbestimmt arbeiten, ohne das Gelaber Ihres jetzigen Chefs, Ihrer Kollegen oder gar Freunde. Sie werden jetzt Ihr eigener Chef, denn Sie halten die Fäden Ihrer Zukunft in der Hand und entscheiden selbst, was jetzt passiert. Sie sind bereit für einen Neustart.

Dem gegenüber steht vielleicht Ihr Ratenkredit, den es noch zu tilgen gilt; womöglich haben Sie mehr Gegner als Unterstützer für Ihren neuen Plan oder Sie plagt ein durch den Berufsalltag und das Familienleben voller Terminkalender. Diese Tatsachen erscheinen Ihnen vielleicht wie Gewichte an den Füßen, und Sie fragen sich, wie Sie unter diesen Umständen den Neuanfang realisieren sollen. Dies funktioniert zunächst einmal, indem Sie Ihr Sichtfeld erweitern, um neue Sichtweisen zu bekommen.

Was meine ich damit? Es bedeutet, dass Sie sich für Ihre nächsten Schritte neue Fragen sowie alte Fragen neu stellen. Um bei dem Beispiel des Ratenkredites zu bleiben: Überdenken Sie, ob unter Einbeziehung neuer Sichtweisen und als Ergebnis der substanziellen Planung Ihrer Geschäftsidee für Sie nicht doch die Möglichkeit besteht, sich von Familienangehörigen oder einem guten Freund finanziell unterstützen zu lassen. Somit hätten Sie ein kleines Finanzpolster und wären nun einerseits imstande, finanzielle Altlasten bei der Bank zu tilgen, oder andererseits in der Lage, eine anfängliche kleine Durststrecke zu überwinden. Vielleicht gibt es in Ihrem weiteren Umfeld sogar jemanden, den Sie aufgrund Ihrer bisherigen Ausschlusskriterien für sich ausgeschlossen haben.

Ausschlusskriterien könnten sein: persönliche Ängste, sich zu offenbaren, Ängste vor fehlenden Argumenten bei der Präsentation Ihres neuen Vorhabens oder Ängste davor, nicht verstanden zu werden und deshalb einen Gesichtsverlust erleiden zu müssen. Vielleicht gibt es auch jemanden, an den Sie im Zusammenhang mit einer potenziellen Existenzgründung überhaupt noch nicht gedacht und den sie nicht in Betracht gezogen haben. Sie müssen jetzt die ersten

Schritte gehen und sich aus der Deckung wagen, sonst werden Sie von anderen nicht wahrgenommen.

Denken sie groß. Diese Haltung können Sie sich mithilfe der kleinen Anregungen schrittweise erarbeiten. Dann können Sie sich gewiss sein, dass Ihre Bemühungen relativ zeitnah Früchte tragen werden. Bitte merken Sie sich: Lächerliche Ideen oder Gedankengänge gibt es nicht. Nur wer bei dem Versuch Gedankenspiele zuzulassen, sofort abwinkt, gibt sich nämlich letzten Endes selbst der Lächerlichkeit preis.

Denken Sie nach: Wer könnte Ihnen helfen? Wer könnte Ihnen Startkapital leihen, wen könnten Sie als Investor an Ihrem Gewinn beteiligen? Mit welchen Bekannten oder Gleichgesinnten könnten Sie Partnerschaften bilden?

Derjenige wird eine lächerliche Gestalt bleiben, der nicht imstande ist, den konventionellen Gedankenkurs zu verlassen. Er würde weder im Angestelltenverhältnis noch als Selbstständiger auf den sogenannten grünen Zweig kommen und vermutlich bis zur Rente im Unzufriedenheitsmodus dahindümpeln. Er gehört zu den Zweiflern und Nörglern und sieht sich durch seine Art zu denken Ihnen gegenüber im Vorteil. Dann lassen Sie ihn doch in dem Glauben! Und bedenken Sie folgendes Sprichwort: „He laughs best that laughs last." Zu deutsch: „Wer zuletzt lacht, lacht am besten."

Darum lege ich Ihnen eines ans Herz: Haben Sie Vertrauen und Geduld. Am Anfang benötigt man einen langen Atem, aber Ihre Bemühungen werden sich auszahlen. Um diese zielgerichtet einzuleiten, bin ich Ihnen dabei behilflich, in die richtige Spur zu finden.

Wenn Sie erst einmal eine Idee haben, arbeiten Sie hartnäckig und konsequent an ihr und geben Sie sich ausreichend Zeit, auch wenn Sie ein ungeduldiger Typ sein sollten. Ungeduld ist nicht unbedingt eine schlechte Tugend, man muss nur lernen, sie zu kanalisieren. Sie benötigen am Anfang ein wenig Zeit, um Ihre Geschäftsidee zu entwickeln und wachsen zu lassen.

Falls Sie noch keine konkrete Geschäftsidee haben, entwickeln Sie weitere Fragestellungen, die dazu dienen sollen, Ihr Gedankenspektrum zu erweitern. Die Fragen könnten wie folgt lauten: Welche Tätigkeiten habe ich bis jetzt für mich ausgeschlossen? Liegen darin, bei neuer Betrachtung, vielleicht sogar Chancen, die ich noch gar nicht bedacht habe? Stelle ich mir vor, ein bestimmtes Produkt oder mehrere zu vertreiben, oder bin ich selbst das Produkt? Stellen Sie sich Fragen, die Sie bisher kaum in Betracht gezogen haben. Nehmen Sie kein Blatt mehr vor den Mund. Vielleicht möchten Sie sogar alles in Ihrem Leben ändern. Endlich alles anpacken, beruflich wie privat. Weitere Fragen dafür könnten lauten: Was wollte ich eigentlich schon immer mal machen? Will ich die Welt bereisen und anschließend ein Buch darüber schreiben? Will ich mich für die Mars-Mission bewerben? Mich hat das Universum schon immer fasziniert. Ein erster Schritt und Ausspruch dahin gehend könnte sein:

„Ich habe mich für einen Parabelflug beworben, weil ich endlich einmal das Gefühl der Schwerelosigkeit erleben will."

Nichts ist unmöglich. Sie müssen nur den ersten Schritt wagen. Der könnte so aussehen, dass Sie danach feststellen: „Ich habe mich gut gefühlt, als ich eine professionelle Homepage für mich in Auftrag gegeben habe." Oder: „Ich habe mich endlich zum Sprachkurs angemeldet, um für meine Reisen und meinen zukünftigen Beruf besser gewappnet zu sein."

Halten Sie solche Fragestellungen und Gedankenspiele unbedingt auf einer To-do-Liste fest. Näheres dazu erläutere ich auf den folgenden Seiten. Aus diesem Brainstorming ergeben sich wiederum neue Fragestellungen und auch neue Antworten. Falls Sie bis jetzt noch überhaupt keine Idee für einen passenden Beruf, aber den Wunsch nach beruflicher Veränderung oder einem Neueinstieg haben sollten, liste ich Ihnen jetzt ein paar Vorschläge für Branchen auf und darauf folgend einige Berufsideen, die Ihnen als Hilfestellung dienen sollen, um herauszufinden, in welche Richtung es für Sie gehen könnte.

Richten Sie Ihre Suche und Fragestellungen bezüglich Ihrer persönlichen Wünsche natürlich auch dahin gehend aus, welchen Nutzen Ihr zukünftiges Klientel aus Ihrer Tätigkeit ziehen könnte. Zum Beispiel ein mobiler Kinderbetreuer, der Kinder bespaßt, aber auch sozusagen als Seelsorger fungiert, oder ein mobiler Betreuer für ältere Menschen, der für ein wenig Abwechslung im Heimalltag oder bei den älteren Menschen zu Hause im Sinne eines Unterhalters sorgt. Sie bedürfen der Zuwendung, die sie von Pflegediensten oder

Heimpersonal kaum erhalten, da diese ein sehr enges Zeit-korsett haben. Oder Sie richten einen Rundum-Service für den gestressten Manager oder Besserverdienenden ein, in-dem Sie Hausdienste, Einkäufe, Kurierdienste und Kinder-betreuung quasi als Komplettpaket eines modernen Butlers bzw. Papa/Mama-Coaches erledigen.

Branchen und Berufsideen

Vielleicht sind folgende Kategorien hilfreich für Sie:
Dienstleistung:

- Eventagentur
- Fahrschule
- Begleitservice
- Gebäudereinigung
- Journalismus
- private Kinderbetreuung
- privater Kindergarten
- Kurierdienst
- Leasingunternehmen
- Personalberatung
- Zeitarbeitsfirma
- Reiseveranstalter
- Übersetzungsbüro
- Werbeagentur

Beratung:

- Coach (zum Beispiel Kommunikationscoach)
- Umgangskultur-Coach

- IT-Berater
- Consulting

Einzelhandel:

- Konfiserie
- Spielwarenhandel
- Sportartikelladen
- Buchhandlung
- Bioladen
- Teeladen
- Weinhandlung

Gastronomie:

- Kulturcafé
- Kaffee-/Tee-Bar
- Bistro/Restaurant
  (französisch, österreichisch, amerikanisch uvm.)
- Imbiss
- Suppen-Bar
- Fingerfood-Tempel
- Catering

Handwerk:

- (Mobile) Bäckerei
- (Mobile) Konfiserie („Leckerlis auf Rädern")
- (Mobile) Kfz-Werkstatt
- (Mobiler) Friseursalon

Wellness:

- Wellnesstherapie-Praxis oder -service
- Fitnessstudio
- Kosmetikstudio
- Heilpraktiker
- Mobiler Pflegedienst

Berufsideen:

- Luftballonkreateur
- Alleinunterhalter für jeden Anlass
- Solariumbetreiber mit Klangwelten-Eventanbieter
- (Kult-)Möbelhersteller
- Hebamme
- (Theater-)Puppenhersteller
- Illusionist
- Hutmacher für Sonderwünsche und -größen
- Lollientwickler
- Mama-Coach
- Papa-Coach
- Wahrsager
- Glückskeksautor
- Maskenbildner
- Sprecherzieher
- Kerzenhersteller
- Wassersommelier
- Körperwerbeträger
- U-Boot-Koch
- Waffenhersteller

- Gehhilfenkonstrukteur
- Besitzer eines Eisenwaren(spezial)bedarf-Ladens
- Diamantschleifer
- Tierhostelbesitzer
- Air Designer

Durch Ihr Brainstorming werden Sie Ideen bekommen, wodurch der metaphorische Stein langsam ins Rollen kommt, durch den Ihre Pläne Konturen annehmen werden. Durch Ihren Input ergibt sich alles Weitere (fast) von selbst und obendrein werden die kleinen Erfolgserlebnisse, die allein durch Ihre Aktivität entstehen, zusätzliche Kräfte wecken.

Was Ihre Arbeitsumgebung angeht, ist eine funktionale Minimalausstattung vollkommen ausreichend. Meiner Erfahrung nach gibt es noch viele potenzielle Existenzgründer, die von dem Gedanken an eine professionelle Repräsentation durch große Geschäftsräume, möglichst in Bestlage, getrieben werden. Vor allem, wenn man noch keinen festen Kundenstamm hat.

Aber warum? Man kann seine Geschäfte sehr effizient von zu Hause aus starten. Ein PC, eine Telefonnummer nur für geschäftliche Zwecke, ein Faxgerät, einen Drucker – und los geht's. Eine Homepage in dieser Phase ist hilfreich, aber nicht Bedingung. Wenn, dann muss es keine Hightech-Homepage sein. Diese können Sie später immer noch erstellen lassen. Jetzt reicht eine Do-it-yourself-Homepage vollkommen aus. Anleitungen dafür finden Sie im Internet.

So starten Sie Ihr Business. Und bedenken Sie die zahlreichen Möglichkeiten der Plattformen sozialer Netzwerke.

Nutzen Sie das Internet zur Präsentations- und Werbefläche. Denken Sie auch an das gute alte Beispiel von Bill Gates in seinen Anfängen. Er hatte eine Garage. Dort verbrachte er viel Zeit für die Entwicklung seiner Ideen und startete auch von dort aus seine Geschäfte.

Aber Achtung, der Weg ins Geschäftsleben kann auch holprig verlaufen. Ein ehemaliger Franchisenehmer schilderte mir seine Geschichte:

Zunächst war er fast zwei Jahrzehnte lang als Angestellter in einer chemischen Reinigung tätig. Er ist ein herzensguter, liebevoller Mensch, der aus diesem Trott ausstieg und sich als Franchisenehmer – mit einer Modefiliale, deren Kette den Vornamen der Tochter eines ehemaligen US-Präsidenten trug – ins Businessleben stürzte und dabei voller Tatendrang war. Zunächst gab es keine Indizien dafür, dass dieser Schritt nicht von Erfolg gekrönt sein könnte, denn als Franchisenehmer hatte er nach relativ kurzer Zeit gute Umsätze, woraufhin er mit dem Gedanken an eine Geschäftsexpansion spielte. Als er die Chance dafür gekommen sah, übernahm er zwei weitere Filialen dieser Textilwarenkette, was mutig war und Respekt verdient.

Als die Hauptfiliale weiterhin gute Umsätze generierte, wähnte er sich auf der Welle des Erfolgs. Das war trügerisch, denn dieser Erfolg ließ ihn in dem Glauben, dass die Geschäfte auch künftig so umsatzstark weiterlaufen würden, was ihn zu größeren Privatreisen und stärkerem Konsum veranlasste. Nach einiger Zeit aber veränderte sich seine Situation grundlegend. Bei der ersten Filiale gingen nach und nach die Umsätze schleichend, aber stetig zurück. Zu diesem Zeitpunkt hatte er jedoch schon die zweite und dritte übernommen.

Bei der zweiten Filiale stellte sich schließlich heraus, dass es dort zu wenig Laufkundschaft gab und er durch mangelnde Einnahmen Mietschulden anhäufte, was wiederum zur Folge hatte, dass ihm der Franchisegeber den Mietvertrag für diesen Standort nicht mehr verlängerte.

Bei der dritten Filiale kam erschwerend hinzu, dass sich durch die Eröffnung einer nahegelegenen Einkaufsmall ebenfalls die Umsatzzahlen drastisch verschlechterten. So kam es, wie es kommen musste, denn alle Filialen hatten am Ende eines gemeinsam: Sie wiesen zu wenig Umsätze, bedingt durch zu wenig Kundschaft, auf, zeichneten sich aus durch vergleichsweise zu hohe Markenwarenpreise und unterlagen einer starken Mode- und Niedrigpreiskonkurrenz; am Ende führte dies zur Insolvenz.

Wenngleich ein anderes Szenario, so ließ sich, genau genommen, dieses Phänomen auch bei den Aktienanlegern der späten 1980er- und frühen 1990er-Jahre feststellen: Viele Kleinanleger hatten den Überblick verloren und sich, mit augenscheinlich wenig Branchenkenntnis, das schnelle große Geld erhofft oder sich durch hohe Gewinnmargen finanziell saturieren und katapultartig aus ihrer sozialen Schicht lösen wollen, um endlich zur ersehnten Oberschicht oder besser gesagt zum Jetset zu gehören.

Diese Aussage geht zurück auf Erfahrungsberichte von gescheiterten Anlegern, aber auch gescheiterten Selbstständigen, die ich im Laufe meines Lebens kennengelernt habe. In vielen Fällen erwies sich die latente Geldgier als Antriebsfeder dieses Handelns, auch bei Franchisenehmern von Hamburgerketten und Co., was am Ende fatale Folgen wie enorme finanzielle Verluste oder Privatinsolvenzen nach sich zog. Neben der Verlockung eines scheinbar sicheren

Einkommens durch das Franchising gibt es auch eine Kehrseite an diesem Geschäftsmodell.

In der Vergangenheit erschienen in der Presse vermehrt Berichte über Insolvenzen durch Franchisenehmer, so auch bei einer bekannten Kette für Backwaren, die immer noch flächendeckend in Deutschlands Innenstädten und Bahnhöfen zu finden sind und deren Unternehmensleitung eine brutale Franchisepolitik verfolgt, sofern ein Franchisenehmer mit seiner Filiale stark rückläufige Umsätze aufweist. Die Franchisenehmer sind aufgrund ihrer Schuldenlast nicht mehr imstande, die Vorgaben für das Geschäftsmodell zu erfüllen, und stehen am Ende finanziell ruiniert da. Auf der anderen Seite liegen auch Chancen in diesem Geschäftsmodell. Es ist zum Beispiel ein Vorteil, dass man eine bereits auf dem Markt etablierte Marke vertritt. Ein Scheitern beim Franchising gehört dabei vermutlich zum üblichen Risiko in der freien Marktwirtschaft. Dass sich dahinter Familienschicksale verbergen, interessiert die wenigsten. Darum Augen auf und Obacht beim Einstieg ins Business oder Franchisegeschäft. Arbeiten Sie mit Herz und Verstand, dann haben Sie es in der Hand.

Und was ist die Moral von der Geschicht'? Es geht darum, einen von der Euphorie gesteuerten Schnellschuss zu vermeiden, also den „Schuss in den Ofen", wie man so sagt.

Was nun Ihren Neustart angeht: Nutzen Sie die Möglichkeiten des sorgfältigen Sichtweisenwechsels. Die Frage lautet jetzt: Was benötigen Sie wirklich für Ihren unmittelbaren Neustart? Und nicht umgekehrt: Was steht Ihnen alles *nicht* zur Verfügung? Oder haben Sie sich schon euphorisch in ein Projekt gestürzt und machen, wenn man genau hinsieht, gerade den zweiten Schritt vor dem ersten? Vorsicht ist die Mutter der Porzellankiste. Ein alter Spruch mit immer noch aktueller Gültigkeit. Im planvollen Vorangehen liegt die Kunst. Nicht zu schnell, aber auch nicht zu zögerlich. Die Angst vor einem möglichen Scheitern sollte nicht Ihre Seele aufessen. Falls Ihnen das jetzt alles zu schnell gehen sollte und Sie zögern sollten, fragen Sie sich doch einmal, was Sie in Ihrer jetzigen Situation wirklich zu verlieren haben.

Die eigentliche Niederlage liegt im Stillstand und im Verharren in den eigenen Träumen. Sie müssen jetzt handeln und dann können Sie nur gewinnen. Ich wiederhole es: Weg mit den buchstäblichen Scheuklappen! Erweitern Sie durch Planung und To-do-Liste Ihr Blickfeld. Die Tatsache, dass Sie am Ende des Monats Fixkosten haben, die gedeckt werden müssen, blockiert Sie möglicherweise in Ihrem Handeln. Aber Ihr Berufsleben so weiterzuführen wie jetzt bedeutet Stillstand. Dadurch verschieben Sie Ihre Träume in den Ruhestand. Und bis dahin ist es noch weit. Es ist sogar wahrscheinlich, dass Sie bis dahin einem Burn-out unterliegen oder im schlimmsten Fall eine andere langwierige Krankheit erleiden und Sie danach nicht mehr in den scheinbar sicheren Beruf zurückkehren können.

Ich möchte Ihnen deshalb Mut zusprechen, Ihrem Traum zu folgen. Beachten Sie bitte, dass Sie den Zweiflern und Nörglern möglichst keinen Raum und keine Einflussnahme zubilligen. Eine räumliche Distanzierung ist daher empfehlenswert. Vielleicht gibt es Nörgler und Zweifler in Ihrem unmittelbaren Umfeld, auf deren Urteil Sie irgendwie doch Wert legen. Dann ist doppelte Wachsamkeit angesagt. Das heißt,

Meinungen von anderen zu überprüfen und herauszufiltern, ob sie Ihnen guttun oder nicht. Dazu mehr im Kapitel „Jetzt sind Sie am Zug".

Vermutlich haben Sie eine Vision, aber vielleicht begegnen Ihnen die Nörgler und Zweifler mit Kritik, indem sie sagen, dass Ihre Vision zwar interessant klinge, aber eine Nummer zu groß für Sie sei und Sie besser auf ein sicheres Pferd setzen sollten. Dem etwas entgegenzusetzen, erfordert:

Mut und Überzeugung – Adler oder Henne?

Hierbei spielt Ihr Selbstvertrauen, getragen von Ihrem Selbstbild, auch Selbstwahrnehmung genannt, eine große Rolle.

- Was haben Sie in Ihrer Kindheit erlebt?
- Wie sehen Sie sich heute?

Wenn Sie ein positives Selbstbild von sich haben, dürfte Ihnen nichts mehr im Wege stehen.

Wenn Sie eher unsicher sind, dann haben die Nörgler und Zweifler eine große Chance, das zarte Pflänzchen – sprich Ihre neuen Pläne – zunichtezumachen, wenn Sie es nicht schon selbst tun, weil Sie nicht an sich selbst glauben.

Als Augenöffner gedacht, möchte ich Ihnen an dieser Stelle eine Geschichte nach einer Fabel von James Aggrey vorstellen:

„*Ein Mann fand bei einem Spaziergang das Ei eines Adlers. Er nahm es mit zu sich nach Hause und legte es zu den Eiern seiner Hennen. Der Adler schlüpfte gemeinsam mit den Küken. Er wuchs mit ihnen auf und verbrachte sein ganzes Leben mit ihnen. Er lernte mit den Krallen zu scharren, Körner zu picken und zu gackern. Gelegentlich tat er es den Hühnern gleich, flatterte etwas mit den Flügeln und flog ein paar Meter. Eines Tages sah er am Himmel einen wunderschönen Vogel, der anmutig und kraftvoll durch die Lüfte flog. Was ist das?, fragte er die älteren Hennen. Das ist ein Adler, der König der Lüfte, sagten diese. Du bist eine Henne. Du kannst nicht fliegen. Der Adler, der sich für eine Henne hielt, war traurig. So gerne würde er auch hoch am Himmel kreisen können. Er hörte jedoch auf die Hennen und begnügte sich damit, nicht fliegen zu können, und starb eines Tages in dem Glauben, eine Henne zu sein. Sein Bild von sich verhinderte, dass er seiner Bestimmung gemäß lebte.*“

Darin steckt folgende Lebensweisheit: In der Regel glauben wir zu wissen, wer wir sind und wozu wir fähig sind. Vielleicht ist das aber nicht die Wahrheit über uns. Vielleicht glauben wir nur das, was andere uns, als wir Kinder waren, über uns erzählt haben. Wer sagt denn aber, dass dies die Wahrheit über uns ist? Wenn wir die Wahrheit über uns herausfinden wollen, dann müssen wir uns von den Beschränkungen befreien, die wir in unserem Denken mit uns herumtragen. Wir alle leben innerhalb der Grenzen, die wir uns durch unser Denken setzen. Beim einen sind sie enger gefasst, beim anderen etwas weiter. Wenn wir herausfinden wollen, wo unsere tatsächlichen Grenzen liegen, dann ist es zwingend notwendig, nicht auf andere zu hören. Wir müssen den Mut aufbringen, das zu sein und zu tun, was wir gerne sein oder tun würden. Nur so können wir unsere Bestimmung finden und erkennen, ob ein Adler oder eine Henne in uns steckt. Sicher, ein Adler, der sich für eine Henne hält, kann auch ein glückliches und erfülltes Leben führen. Ein Adler ist nicht besser als eine Henne.

Es geht schlichtweg darum, zu überprüfen, ob das Bild, das wir von uns haben, uns daran hindert, das zu tun, was wir wirklich tun möchten. Ein weiteres Fazit dieser Geschichte ist: Wir sollten uns mit Menschen umgeben, die uns ermutigen, unsere Pläne zu leben. Hierbei möchte ich eine Verknüpfung herstellen zur so genannten Selbst- und Fremdwahrnehmung. Es handelt sich um ein Themengebiet aus den Sozial- und Verhaltenswissenschaften. In diesem wird veranschaulicht, wie wir uns wahrnehmen, also einerseits geht es um das Bild, das wir von uns selbst haben, und andererseits um die Frage, wie unsere Persönlichkeitsmerkmale und unser Handeln von anderen wahrgenommen werden, also um das Bild, das andere von uns haben. Sie haben von sich ein bestimmtes Bild, doch eine andere Person – selbst wenn Sie Ihnen gut bekannt ist – mag Sie ganz anders wahrnehmen.

Die Resultate aus Selbstwahrnehmung und Fremdwahrnehmung miteinander abzugleichen, dient dazu, von sich selbst eine bewusste Bestandsaufnahme zu machen. Somit lernen Sie sich und Ihre Außenwirkung besser einzuschätzen, und Sie erschließen sich dadurch die Fähigkeit, Interaktionen und Transaktionen aus verschiedenen Perspektiven zu betrachten. Dieser Prozess ermöglicht Ihnen anregende Impulse für Ihr weiteres Handeln und Ihre berufliche Neuorientierung.

Ich will Sie mit dem Adler-Henne-Beispiel dahin gehend ermutigen, jetzt standhaft zu bleiben, an sich zu glauben und Ihren neuen Berufswunsch durchzuplanen und sofort einzuleiten. Für diese Planung gebe ich Ihnen im Folgenden einige Denkanstöße. Zunächst müssen Sie eine Balance herstellen zwischen dem täglichen Gang zur Arbeit und dem Einleiten Ihrer beruflichen Veränderung.

Nach einer Übergangsphase werden Sie dazu in der Lage sein, durch Ihre neue Tätigkeit immer mehr Aufträge und somit Einkommen zu generieren, wovon Sie leben oder Ihre Raten abzahlen können. Vielleicht sogar schneller, als Sie vermuten. Darum ist es mir für Sie so wichtig, Ihnen die große Bedeutung von Sichtweisen ins Bewusstsein zu rufen, auch wenn es wie eine Binsenweisheit klingen mag. Deshalb die Frage, ob Sie andere Blickwinkel bisher wirklich zugelassen haben. Ich würde mir jetzt für Sie wünschen, dass Sie neue Sichtweisen wirklich zulassen. Alte Sichtweisen blockieren Ihren Gedankenfluss. Genau das ist der Knackpunkt.

Es geht darum, das Problem nicht aus der gewohnten, sondern aus einer anderen Sichtweise oder Perspektive zu betrachten. Fragen Sie Menschen, denen Sie vertrauen können, falls Sie Anregungen benötigen sollten für den Fall, dass Sie unsicher bei der Erforschung neuer Wege sind, oder bei der Frage, wie man Gewohntes auch aus verschiedenen Blickwinkeln betrachten kann.

Aus dieser Phase ergibt sich für Sie rasch ein nutzbarer Erkenntnisgewinn,und Ihre Pro-Argumentationskette – zugunsten Ihres Neustarts – wird länger, da Sie nicht nur in die

Ihnen gewohnte (vorsichtige) Denkrichtung verläuft, sondern auch dazu führt, dass die neu hinzugewonnenen Argumente Ihnen dazu verhelfen werden, Ihren Plänen Gestalt zu geben. Sie sind nicht dazu verdammt, Ihre jetzige Tätigkeit bis zur Rente weiterzuführen. Seien Sie deshalb zuversichtlich, was Ihren Neustart betrifft. Sie haben nur ein Leben. Warum sollen Sie sich weiter so in ihm herumquälen? Unzufriedenheit, Ungerechtigkeit, Eintönigkeit, Frust oder Perspektivlosigkeit im Arbeitsalltag machen auf die Dauer krank. Allein diese Faktoren sind Motivation genug für einen Neustart.

Also beschreiten Sie jetzt mutig Ihr neues Vorhaben. Verzagen Sie nicht.

Wie heißt es doch? „Rom wurde nicht an einem Tag erbaut." Ich versichere Ihnen, die Zweifler und Nörgler werden bald Ihre ersten Schulterklopfer sein.

2. Wer bin ich?

Zu dieser Überlegung empfehle ich Ihnen ein paar Grundsatzfragen. Deren Beantwortung sollte Ihnen dazu dienen, Ihre Persönlichkeitsmerkmale genauer definieren zu können, um herauszufinden, was beruflich zu Ihnen passen könnte und was eher nicht.

Aber Achtung, es geht hierbei allein um Ihre persönliche Selbsteinschätzung. Nachdem Sie diesen Schritt vollzogen haben, bitten Sie eine andere Person, Sie einzuschätzen.

Sie sollten sich dazu folgende Fragen stellen:

Bin ich ...

lernbereit?	urteilsfähig?
nervös?	lernfähig?
belastbar?	misstrauisch?
ausdauernd?	schwermütig?
konformistisch?	wählerisch?
aktiv?	ordentlich?
wankelmütig?	introvertiert?
kompetent?	extrovertiert?
anspruchsvoll?	kooperativ?
sachorientiert?	eigenbrödlerisch?
zuverlässig?	passiv?
strukturiert?	ungeduldig?
erfinderisch?	detailverliebt?

Falls Ihnen noch andere Adjektive einfallen, so fügen Sie sie bitte für Ihre Bearbeitung zu dieser Liste hinzu. Das Ziel dieser Fragestellungen ist es – unter Einbeziehung Ihrer bekannten oder neu entdeckten Persönlichkeitseigenschaften und Ihrer bisherigen Arbeits- und Berufserfahrungen –, verwertbare Ressourcen in dieser beruflichen Orientierungsphase für Sie zu ermitteln.

Der Vergleich von Selbstwahrnehmung, Fremdwahrnehmung und dem Anforderungsprofil hinsichtlich einer für Sie infrage kommenden zukünftigen Tätigkeit gibt Ihnen nützliche Hinweise und ist aufschlussreich für Ihr weiteres Handeln. In welcher Phase befinden Sie sich jetzt? Befinden Sie sich im Angestelltenverhältnis und hadern damit? Um dem zu entrinnen, möchte ich Ihnen zur Orientierung nun durch folgende Fragestellungen einen kleinen Einblick zu den Themen Freiberuflichkeit und Selbstständikeit geben. Diese Fragestellungen sollen Ihnen als Anregung und Überprüfungdienen, um sich im Hinblick auf eine Freiberuflichkeit oder eine Selbstständigkeit selbst besser einschätzen zu können.

Bin ich Freiberufler?

1. Ist es mir wichtig, dass ich mir meine Zeit selbst einteilen kann?
2. Möchte ich zukünftig meine beruflichen Entscheidungen ohne die Ratschläge von Kollegen oder Vorgesetzten selbst treffen?
3. Kann ich auch für einen längeren Zeitraum mit weniger Geld auskommen, wenn mir die Arbeit wirklich Spaß macht?
4. Bedeutet ein eigenes Unternehmen für mich zu viel Verantwortung und Stress oder arbeite ich lieber für einen oder mehrere Auftraggeber?
5. Arbeite ich am liebsten alleine und bin ich dann, wenn ich meine Ruhe habe, am kreativsten und produktivsten?
6. Will ich meine eigenen Ideen umsetzen?
7. Würde ich auch andernorts statt in der Heimat arbeiten?
8. Blockieren mich Vorschriften und Verbote?
9. Verfüge ich über ein hohes Maß an Selbstdisziplin?
10. Habe ich ein kleines finanzielles Polster?

Falls Sie die Hälfte der Fragen mit „nein" beantwortet haben sollten, müssen Sie sich fragen, ob die Freiberuflichkeit die richtige Entscheidung für Sie ist. Eine Alternative wäre, eine Weiterbildung innerhalb eines Angestelltenverhältnisses ins Auge zu fassen, um Ihren beruflichen Status zu erhöhen. Grundsätzlich ist die Nutzung von Businessportalen und Netzwerktreffen zu empfehlen, um auch daraus Schlussfolgerungen für Ihre Positionierung zu ziehen.

Bin ich Selbstständiger?

Dafür stellen Sie sich zum Beispiel folgende Fragen:

1. Ist es mir wichtig, die Freiheit zu haben, etwas Eigenes aufzubauen?
2. Bin ich bereit, mich in eine Problemstellung einzuarbeiten, wenn ich noch nicht über das Know-how verfüge?
3. Kann ich mir vorstellen, nicht eher aufzugeben, bis ein Projekt beendet ist?
4. Erfüllt mich der Gedanke an eine neue Herausforderung mit so viel Freude, dass ich mir vorstellen kann, eine 50- bis 60-Stunden-Woche zu haben?
5. Denke ich, dass ich genügend Ideen habe, um ein berufliches Scheitern zu verhindern?
6. Denke ich, dass ich Führungsqualitäten habe?
7. Liebe ich Herausforderungen?
8. Kann ich andere von meiner Idee überzeugen?
9. Kann ich auch instinktiv richtige Entscheidungen treffen?
10. Macht es mir Spaß, für Dinge zu kämpfen, die ich haben will?

Auch hier gilt das gleiche Fazit wie beim Freiberufler, wenn 50 % der Antworten „nein" lauten. Ich verfahre hier bei den Beispielen zur Freiberuflichkeit und zur Selbstständigkeit nach dem Motto: In der Kürze liegt die Würze. Diese Fragestellungen sollten als Anregung ausreichen, um Ihnen Denkanstöße für Ihr weiteres Handeln zu geben. Diesen Fragenkatalog sollten Sie dann eigenständig erweitern und dadurch überprüfen, ob Sie ein Angestellten-, Freiberufler- oder selbstständiger Typ sind.

Bedenken Sie, dass Sie als Freiberufler und Selbstständiger für ihre Altersvorsorge selbst verantwortlich sind. Wenn man allerdings die aktuelle Rentendiskussion verfolgt, darf man berechtigte Zweifel haben, ob es in Zukunft eine auf dem Generationenvertrag beruhende Rente geben wird, die ein lebenswertes Dasein ermöglicht. Eine Zusatzvorsorge ist also auch für jedermann im Angestelltenverhältnis dringend zu empfehlen.

Im Kapitel „Formalien" finden Sie Voraussetzungskriterien einer Freiberuflichkeit oder Selbstständigkeit.

Entscheidungsstrategien

Diese dienen als praktische Anwendungen zur strategischen Sammlung von Ideen und sind auf diverse Kognitionswissenschaftler zurückzuführen.

Exemplarisch für die Vielfalt der Entscheidungshilfen möchte ich Ihnen kurz eine Auswahl von drei Methoden vorstellen, die ich persönlich am griffigsten und übersicht-lichsten finde.

1. CAF (Consider all facts = Einbeziehung aller Fakten)

Dafür verwenden Sie beispielsweise einen Flipchartbogen im DIN-A1-Format oder dementsprechend aneinanderge-klebte DIN-A4-Blätter und erstellen sich eine Tabelle.

1.gesammelte Auflistung	2.Bevorzugte Auflistung	Gedanken/Bemer-kungen
	1.	
	2.	
	3.	
	4.	

Die Tabelle dient dazu, Ihre Gedanken in eine Ordnung zu bringen. Die Auswirkungen einer Entscheidung erkennt man am besten, wenn man dazu einmal alle Folgen und zu bedenkenden Risiken und Chancen auflistet. So können Sie die Entscheidungen und deren Folgen umfassender erken-nen und einschätzen, wobei die sortierte Bestandsauf-nahme die Entscheidungskriterien und deren Prioritäten vi-sualisiert.

Listen Sie alle Faktoren auf, die die Entscheidung beeinflus-sen könnten, denn alles, was mit der Fragestellung zusam-menhängt, ist wichtig.

Denken Sie auch daran, die Prioritäten herauszufiltern, denn nicht alle notierten Punkte sind gleichermaßen bedeutend.

Die wichtigsten stellen Sie nach oben, die weniger wichtigen nach unten.

2. PMI (Plus Minus Interesting = Pro-und-Kontra-Liste)

Diese Tabelle eignet sich dazu, um Vor- und Nachteile einer Wahl gegenüberzustellen und zu verdeutlichen. Sie hilft die Alternativen besser einschätzen und abwägen zu können.

Pro	Kontra	Offene Fragen/„Interesting"

Listen Sie zunächst die Vorteile auf, danach die Nachteile; fokussieren Sie sich jeweils entweder auf den Pro-Punkt oder auf den Kontra-Punkt und springen Sie nicht hin und her.

Die Punkte, die noch ungeklärt sind, kommen in die dritte Spalte. Danach können sie der Pro- oder Kontra-Spalte zugeordnet werden.

3. Mindmapping

Die Mindmapping-Methode hilft Ideen und Lösungsmöglichkeiten zu finden und Entscheidungen zu treffen, denn sie visualisiert und strukturiert die unterschiedlichen Aspekte einer Entscheidung.

Dabei werden die Abhängigkeiten untereinander verständlich und Lösungsmöglichkeiten deutlich.

Sie beginnen damit, die Frage zu definieren, zu der eine Entscheidung getroffen werden soll, und schreiben diese in die Mitte eines großen Blattes.

Von hier aus werden Punkte zum Hauptthema gesammelt, dann mit vielen Seitensträngen versehen und eingezeichnet.

Es entsteht ein tentakelartiges Gebilde. (Übrigens, Beispiele für Mindmaps gibt es im Internet en masse.)

Je nach Inspiration und Gedankenfluss werden nun ausgehend von diesen Ästen die jeweiligen Aspekte der Entscheidung unter die Lupe genommen.

Die Gedankengänge werden deutlich, ebenso Strukturen und Hierarchien.

Ist Ihre Mindmap dann fertig erstellt, haben Sie alle Aspekte Ihrer Entscheidung mit ihren Zusammenhängen auf einen Blick vor sich. Sie vereinfacht so die Entscheidungsfindung und reduziert die Komplexität.

Empfehlenswert ist bei allen Methoden vielleicht die Verwendung eines Bleistiftes für den Fall, dass Sie einen Gedanken verwerfen oder anders einordnen wollen. Für welche Methode Sie sich auch entscheiden mögen, Sie werden sich dadurch selbst auf den richtigen Weg bringen.

Bei neuen Berufsplänen geht es auch darum, die Balance von Herz und Verstand zu beachten.

Das Herz begehrt und der Verstand lenkt – eine Binsenweisheit, die Sie unterstützen soll, Ihren Weg zu finden, wobei es nicht um den Weg als Ziel geht, sondern darum, das Ziel klar zu definieren, um sich dann auf den Weg zu machen.

Und dies funktioniert nur mit einer guten Vorbereitung in Form einer Analyse hinsichtlich Ihrer Zielvorstellungen, Fähigkeiten, Selbsteinschätzung, Ihrem Talent.

Diese Analyse dient dazu, Ihr Blickfeld zu erweitern.

In dieser Phase, in der Sie gewissermaßen in Ihre berufliche Unabhängigkeit wechseln wollen, empfehle ich Ihnen eine ehrliche Selbsteinschätzung. Öffnen Sie sozusagen Ihr Visier vor sich selbst. Demaskieren Sie sich. Nicht um sich bloßzustellen, sondern damit Sie sich wirklich kennenlernen und daraus Kräfte mobilisieren. Das bedeutet, endlich zu sich und seinen Ideen stehen zu können, ohne sich rechtfertigen zu müssen.

Wie beurteile ich meine eigene Art zu denken? Sind meine Gedanken unter Umständen zu eingleisig oder zu vorsichtig? Was will ich erreichen und welche Fähigkeiten habe ich? Was muss ich mir noch aneignen? Was bezeichne ich konkret in diesem Zusammenhang als störende Faktoren?

Und es bedeutet, dass Sie den Punkt der Wertschätzung ins Zentrum Ihres Lebens rücken, denn womöglich haben Sie sich in Ihrem bisherigen Angestelltenverhältnis quasi maskieren müssen. Sie mussten sich verstellen, da Sie eigentlich ganz anders denken als Ihre Vorgesetzten, sich aber nicht aus der Deckung wagten, aus der begründeten Angst heraus, Ihren Arbeitsplatz zu verlieren. Vielleicht haben Sie trotz hohen Einsatzes kaum eine Wertschätzung für Ihre

Person und Ihre bisherigen Arbeitsergebnisse erfahren. Damit ist jetzt Schluss. Alles beginnt mit der Änderung Ihrer Sichtweise.

Weg mit der Kritik an Ihrer bisherigen Arbeit, weg mit den Gedanken ans Versagen und den möglicherweise daraus resultierenden Selbstzweifeln, ausgelöst durch Ihre Vorgesetzten. Sie sind wer. Sie und Ihre Arbeit haben einen Wert. Sie bewegen sich jetzt, also werden Sie etwas bewegen. Sie setzen etwas in Gang, und zwar einen Neuanfang.

Sie sind niemandem gegenüber Rechenschaft schuldig. Außer sich selbst, denn umso bewusster und ehrlicher Ihre Selbsteinschätzung ist, desto erfolgreicher ist Ihr Projekt.

Also auf in den Kampf. Sorry für diese Phrase, aber wie heißt es doch so schön: „Wer nicht kämpft, hat schon verloren." Banal, aber wahr. Im Augenblick fehlt Ihnen gefühlt vielleicht eine kreativere Herangehensweise, denn Sie durchlebten Ihren Alltag in allen Lebensbereichen jahrelang mit Routine. Diese erweist sich jetzt aber womöglich für Ihren neuen Berufswunsch als einengend, gewissermaßen als eine Sichtweise mit besagten Scheuklappen.

Während der gründlichen Erarbeitung der To-do-Liste werden Sie Ihr Sichtfeld erweitern und eigenständig Ideen bekommen, die Ihnen helfen, Ihre nächsten Schritte festzulegen. Ihr Traum nimmt jetzt langsam reale Formen an.

3. Jetzt sind Sie am Zug

Oft ist es nicht der direkte Weg von A nach B, der einen zum Ziel bringt. Manchmal muss man dafür Umwege gehen. Wichtig ist es, das Ziel nicht aus den Augen zu verlieren.

Der neue Weg wird Veränderungen mit sich bringen. Nur bei Stillstand gibt es keinen neuen Weg, also auch keine Veränderung und kein neues Ziel. In diesem Zusammenhang ist es zweitrangig, ob Sie noch im selben Beruf sind, den Sie sofort nach der Schule ergriffen haben, und sich nun endlich verändern wollen oder ob Sie bereits mehrere Berufe ausübten, aber immer noch nicht das Gefühl haben, richtig angekommen zu sein. Die Hauptsache ist, Sie machen sich auf den Weg. Kennen Sie Menschen, die immer noch zufrieden sind, obwohl sie noch in ihrer ersten oder zumindest langjährig in ihrer jetzigen Tätigkeit arbeiten?

Wenn ja, dann fragen Sie sie nach deren Geheimnis beziehungsweise ermitteln Sie, welchen Nutzen Sie für sich daraus ziehen können. Allerdings habe ich nach Begegnungen mit Weggefährten von damals und ehemaligen Kollegen festgestellt, wie unzufrieden, frustriert und traurig sie bedingt durch den Berufsalltag waren und dass viele von ihnen sich sehnsuchtsvoll in ein anderes Berufsfeld träumten, aber scheinbar niemand den Mut dazu hatte, seine Sehnsüchte nach Veränderung auch wirklich in die Tat umzusetzen. Wichtig ist, was Sie heute aus Ihrer Situation machen. Wie Sie die Dinge heute sehen und wie Sie für einen zufriedenen Berufsalltag sorgen können. Denn falls sich im Laufe der Jahre vieles zum Negativen entwickelt haben sollte, ist es wichtig, den Zeitpunkt des Absprungs für sich zu definieren, um dann einen neuen Weg einzuschlagen. Bei

Ihnen dürfte jetzt der Zeitpunkt gekommen sein, sich zeitnah zu verändern, um nicht mehr im unbefriedigenden Angestelltenverhältnis herumzudümpeln und sich Bedingungen auszusetzen, die mittel- oder langfristig nicht veränderbar sind. Vielleicht kennen Sie folgende Alltagssituation: Sie haben einen Chef, der Ihnen tagein, tagaus den letzten Nerv raubt, oder einen Kollegen, der mit weniger Aufwand eine höhere Anerkennung genießt als Sie, obwohl Sie sich den Allerwertesten aufreißen.

Diese Situation zu Ihren Gunsten umzuwandeln ist nicht nur ein geradezu mörderischer Kraftakt, sondern ein Großprojekt, dessen Ende fraglich ist und die Wahrscheinlichkeit enthält, dass Ihre Bemühungen nicht anerkannt werden.

Man muss sich in solchen Situationen klar darüber werden, dass es einen Ausweg und berufliche Alternativen gibt. Diese in einem neuen Berufsfeld oder in der Freiberuflichkeit zu finden ist eine Chance und ein neuer Weg für Sie. Er verschafft Ihnen Unabhängigkeit, Selbstbestimmtheit, Freude am Beruf und als Folge davon Freude am Leben. Jetzt sind Sie am Zug, um etwas für sich zu tun und nicht für andere. Kommen Sie zu sich. Besinnen Sie sich Ihrer Fähigkeiten. Bedienen Sie ab jetzt nicht mehr bedingungslos die Vorgaben oder Wünsche anderer. Sicher, den Chef abzuwimmeln funktioniert vermutlich nicht. Aber es geht um etwas Tiefgreifenderes. Trauen Sie sich endlich, über Ihren Schatten zu springen! Wie das gehen soll?

Erstens durch Ihren Willen, etwas verändern zu wollen, zweitens durch den Erkenntnisgewinn der „Adler-Geschichte", die ich im Kapitel „Nicht meckern – machen oder Jetzt geht's los" schildere und drittens durch weitere Vorschläge in diesem Buch. Und jetzt gehen Sie weiter, nämlich ans Eingemachte. Das bedeutet, dass Sie damit beginnen, Ihr gesamtes Leben unter die Lupe zu nehmen und es genauestens auf belastende Einflussgrößen zu untersuchen, die Sie nicht oder nur sehr schwer zur Entfaltung kommen lassen. In Ihrem bisherigen Leben kreisten Ihre Gedanken hauptsächlich um andere. Ab jetzt sind Sie der Mittelpunkt, sozusagen die Sonne im Sonnensystem, und lassen (bildlich gesprochen) in Zukunft alle Einflussfaktoren Ihres Lebens um sich kreisen. Ja, Sie haben richtig gelesen, nicht Sie kreisen, sondern Sie lassen kreisen. Sie halten das Zepter in der Hand. Das klingt egoistisch? Wenn Sie es weiterhin allen recht machen wollen, stehen Sie, wie man so sagt, zwischen Baum und Borke. Also entscheiden Sie sich.

Denken Sie an die bereits erwähnten Entscheidungshilfen und nutzen Sie sie. Ich persönlich kenne das Gefühl, zwischen den Stühlen zu stehen, nur zu gut. Eigentlich hat man einen anderen Lebensentwurf oder eine neue Berufsidee, aber man möchte in seinem Arbeits- und Lebensumfeld nicht damit anecken, aus Angst davor, noch keinen geschäftlichen oder finanziellen Erfolg vorweisen zu können. Möglicherweise auch aus Angst vor Konsequenzen und aus der Befürchtung heraus, beispielsweise seine Bekannten oder insbesondere seine Eltern zu enttäuschen oder sich ihren Zorn zuzuziehen, weil man nicht ihren beruflichen Empfehlungen oder ihrem Rat folgt.

Ihre Eltern oder Ihnen nahestehende Personen mögen entäuscht sein über Ihre neuen Pläne, und wenn diese Menschen auch noch nachtragend sind, wird es besonders unangenehm für Sie beziehungsweise grundsätzlich für alle, die das Leben nicht permanent pessimistisch betrachten und neuen Dingen gegenüber aufgeschlossen sind.

Ist Ihnen die Meinung dieser Menschen so viel wert, dass Sie Ihr eigenes Leben danach ausrichten wollen, um am Ende unglücklich zu sein? Warum legen Sie solch einen elementaren Wert auf deren Urteil?

Weil Sie das Gefühl haben, durch Ihre eigene Entscheidung gegen Ihre Eltern oder Ihnen nahestehende Menschen aufzubegehren? Plagt Sie bei der Frage nach Ihrer Selbstverwirklichung und der zu erwartenden Meinung Ihrer Eltern oder Nahestehenden dazu das schlechte Gewissen? Dieses loszuwerden ist ein Prozess, den Sie in Gang setzen müssen, wobei Sie entscheiden, wann dieser beginnt.

Sie werden es schaffen, sich davon zu lösen, sobald Sie erkannt haben, wie lange Sie bisher mit dem Gefühl des über Ihnen schwebenden Damoklesschwertes lebten. Der einzige Grund war vermutlich der, dass Sie keinen Ärger Ihren Liebsten gegenüber provozieren wollten, aber insgeheim gespürt haben, wie sehr Sie ein schlechtes Gewissen und Schuldgefühle immer geplagt, blockiert und emotional belastet haben und Sie daran hinderten, eigenständige Entscheidungen treffen zu können. Wenn Sie geduldig an sich und Ihrem neuen Leben arbeiten, dann werden Sie sich in naher Zukunft dadurch belohnt haben, dass Sie das schlechte Gewissen zurückgedrängt haben werden und sich am Ende alles in Luft aufgelöst haben wird, wie ein Albtraum oder ein böser Spuk.

Vertrauen Sie auf die Kräfte, die durch Ihre Eigeninitiative, getragen von ersten kleinen Erfolgen in Ihrem neuen Leben, freigesetzt werden und durch die Sie – im wahrsten Sinne des Wortes – sich selbst von Ihren bösen Geistern befreien. Durch Ihre Taten werden Sie endlich ein zufriedenes, selbstbestimmtes Leben führen. Andernfalls müssten Sie sich fragen, ob Sie keinen Anspruch darauf haben, Ihr Leben so zu gestalten, wie Sie es für richtig halten. Und ob Sie als Kind Ihrer Eltern oder Erziehungsberechtigten immer Kind bleiben müssen, im Sinne einer Abhängigkeit und Bevormundung durch sie. Auch wenn sich dahinter deren gut gemeinter Satz verbirgt: Wir wollen doch nur das Beste für dich! Haben Sie Angst davor, dass Ihre Ansichten von denen der vermeintlichen Kritiker abweichen und Sie deshalb deren nachtragenden Reaktionen ausgesetzt sein könnten? Dies ist sicherlich am schwierigsten, wenn diese Menschen zum Familienkreis gehören; nicht minder schwer, wenn es Kollegen oder Vorgesetzte sind.

Ich nenne sie deshalb Bremser, weil sie zwar einerseits liebenswürdige und ehrliche Menschen sein können, andererseits aber mit einem fast manischen Hang zum Pessimismus durchs Leben gehen und ihr Lebensumfeld und den Arbeitsalltag zumeist negativ beurteilen und anderen das Leben dadurch erschweren.

Um beim Bild zu bleiben, ist für diese Menschen die berühmte halbvolle Flasche halbleer und sie sehen keine Zwischentöne, nur schwarz oder weiß. Sie haben meist einen nachtragenden Charakter, einhergehend mit einem tiefsitzenden Lebensfrust. Diese Bremser werden Ihnen deshalb höchstwahrscheinlich, unabhängig davon welche Wahl Sie selbstständig treffen, auch nach vielen Jahren noch skeptisch und nicht unbefangen und mit Offenheit begegnen. Es scheint grotesk, aber sie richten den Blick immer wieder in die Vergangenheit, anstatt den Blick nach vorne zu richten und haben meist sogar noch den exakten Wortlaut der Gespräche längst vergangener Tage in Erinnerung. Die Gedanken an längst Vergangenes können sie nicht loslassen und halten geradezu fanatisch daran fest.

Dabei werden Gedanken gewälzt und in der Gegenwart Schuldige sind bei Alltagsvorkommnissen schnell ausgemacht. Ihr Leben ist geprägt durch Schuldzuweisungen. Sie sehen sich als Opfer und die Frage nach dem Eigenverschulden stellen sie nicht. Dieses weisen sie meist kategorisch von sich. Sie sind nicht bereit, den Dingen wirklich auf den Grund zu gehen und sie zu hinterfragen. Das macht das Leben mit ihnen so schwer. Sie leben, bildlich gesprochen, dauerhaft mit dem Fuß auf der Bremse. Dabei ist jeder für sich selbst verantwortlich. Meiden Sie zukünftig Menschen, die ihre Verantwortung abwälzen und durch ihre Haltung und Ansprüche andere unter Druck setzen. Oder treten Sie ihnen entschieden entgegen.

Wie gesagt, bei ihnen ist ein Eingeständnis des eigenen Verhaltens oftmals nicht möglich. Sie handeln in einer Art Vermeidungsstrategie, die das Problem aber nur konserviert und übertüncht und nicht löst. Die Wahrheit können diese Menschen nicht anerkennen und behaupten, immer nur das Beste zu wollen und umsichtig zu sein.

Sie geben sich aufopfernd und fordern zugleich Zuwendung ein. Dabei erwecken sie in Ihrem Gegenüber Schuldgefühle. Dieses Verhalten ist mehr als fraglich, um nicht zu sagen ignorant. Genau genommen ist dies eine Manipulation durch emotionale Erpressung. Es ist ein geradezu übergriffiges Verhalten, da es die Befindlichkeiten anderer nicht respektiert und ihnen keinen Handlungsspielraum erlaubt. Falls Sie sich in dieser Schilderung wiederfinden, dann lassen Sie sich durch diese, womöglich auch nahestehenden

Menschen, nicht in die sinnbildliche Tiefe ziehen. Sie sind kein schlechterer Mensch, wenn Sie nicht auf die Forderungen der emotionalen Erpresser eingehen. Tun Sie dies, geraten Sie in einen Strudel, dem Sie nicht mehr entrinnen können, da Sie immer wieder von Schuldgefühlen geplagt sein werden.

Durch diese Menschen, oder besser gesagt Krafträuber, werden Sie Ihrer Lebensenergie beraubt. Energie, die Sie aber dringend für sich benötigen. Fragen Sie sich, was Sie wirklich brauchen. Und überprüfen Sie dabei, ob Ihre Entscheidung, Ihre Meinung zu vertreten, dem Gegenüber wirklich schadet oder ob die Person zu große Erwartungen an Sie hegt. Die Manipulation greift bei Ihnen, wenn Ihr selbst angelegtes schlechtes Gewissen die Oberhand gewinnt. Ihr Leid wird verstärkt durch falsch verstandene Fürsorge für den Anderen, wodurch Sie versuchen all seinen Forderungen gerecht zu werden, kombiniert mit dem Anspruch, sich wohlzufühlen im Leben und als selbstbestimmte Person wahrgenommen zu werden. Eine klare Entscheidung, mit der Sie wirklich im Reinen sind, können Sie nicht treffen, aber Sie leiden darunter.

An dieser Stelle halte ich eine kritische Selbstreflexion für unabdingbar. Überlegen Sie einerseits, wie Sie dem Erpresser klarmachen können, dass ein Punkt erreicht ist, an dem Sie vor einem Kollaps stehen und vor die Hunde gehen, wenn es so weitergeht und andererseits, was Sie tun können, um sich von Ihrem hausgemachten schlechten Gewissen und Ihren Ängsten zu befreien, da Sie sich dadurch zusätzlich Ihrer Kräfte berauben. Es besteht immer die Möglichkeit, sich Hilfe zu holen, sei es in Form von Selbsttherapie, psychologischer Beratung, Austausch mit vertrauenswürdigen Menschen. Tun Sie nichts, so fürchte ich, wird sich Ihr Leidensdruck weiter erhöhen, mit unabsehbaren Folgen. Sie stellen jetzt die Weichen für ein ausgeglicheneres Leben. Ihr Leben. Sie haben nur eins. Ab heute ist ein Prozess in Gang gesetzt, an dem Sie mit der Veränderung bei sich, einhergehend mit neuer beruflicher Vision, beginnen.

Noch einmal im Klartext: Ab jetzt drehen Sie den Spieß um und positionieren sich neu. Wenn nötig, auch Ihren Eltern gegenüber. Schluss mit dem unnötigen, hausgemachten Leid, dass sie bei Ihnen auslösen und Sie nicht zur Ruhe kommen lässt. Dieser neue Entschluss wird wahrscheinlich tränenreich und schwer, während der Umsetzung, aber wenn Sie ihn nicht verwirklichen, bleiben Sie auf der Strecke mit endlosem Seelenschmerz, der unter Umständen Krankheiten nach sich zieht. Und was geschieht nach dem Ableben Ihrer Eltern, wenn Sie jetzt nicht handeln? Das schlechte Gewissen, dass Sie durch sie erleiden, wird über deren Tod hinaus in Ihnen fortleben und Sie werden sich nie mehr davon befreien können, bis zu Ihrem letzten Atemzug. Klingt pessimistisch? Entsprechende Fachliteratur spricht sozusagen Bände und lässt wenig Raum für Optimismus an dieser Stelle. Sie haben ein Anrecht auf ein selbstbestimmtes Leben, in dem Sie nicht mehr das kleine Kind sind, das permanent gehorsam und folgsam sein muss!

So einfach, so schwer, aber im Prinzip müsste Ihr Argument jetzt lauten: "Mutti oder Papi, ich liebe euch, aber ich bin schon lange erwachsen und ich habe jetzt meine eigene Familie. Euer Stellenwert wird doch dadurch nicht geschmälert. Bitte respektiert das." Als Reaktion verschärfen die Eltern womöglich nun die emotionale Erpressung, die Gefahr beinhaltend, Ihr schlechtes Gewissen zu nähren. Lassen Sie dies nicht zu! Bleiben Sie fokussiert! Auch dadurch lässt sich möglicherweise eine Umkehr im Denken Ihrer Eltern anregen. Sie haben es in der Hand.

Es liegt nun an Ihnen, ob Sie Ihr Leben lang gefangen bleiben oder sich befreien können. So hart das klingen mag. Niemand kann diesen Kampf für Sie führen. Wichtig ist, dass Sie die klare Grenze ziehen und standhaft bleiben. Auch wenn die Eltern Ihnen sogar buchstäblich "Liebesentzug" androhen oder praktizieren sollten.

Was auch immer geschehen mag, schützen Sie ab jetzt Ihr Seelenleben!

Schwiegereltern und weitere Bremsertypen

Manchmal sind es leider nicht nur die eigenen Eltern, sondern auch die Schwiegereltern, die uns nicht guttun. Dabei zählt insbesondere der sprichwörtliche Schwiegermutterdrachen dazu. Ein Witz mit viel Wahrheitsgehalt über Schwiegermütter geht so: „Was ist der Unterschied zwischen einem Rottweiler und einer Schwiegermutter? – Der Rottweiler lässt manchmal wieder los." Studienergebnissen zufolge gaben rund 30 Prozent aller Verheirateten an, dass ihre Partnerschaft ernsthaft unter der Schwiegermutter leide. Fest steht, dass bei jeder achten Scheidung die

Schwiegermutter der Trennungsgrund ist. In der Psychologie und in den Sozialwissenschaften hat man folgendes Phänomen ermittelt: Wenn der Sohn oder die Tochter jemand anderes als die Mutter selbst liebt, stellt es eine kränkende Erfahrung für viele Mütter dar. Außerdem tritt die neue Frau oder der Mann oftmals genau dann auf, wenn es bei der Mutter ohnehin kriselt und die Faktoren Alter, Wechseljahre, Tod der eigenen Eltern und Lebensfrust eine zentrale Rolle spielen.

Vermutlich werden Sie diese Bremser im Allgemeinen kritisieren, unabhängig davon, ob der Ausgangspunkt ihres Verhaltens eine vermeintliche Konfliktsituation war, bei der Sie mit diesen aneinandergeraten sind.

Auffällig ist, dass sie einem oftmals das Wort regelrecht im Munde umdrehen und Behauptungen aufstellen, die schlichtweg falsch und ihren Hirngespinsten entsprungen sind.

Dennoch gibt es immer Möglichkeiten der Aussprache und der Versöhnung. Bei Bremsern ist diese aber eher unwahrscheinlich, denn sie beharren auf ihrem Standpunkt, mit der Folge, dass ein vermeintliches Fehlverhalten von anderen für sie unentschuldbar bleibt. Höchstwahrscheinlich werden Ihnen diese Menschen aus Missgunst und Geringschätzung heraus per se von Ihren neuen Plänen abraten oder Ihnen deren Verwirklichung nicht zutrauen.

Manchmal muss man im Leben aber einen großen Schritt tun, unangenehme Vorkommnisse auf sich beruhen lassen und weitergehen. Sonst dreht man sich im Kreis und kommt nicht weiter. Es herrscht Stillstand, es gibt kein Vorankommen. Alles bleibt wie es ist. Was auch immer Ihre Situation ist – jetzt geht es darum, dass Sie lernen, mit diesen Menschen umzugehen, ohne selbst darunter zu leiden. Kommen Sie zu sich und vergegenwärtigen Sie sich, dass Sie auch wer sind, und zwar eine Persönlichkeit mit Anspruch auf ein selbstbestimmtes Leben. Egal was früher war, das Leben geht weiter. Entscheidend ist die Gegenwart. Jetzt brechen neue Zeiten an.

Aber Vorsicht vor einem weiteren gefährlichen Bremsertyp. Es ist der Narzisst, beziehungsweise der maligne Narzisst. Seine Natur ist das „Ich, Ich, Ich". Wobei er es mitunter versteht, sich unterhaltsam und charmant zu geben, aber, in seinem Agieren und in seiner Persönlichkeit an Dr. Jekyll und Mr. Hyde erinnert. Einerseits ruhig und besonnen wirkend, andererseits triebhaft aggressiv, cholerisch, gewaltbereit und als empathieunfähiger Besserwisser agierend, der zudem anderen Fehler unterstellt, für die er selbst verantwortlich ist. Auf diese Weise entwertet er andere Menschen, fühlt sich dabei aber immer im Recht.

Die Ursache dieses Handelns ist seine mangelnde Kritikfähigkeit, wobei er Kritik als Bedrohung versteht. Kennen Sie solche Menschen? Wie sieht es in Ihrem Umfeld aus? Ändern können Sie sie nicht, Sie sollen sich nur von Ihnen befreien beziehungsweise von deren Einfluss und Meinung lösen. Folgen Sie diesen Bremsern, bleiben Sie im Hamsterrad gefangen. Umso mehr sollten Sie sich an dieser Stelle Folgendes fragen: Wem wollen Sie folgen oder warum? Geht es um die anderen, um Ihre Eltern, Schwiegervater oder Schwiegermutter, oder geht es auch einmal um Sie? Es geht nicht darum, dass Sie ein purer Egoist werden oder Ihre sprichwörtliche hilfsbereite Ader abklemmen oder mit

Scheuklappen durchs Leben gehen, sondern darum, herauszufiltern, was Ihnen wirklich guttut und was nicht.

Ab jetzt gilt: Positionieren Sie sich neu mit einer spürbaren Abgrenzung. Das bedeutet, dass Sie sich eindeutig für Ihre Person entscheiden und nicht Rücksicht nehmen auf das, was andere über Sie oder Ihre Pläne äußern. Es geht jetzt darum, was Sie selbst darüber denken und was Sie für richtig halten. Denn mit der Einstellung, es allen recht machen zu wollen, funktioniert kein Neustart. Darum vermeiden Sie bitte diesen Denkfehler. Falls Sie diesem anheimgefallen sein oder sich wegen dieser Situation beklemmt fühlen sollten, lösen Sie sich bitte davon. Das geht vermutlich nicht von heute auf morgen, aber in kleinen Schritten.

In diesem Buch gebe ich Ihnen dafür Anregungen. Hilfreich dafür ist auch der nächste Schritt. Dieser sieht so aus, dass Sie Ihrer To-do-Liste zum besseren Überblick eine gesonderte Nutzen/Lasten-Komponente hinzufügen. Wenn Sie diese erstellt und all Ihre Punkte mit Unterpunkten auf die Liste (Blätter, Flipchart oder Board) geschrieben haben und sie betrachten, werden Sie feststellen, dass sich das Bild nach und nach vervollkommnet und Sie besser entscheiden können, wo Sie der sprichwörtliche Schuh drückt. Danach begeben Sie sich Schritt für Schritt von der Theorie in die Praxis, und Sie beginnen damit, Ihre Pläne langsam in die Tat umzusetzen. Das heißt, mit all Ihrem Wissen und den Anregungen in diesem Buch gehen Sie jetzt Ihren Weg, ohne sich den möglichen Gegenwind allzu sehr zu Herzen zu nehmen und stattdessen standhaft zu bleiben. Sie werden es erleben: Wenn Sie erst einmal die erste Hürde genommen und mögliche Kritiker sanft, aber bestimmt davon überzeugt haben, dass Sie etwas Neues wagen und es wirklich ernst meinen,wird der zweite Schritt Ihres Voranschreitens auch leichter. **Fazit: Es geht jetzt nicht mehr ums Sinnieren. Es geht ab jetzt ums Machen!**

Vielleicht ist Ihnen dabei eine Devise hilfreich? Haben Sie eine? Wenn nicht, dann ist das nicht schlimm. Schön wäre es, wenn Sie (wieder) lernen würden, auf Ihre innere Stimme zu hören. Lassen Sie sie zu oder geben Sie sich den Raum, sie zuzulassen, denn auch sie ist eine Quelle, die ungeahnte Möglichkeiten enthält und die Sie nutzen sollten, um von möglichst vielen Ressourcen zu profitieren.

Beschreiten Sie ab jetzt zuversichtlich Ihren neuen Weg. Nein, dafür müssen Sie niemanden um Erlaubnis fragen. Ihr stressender Vorgesetzter sitzt nicht bei Ihnen zu Hause und die nervtötenden Arbeitskollegen auch nicht. Sie haben nichts mehr zu melden. Und es wird von nun an getan, was Sie sagen. Wenngleich dies auch ein wenig Zeit und Geduld benötigen wird. Hier und jetzt legen Sie den Grundstein für Ihre Zukunft. An dieser Stelle geht es darum, Ihren Weg auszuarbeiten, damit Sie bald Ihrem Job, dem Chef und den Kollegen „Auf Nimmerwiedersehen" sagen können. Bitte denken Sie an sich. Jetzt sind Sie am Zug. Sie sind die Dame im Schachspiel und nicht der Bauer.

Weg mit dem Ballast

Was heißt das genau und worum geht es? Auf den Punkt gebracht geht es darum, dass Sie die im vorigen Kapitel beschriebenen Bremser in Form von ignoranten Spießbürgern, Besserwissern, Zweiflern, Nörglern und Narzissten als Ballast enttarnen, den es abzuwerfen gilt. Ihre Aufgabe ist es nun, diese sprichwörtlichen Hemmschuhe beim Namen zu nennen. Am besten tun Sie dies auch über eine Sammlung und Aufstellung aller Einflussfaktoren in Ihrem Alltag, die Sie auf Ihrer To-do-Liste zusammentragen, um sich dann, unterstützt durch die Entscheidungshilfen, die im Kapitel „Entscheidungsstrategien" erläutert sind, eine Lösung zu erarbeiten.

Nach Abschluss dieser Arbeit werden Sie imstande sein Ihren Ballast abzuwerfen, zum Beispiel in Form von Rückzug, klarer Abgrenzung und deutlichen Ansagen, in denen Sie zum Ausdruck bringen, warum Sie das tun.

Haben Sie Mut, denn überflüssiger Ballast lässt Sie – um beim Bild des Heißluftballons zu bleiben – in der Entwicklung Ihres neuen Weges nicht aufsteigen beziehungsweise weiterkommen, sondern in der gleichen Position verharren, und er wird Sie schlussendlich herunterziehen und schließlich zum Absturz bringen. Es ist höchstwahrscheinlich ein hartes Stück Arbeit, sich von den Hemmschuhen zu distanzieren oder sogar zu trennen, weil – obwohl sie dieses Verhalten an den Tag legen – eine emotionale Bindung oder eine finanzielle Abhängigkeit besteht.

Diesen gordischen Knoten müssen Sie zerschlagen. Erst dann kann eine Befreiung erfolgen. Ohne Befreiung gibt es kein Fortkommen für Sie.

Denken Sie daran: Um Ihr neues Leben einzuleiten, müssen Sie Ihr Leben jetzt durch eine Zäsur ändern, ansonsten bleibt alles beim Alten. Die Veränderung beginnt damit, dass Sie Ihren Alltag neu strukturieren und hat die Umsetzung Ihres neuen Weges, von der Theorie in die Praxis, zum Ziel. Darauf gehe ich in den folgenden Kapiteln näher ein.

Gehören womöglich auch Kumpels, engere Freunde oder gar Ihre Eltern oder ein Elternteil zum Ballast? So hart es klingen mag: Sollten sie in Ihrer jetzigen Umbruchphase zum Stör- und Hemmfaktor werden, müssen Sie handeln. Auch falls Kollegen Sie mit abwertenden Kommentaren zu Ihren Plänen zum Berufswechsel belegen sollten, ist es unabdingbar für Sie zu handeln. Nicht nur meine Einschätzung ist, dass der Kreis der - ich nenne sie hier bewusst Miesmacher - kleiner wird, wenn Sie sich klar positionieren, denn Miesmacher haben in Ihrem Leben nichts mehr zu suchen.

Wer oder was ist mir von Nutzen? Wer könnte mir hilfreich und treu zur Seite stehen? Wer oder was ist eher Ballast für die Umsetzung meiner neuen Pläne?

Der Ablösungsprozess von Ihnen nahestehenden Menschen – die aber in Wirklichkeit Bremser darstellen – wird einen kurzfristigen Umweg für Ihr Projekt bedeuten. Möglicherweise bedeutet er sogar, dass Sie einen harten Einschnitt vornehmen müssen zum Beispiel mit einem Wohnortwechsel. Ich weiß, wovon ich rede, denn ich habe genau diesen

Weg beschritten. Nicht schön, aber notwendig, wenn die eigenen Eltern besserwisserische Ignoranten sind. Es war für mich eine harte, tränenreiche Phase, auch mit vorübergehenden Einschränkungen finanzieller Natur, aber der Glaube an ein zufriedenes, selbstbestimmtes Leben war stärker als jeder Zweifel und jedes kraftraubende Hindernis. Diese Phase wird vermutlich auch bei Ihnen nicht ohne emotionalen Stress und finanzielle Mehrbelastungen vonstattengehen und einen enormen Einsatz sowie Durchhaltevermögen von Ihnen abverlangen, aber im Endeffekt werden Sie nach Bewältigung dieser Phase ein enormes Kraftpotenzial aus ihr schöpfen.

Bedenken Sie bei allem, was passieren mag, immer, dass Sie ein großes Ziel vor Augen haben. Dafür lohnt es sich zu kämpfen! Denken Sie jetzt an sich. Denken Sie an Ihre Verwirklichung. Sollten diese Menschen, in deren Abhängigkeit Sie noch stehen mögen, Ihnen den Geldhahn zudrehen oder mit Enterbung drohen, dann sollen sie es tun. Sie werden finanzielle Alternativen finden, was aber schlussendlich einen weiteren Schritt Ihrer Befreiung und wahren Unabhängigkeit bedeutet.

Was die Arbeitsstelle betrifft, bleibt Ihnen entweder die Möglichkeit, sich der Situation zu stellen und sie auszuhalten, bis Sie ausscheiden, oder Sie suchen sich vorzeitig eine vorübergehende Alternative, bis Ihr Plan steht und Sie in Ihrem neuen Bereich tätig werden können. Wichtig ist, dass Sie sich entscheiden, sich zu bewegen, sprich zu handeln. Diese Befreiung sollten Sie nun schrittweise planen. Diese Schritte können Sie auch durch eine To-do-Liste erarbeiten. Nach dieser Phase geht es an die praktische Umsetzung. Darin lösen Sie sich schrittweise von den Faktoren, die Sie hemmen. Halten Sie aber parallel dazu immer den Blick auf die geschäftliche Grundlagenplanung gerichtet. Fügen Sie in die Liste Ihre Talente, Fähigkeiten und Hobbys mit ein.

Welche nutzbringenden Komponenten könnten Sie, im Hinblick auf Ihren neuen Berufsweg, eventuell daraus ableiten? Gehen Sie sozusagen tiefer in den Dialog mit sich. Dadurch werden Sie verschiedene Anregungen erhalten, die so aussehen könnten, dass Sie zum einen feststellen, dass Ihr Talent für andere gewinnbringend sein könnte – woran Sie aber bisher noch nicht gedacht hatten –, oder Ihnen zum anderen klar wird, dass Sie doch ein guter Organisator sind und die Dinge eigentlich selbst in die Hand nehmen können, aber in Ihrem bisherigen Berufsalltag dazu kaum eine Möglichkeit hatten, aus der begründeten Angst heraus, es könnte als Kompetenzüberschreitung gewertet werden.

Pfeifen Sie gedanklich auf diese Menschen, die Sie beschneiden und ein engstirniges Kompetenzgehabe an den Tag legen. Gehen Sie mit einem Lächeln durch Ihren jetzigen Berufsalltag, denn Sie wissen, dass Ihre Tage dort gezählt sind und Sie Ihren beruflichen Alltag bald selbst bestimmen werden. Denken Sie jetzt an sich und Ihre Zukunft. An die Früchte, die Sie ernten werden, wenn Sie jetzt durchhalten und standhaft bleiben. Darum ist stetige Wachsamkeit und Disziplin für Ihre jetzige Phase unabdingbar. Lassen Sie sich nicht blenden von Menschen, die ausschließlich durch äußere Faktoren Ihr Streben und Ihre Suche nach Veränderung mit der Suche nach dem Glück verwechseln. Es gibt genügend Literatur, die einem durch Titel wie: „Suche dein Glück", „Anleitungen zum Glücklichsein" usw. suggerieren wollen, dass man das Glück nur finden muss. Aber zu glauben, dass das Glück woanders als in einem selbst zu finden ist, ist ein Trugschluss. Wahr ist: Die Summe der zufriedenen Augenblicke im Alltag werden Ihnen immer häufiger Glücksgefühle schenken. Das permanente Glücklichsein ist eine Illusion. Sie begeben sich jetzt auf den Weg, um eine berufliche Zufriedenheit im Alltag zu erreichen.

Wie erkläre ich es meinem Partner?

Gehen Sie nun einen Schritt weiter und fügen Sie Ihrer To-do-Liste einen weiteren eminent wichtigen Punkt hinzu: das Zeitmanagement. Damit meine ich, dass Sie Ihre persönliche oder familiäre Situation beleuchten müssen, wenn es um das Erschließen von Zeitquellen geht.

Insbesondere wenn Sie in einer Partnerschaft leben und Kinder haben, ist es umso schwerer, Zeit zu finden, wie ich aus eigener Erfahrung weiß. Erklären Sie Ihrer Frau oder Ihrem Mann, Ihrer Lebenspartnerin oder Ihrem Lebenspartner, wie wichtig Ihnen diese Phase jetzt ist. Es wird Sie möglicherweise viel Überzeugungsarbeit kosten, aber in einer intakten Partnerschaft sollte dies möglich sein. Falls nicht, liegt vielleicht ein Beziehungsproblem vor, was auf anderer Ebene gelöst werden muss, zum Beispiel mithilfe einer Partnerberatung.

Ihr nächster Schritt ist jetzt die Überprüfung Ihres Alltages nach möglichen Zeitfenstern. Diese gilt es zu erkunden, um sie für Sie nutzbar zu machen. Auf den Alltag bezogen könnten diese zum Beispiel im Training oder in den Freizeitaktivitäten Ihrer Kinder liegen. Fragen Sie Ihren Partner, ob es möglich wäre, die Kinder zu den jeweiligen Aktivitäten zu bringen und abzuholen, damit Sie diese Zeit noch für sich und Ihr neues Projekt nutzen können. Wo immer es machbar ist, gilt es, Ihren Alltag buchstäblich komplett auf den Kopf zu stellen, um nach Zeitquellen für Sie zu suchen. Sie werden sehen, dass Sie sich allein dadurch, dass Sie Ihre familiären Rahmenbedingungen klären und neu ordnen, schon besser fühlen werden. Erst dann haben Sie sich Ihre Startbedingungen geschaffen. Diese Startbedingungen sind vergleichbar mit einer Reise, die es zu planen gilt.

Allerdings reisen Sie nicht als Pauschaltourist, all-inclusive, mit bereits gebuchten Ausflugsfahrten und kostenlosem Lunchpaket, sondern als Individualreisender, der sich seine Reise selbst zusammenstellt, beginnend mit den Flügen über die Unterkünfte bis hin zur Verpflegung. Es kann dabei schon einmal zu Unwägbarkeiten kommen. Dafür lernen Sie aber die Menschen und das Land wirklich kennen, anstatt es – durch die zeitliche Vorgabe der Reiseleitung bedingt – nur abzugrasen und sich ansonsten dem Freizeitangebot von Aquagymnastik bis Zumba zu fügen, angeheizt durch aufdringliche Animateure, die Ihnen mangels Alternativen nur noch die Flucht und den Rückzug aufs Hotelzimmer oder den Balkon lassen. Fürs Entspannen im selbigen bleibt Ihnen aber immer noch genug Zeit. Durch Ihre Eigeninitiative haben Sie den Vorteil, Ihre Reise- und Ausflugsziele und Tätigkeiten selbst zu bestimmen. Wohin Sie wollen, wann Sie wollen, so lange Sie wollen, mit so viel Sightseeing und mit so vielen Pausen, wie Sie wollen.

In Bezug auf Ihre neue Tätigkeit heißt das: Zeit für Muße, Zeit für Arbeit, wobei Sie aber den Zeitpunkt und die Dauer bestimmen. Sie nehmen das Heft in die Hand. Sie vertrauen nicht auf einen Reiseleiter, der es schon richten wird.

Sie befinden sich jetzt in Ihrer Planungsphase. Beachten Sie dabei, dass Sie nicht auf das „Sorglospaket all-inclusive" setzen, sondern versuchen Sie Ihr Alleinstellungsmerkmal zu finden, indem Sie beharrlich und planvoll den nächsten Schritt gehen, resultierend aus dem vorhergehenden, und durch gezielte Aktionen am Ende zu einer neuen oder gar besonderen Marke oder Person werden. Damit das gelingt, starten Sie damit noch heute und verschieben Sie nichts auf morgen. Fangen Sie noch heute mit einer kleinen Veränderung an und überprüfen Sie sie morgen. Das nächste Mal nach einer Woche, dann nach einem Monat. Hat sich Ihr Zeitmanagement bewährt? Sind Sie standhaft geblieben? Wenn nicht, woran lag es?

Was können Sie tun, um Zeit für Ihren neuen Plan zu finden, trotz des zeitraubenden Alltages? Diese Fragen sind Teil Ihrer Neuorganisation. Verzichten Sie dabei aber nicht auf Ihre Hobbys, wie zum Beispiel Joggen, Kegeln oder das Fitnesscenter, denn auch diese setzen ungeahnte Energien frei. Zur Gewinnung neuer Zeitquellen müssen Sie also all Ihre Lebensbereiche und Handlungen überprüfen. So zum Beispiel die Frage nach der Zeit, die Sie vor dem Fernseher verbringen. Sie mag eine wertvolle Zeitquelle sein, die Ihnen in Ihrer Alltagsroutine als solche gar nicht mehr bewusst ist.

Spielen Sie Spiele am Handy, Tablet oder Ähnlichem? Das müssen Sie genauestens unter die Lupe nehmen. Es geht nicht um Verzicht, sondern um die Suche nach Zeitquellen für Ihre Planung und Umsetzung des Neustarts. Wie auch immer, Sie werden auf Ihrer sorgsamen Suche fündig werden. Wenn Sie fündig geworden sind, wird die Umstellung für Sie in den ersten Wochen nicht einfach sein. Zunächst wird es sich ungewohnt für Sie anfühlen und Sie sicherlich

Überwindung kosten, aus Ihrem gewohnten Muster auszubrechen, um abends nach Feierabend noch einmal alle Kräfte zu bündeln.

Dies erfordert ein hohes Maß an Disziplin. Sie werden sie aufbringen und Sie werden sie nach und nach intensivieren. Halten Sie sich stets vor Augen, dass Sie jetzt, um die zukünftigen Früchte des Erfolgs ernten zu können, aktiv bleiben müssen. Diese Aktivität beinhaltet ständige Wachsamkeit, auch was Ihre Gedanken in Alltagssituationen angeht. Halten Sie ab jetzt jeden Gedanken fest, der Ihnen zum Beispiel durch ein Brainstorming oder einen Geistesblitz in den Sinn kommt, egal wie trivial oder verrückt er Ihnen erscheinen und wo und wann auch immer er Ihnen kommen mag.

Beim Spaziergang, Sport, Kochen, Autofahren, U-Bahn-Fahren, auf der Toilette, vor dem Einschlafen oder auf der Arbeit. Halten Sie keinen Gedanken oder keine Idee für zu abwegig. Streichen oder verändern können Sie sie immer noch. Nach und nach werden Sie empfangsbereite Antennen für die Bereitschaft zu Gedankenspielen entwickeln und merken, dass sich, wie bei einem Mosaik, Teilchen für Teilchen fügt und ein großes Ganzes ergibt. Die Fähigkeit, offen für unkonventionelle Denkweisen zu werden, ist hilfreich, damit Ihr neuer Weg auch durch spielerisch-kreatives Denken entstehen kann.

Und genau jetzt ist der Punkt gekommen, um Nägel mit Köpfen zu machen. Merkwürdigerweise zögern meiner Erfahrung nach viele Menschen dann, wenn sie handeln sollten, aus Angst, den gewohnten, aber unbefriedigenden Pfad, die gewohnte Denkweise zu verlassen. Oft stehen sie sich mit ihrem eingefahrenen Verhalten selbst im Wege; sie wissen im Prinzip, dass man in der Regel mit zunehmendem Alter noch unflexibler wird. Es scheint ein Naturgesetz zu sein. Natürlich sind wir durch unser Umfeld, aber auch durch negative Erfahrungen geprägt. In Wirklichkeit handelt es sich aber nur um eine Frage der Einstellung und Sichtweise. Auch oder gerade nach Misserfolgen.

Es erfordert Kraft, aber man kann sich von den erwähnten Störfaktoren befreien. Man ist nicht dazu verdammt, sich der Passivität oder dem Mainstream zu unterwerfen; man kann immer gegensteuern, auch wenn man jahrzehntelang mit dem Strom geschwommen ist. Wenn Sie sich diese Erkenntnis zunutze machen, sind Sie schon auf der Erfolgsspur.

4. Ihr neuer Weg – Fragen Sie Ihr Bauchgefühl

Dafür möchte ich einleitend einen Titel aus einem alten Musical bemühen, das ich in meiner Jugend kennengelernt habe. Wichtig finde ich die darin gesungenen Texte, die allegorisch darauf hinweisen, dass ich mich auf den Weg machen muss und es schaffen werde, weil ich an mich glaube. In diesem Musical wird die Hoffnung versinnbildlicht und deshalb ist es mir bis heute in Erinnerung geblieben. Einer der Songtitel, der diese Lebenseinstellung beschreibt, heißt: „It`s not where you start, it`s where you finish. It`s not how you go, it`s how you land."

Es geht um den unbeugsamen Optimismus vieler Amerikaner, der viele den „American Dream" hat verwirklichen lassen. Danach glaubten (und glauben noch immer) viele Amerikaner an sich und die Tatsache, dass man versuchen soll, seine Träume zu verwirklichen und seinen Weg zu gehen. Wer weiß, was passiert? Viele haben es geschafft, sozusagen vom Tellerwäscher zum Millionär. Sie hatten am Anfang keinen Cent in der Tasche, nur den Glauben an sich und die Hoffnung, dass ihr Weg und nicht der Weg der Besserwisser, Miesmacher und Zweifler sie weiterbringen möge. Dieser Optimismus, und sei es auch zunächst nur ein Zweckoptimismus, wird Ihnen einen neuen Weg eröffnen. Einmal entdeckt, gilt es ihn weiterzugehen, auch wenn er zum jetzigen Zeitpunkt noch nicht hundertprozentig ausgearbeitet sein mag. Es gilt, sich bei unterschiedlichen Wegegabelungen für einen Hauptweg zu entscheiden. Dieser soll Ihre Bedürfnisse und persönlichen Zukunftswünsche befriedigen. Auch die Tatsache einer sich schnell verändernden Welt können Sie für sich nutzbar machen, denn wir befinden uns inmitten der Globalisierung und es entstehen permanent neue Berufszweige. Auch Sie können Ihren Platz darin finden. Das klingt gewagt?

Nein, denn schon nach kurzer Zeit werden Sie mithilfe Ihrer To-do-Liste bei der Risiken/Chancen-Komponente entdecken, dass Ihnen mehr Chancen als Risiken zu Füßen liegen. Worum geht es bei der Risiken/Chancen-Abwägung? Zum Beispiel geht es darum, herauszuarbeiten, dass im Fremden und Unbekannten nicht nur Risiken und Gefahren, sondern auch Chancen liegen, und den Schwerpunkt auf Letztere zu legen. Und selbst wenn alle auf Sie einreden, dass das keine gute Idee sei, hören Sie trotz allem auf Ihr Bauchgefühl. Mithilfe dieses Modells werden Sie damit vertraut, nicht nur Risiken, sondern auch Chancen in Fremdem erkennen zu können. Möglicherweise spielen Sie mit dem Gedanken, sich selbstständig zu machen. Vielleicht gründen

Sie ein Start-up Unternehmen und entdecken für sich eine Branche, bei der Sie mit gutem Beispiel bei der Intergration von Flüchtlingen vorangehen und die Chancen der Zuwanderung nutzten. Worin könnten sie liegen? In der kulturellen Bereicherung, aber auch darin, dass man durch Zuwanderung aus dem Ausland potenzielle Unterstützer für unser marodierendes Rentensystem gewinnen würde. Denn wie sollte es sonst aufrechterhalten werden? Wer soll zukünftig unsere Renten zahlen?

Als Selbstständiger und zukünftiger Arbeitgeber könnten Sie sich dieser Menschen annehmen. Stellen Sie sich vor, dass Sie als Chef Arbeitsbereiche an Mitarbeiter delegieren, die in einem Arbeitsbereich spezialisierter sind als Sie, oder an Flüchtlinge, die mit ihrem Potenzial, ihrer Arbeitskraft und ihrem Enthusiasmus Ihr Geschäftsmodell positiv bereichern würden. Zusammen könnten Sie eine Art Talentschuppen sein, um ein Produkt für den Markt zu entwickeln. Nutzen Sie die Talente und Fähigkeiten der neu Zugewanderten oder Geflohenen. Sie sind mehrheitlich hoch motiviert, wissensdurstig, unvoreingenommen und neuen Dingen gegenüber aufgeschlossen.

Stellen Sie sich vor: Sie stellen Mitarbeiter ein, die nicht nur motiviert und engagiert, sondern die auch die Rentenzahler von morgen sind. Dank Ihres Mutes haben diese Menschen nun die Möglichkeit, in den „Rententopf" einzuzahlen. Auch dank ihrer Hilfe könnte Ihr Betrieb florieren und Sie hätten dadurch zum Beispiel die Möglichkeit, sich selbst eine private Altersvorsorge zu leisten. Was für ein grandioses Projekt, denn rein monetär betrachtet sind die heutigen Jungen die Rentenzahler der heute 50-Jährigen. Wir haben eine überalternde Bevölkerung. Bereits in etwa 20 Jahren wird gut ein Drittel der deutschen Bevölkerung älter als 65 Jahre sein.

Eigentlich müsste es eine politische Kehrtwende geben, die den vielen Menschen, die ab dem Jahre 2030 in Rente gehen werden, die Möglichkeit einräumt, ihren wohlverdienten Ruhestand genießen und ein würdiges Leben im Alter führen zu können und keines, dass geprägt sein wird durch Altersarmut. Allerdings zeichnet sich ein zukünftiges Millionenheer von neuen armen Alten ab, was bereits heute schon an den zigfachen Aufstockern erkennbar wird. Die Aufstocker können nur eine Niedrigrente erwarten. Es gibt darüber hinaus Menschen, die aus folgenden Gründen eine Niedrigrente zu erwarten haben:

- häufige Arbeitslosigkeit
- Menschen, die alleinerziehend waren
- Lücken in der Erwerbsbiografie
- Langfristige Tätigkeiten im Niedriglohnsektor
- Menschen, in Dienstleistungs-, Pflege- und Sozialberufen

Ohne Zuwanderung wird das Bismarck'sche umlagefinanzierte Rentensystem nicht aufrechtzuerhalten sein, was auch die Wirtschaftsweisen bekunden.

Man kann dem System trauen und sich – in Anbetracht dessen, dass in Deutschland sinkende Reallöhne vorherrschen – weiter im (ungewissen) Angestelltenverhältnis bewegen oder die Zügel durch eine Selbstständigkeit oder Freiberuflichkeit selbst in die Hand nehmen. Nun stellen Sie einmal die Chancen der Selbstständigkeit oder Freiberuflichkeit dem gut gemeinten Rat Ihrer Kollegen, Kumpels oder Eltern hinsichtlich eines sicheren Angestelltenverhältnisses gegenüber. Was, wenn das Sichere sich als unsicher erweist? Diese Leute gehen immer noch vom beruflichen Idealzustand aus, also einem Arbeitsleben, das sich von der Ausbildung bis zur Rente hindurchzieht, womöglich noch in derselben Firma.

Was für ein Wahnsinn! Wie weltfremd! Und was, wenn Sie mit vierzig oder fünfzig Jahren doch noch der Sparhammer der Firma erwischt? Sie wären nicht der Erste, dem das widerfährt. Vorzugsweise wird ein jüngerer, preiswerterer Kollege Ihre Arbeit übernehmen. Was werden Sie dann tun? Obendrein wird uns, vor allem durch die Werbeindustrie oder deren einflussreiche Macher, suggeriert, dass wir ab fünfzig zum alten Eisen gehören und die Rente mit 65 bzw. 67 Jahren ja ohnehin nicht mehr allzu weit entfernt liegt. Also werden die beruflichen Stellschrauben auf die arbeitsmarktpolitisch scheinbar nutzbringendste Zielgruppe im Alter von 18 bis 35 Jahren ausgerichtet. Diese Haltung des Jugendwahns zieht sich durch viele Lebensbereiche, ob Freizeitgestaltung, berufliche Weiterbildung oder Umschulung.

50-plus-Programme wirken da wie ein nutzloses Alibiinstrument. Versuchen Sie als über 50-Jähriger einmal, einem Arbeitsvermittler der Arbeitsagentur oder Jobbörse eine Umschulung für sich zu entlocken. Da treffen Sie wahrscheinlich auf die sprichwörtlichen tauben Ohren. Sie werden vermutlich zu hören bekommen, dass Sie so schnell wie möglich dem ersten Arbeitsmarkt zur Verfügung stehen müssen. Man teilt Ihnen möglicherweise mit, dass eine Ausbildung nicht zielführend, da zu zeitaufwendig sei eingedenk der Tatsache, dass Sie mit über 50 Jahren dann ein Berufsanfänger wären.

Es stimmt zwar, dass ein Neueinstieg für ältere Arbeitnehmer nicht in allen Branchen möglich und auch nicht unbedingt sinnvoll ist, aber im Zuge der Globalisierung und der sich stetig verändernden Gesellschaft ist zu sehen, dass es Macher gibt, die die alten Erwerbsmuster aufbrechen, und dass Alleinerziehenden oder Ü-50-Erwerbstätige gleichermaßen hilfreich sind bei der Gestaltung von Alternativen im Erwerbsleben. Glücklicherweise gibt es eine wachsende Zahl von Unternehmern, die die Zeichen der Zeit verstanden haben. Sie bedienen sich dankenswerterweise dieser Menschen mit Lebenserfahrung und nicht nur der, mit Verlaub, Fachidioten.

Deutsch gleich deutsch?

Die Haltung einiger Menschen besteht noch immer darin, dass sie andere in die Kategorien „Inländer" und „Ausländer" einteilen, anstatt nach dem Potenzial des Einzelnen zu fragen oder nach einer Möglichkeit zur Beschäftigung oder Weiterbildung des Einzelnen – egal welcher Herkunft oder welchen Aussehens – zur gemeinsamen Gestaltung der Zukunft Deutschlands mit dem Ziel der Belebung des hiesigen Arbeitsmarktes durch gut ausgebildete Fachkräfte und einer florierenden Wirtschaft als Resultat dieses Weges. Deutschland ist ein Einwanderungsland. Meint man. Zugewanderte und hier Aufgewachsene haben auch deutsche Pässe, sind Deutsche und fühlen sich nicht unbedingt dem

Land ihrer Vorfahren, sondern Deutschland verbunden. Zumindest hat sich die Gesellschaft Deutschlands mittlerweile aber dahingehend verändert, dass dieses Denken in Klischees, dass ein Deutscher blond- und blauäugig sein muss, immer seltener ein Thema ist. Denjenigen, die gerne kategorisieren oder in ihrem Wortschatz auch noch das (Un-)Wort „Rasse" als ethnische Bezeichnung für Menschen verwenden, sei gesagt, dass heutzutage ein phänotypisches Erscheinungsbild eines Deutschen faktisch nicht mehr definierbar ist. Es spielt keine Rolle, ob er afrikanischen, asiatischen oder lateinamerikanischen Ursprungs ist. Manche nehmen für sich in Anspruch, dass sie eben „deutscher" sind als andere, aber juristisch gesehen ist derjenige deutscher Staatsbürger, der einen deutschen Pass besitzt. Ich bediene mich an dieser Stelle der Schubladenbezeichnungen, um die Thematik noch klarer zu verdeutlichen und auf ihre Absurdität in der heutigen Welt der Globalisierung hinzuweisen. Seit Jahrzehnten in Deutschland lebende Mitbürger, deren Großeltern oder Eltern aus aller Herren Länder stammen, prägen das Bild Deutschlands.

Im Vorteil ist heutzutage derjenige, der verstanden hat, dass wir in der Bundesrepublik Deutschland in einer multikulturellen Gesellschaft leben. In den Medien wird sehr häufig die Bezeichnung „Menschen mit Migrationshintergrund" verwendet. Aufgrund dessen musste ich damals immer schmunzeln, denn fast jeder Bundesbürger hat einen Migrationshintergrund.

Das Wort Migration entstammt dem lateinischen „migratio" und bedeutet (Aus-)Wanderung, eine auf Dauer angelegte räumliche Veränderung des Lebensmittelpunktes eines Individuums oder mehrerer Individuen. Sogar meine

Familie mütterlicherseits, meine Omi, stammte aus Pommern, dem heutigen Polen. Viele Deutsche haben Vorfahren aus Osteuropa.

Diese Tatsache wird, gerade von den rechten Parteien und ihren Mitgliedern, gerne verschwiegen, bedeutet aber, dass beinahe jeder Deutsche einen Migrationshintergrund hat. Die Krux ist, dass phänotypisch hellhäutige und hellhaarige Deutsche halt nicht wie „Zugewanderte" oder „Menschen mit Migrationshintergrund" aussehen. Meine Omi war mit ihrem osteuropäischen „Migrationshintergrund" zu Adolfs Zeiten sogar beim BDM. Und keiner hat's gemerkt. Oder keiner wollte es merken, denn fast jeder wusste, dass man – im Sinne der nationalsozialistischen Rassentheorie – eben nicht reinrassig nordisch-arisch war, sondern einen Migrationshintergrund hatte, genauso wie Adolf.

Andererseits ist die Bezeichnung „Ausländer" unter dem Strich gemeint, wenn der euphemistische Begriff „Migrationshintergrund" in den Medien geradezu fahrlässig verwendet wird. Weite Teile der deutschen Medien spalten, bewusst oder unbewusst, die hier lebenden Menschen in „Deutsche" und – um den Begriff „Ausländer" zu vermeiden – „Migranten" auf. Mit „Migranten" oder „Menschen mit Migrationshintergrund" meint man aktuell die Flüchtlinge und die Gastarbeitergeneration sowie deren Kinder beziehungsweise Kindeskinder, die hier leben. Sie werden aufgrund ihres „fremdländischen Aussehens" häufig in den Boulevard-Medien, aber auch in renommierten Medien kurioserweise oftmals noch als „Ausländer" bezeichnet, da sie nicht blond und blauäugig sind und vor Jahrzehnten aus der Türkei, aus Griechenland, China, Italien, Iran, Irak, Nord- und Zentralafrika nach Deutschland kamen.

Man unterscheidet also immer noch zwischen „Zugereisten" – auch wenn diese vor 40 Jahren nach Deutschland kamen – und „echten" Deutschen, die seit Generationen hier leben. Zum Glück ist der mündige Bürger wachsam und benötigt diese Kategorisierung nicht mehr. Es ist erkennbar, dass im Allgemeinen die Ressentiments vieler Deutscher in den letzten 30 Jahren spürbar abgenommen haben. Die Frage vieler Mitbürger bezieht sich in erster Linie nicht mehr auf die Herkunft einer Person. Vielmehr ist weitestgehend verstanden worden, dass wir in einer multikulturellen Gesellschaft leben, in der mittlerweile ein als „Ausländer" bezeichneter Mensch auch höchstwahrscheinlich Deutscher ist, da er hier aufwuchs oder hier geboren wurde. Sicherlich gibt es noch hie und da Irritationen bei manchen Menschen, aber es werden nach meiner Einschätzung und meinem Erleben stetig weniger.

Quereinsteiger und Zugewanderte welcome

Daran schließt sich die Haltung von einer wachsenden Zahl von Unternehmern an, die dem Bürokratiewahn etwas entgegensetzen wollen, und Menschen, die als schwer vermittelbar gelten, sowie Menschen, die zugewandert sind, die Hand entgegenstrecken und eine Willkommenskultur einer ganz anderen Art pflegen, nämlich orientiert an der Fragestellung: „Was können diese Menschen zu unserem Unternehmen und darüber hinaus zu unserer Gesellschaft beitragen?" Statt urteilend: „Sie können hier nicht mitwirken, wir sind ein deutscher Familienbetrieb, außerdem ist Ihre ausländische Qualifikation nicht gleichwertig mit unserer" oder „Wie, Sie sind ein Quereinsteiger?" oder „Was, so alt und noch Berufsanfänger? Die können doch nichts mehr dazulernen und die braucht doch in Wahrheit kein Unternehmen mehr". Wie gesagt, denken Sie an die sich stark verändernde Gesellschaft.

Nutzen Sie diese Tatsache als zukünftiger Unternehmer, indem Sie innovativ denken, sozusagen als Querdenker, und Ihre Chancen auf dem Markt mit Ihren potenziellen zukünftigen Mitarbeitern neu betrachten und neu bewerten, um sich klug zu positionieren. Bei einer wachsenden Zahl von Unternehmern lässt die Skepsis aufgrund tradierter Vorurteile (Stichwort Herkunft oder lückenhafte Schulbildung bei Arbeitssuchenden) spürbar nach. Es geht darum, genauer hinzuschauen, dem Individuum eine Chance zu geben. Den gewinnbringenden Nutzen des Individuums zu erkennen, sein Potenzial, statt vorrangig seine Schwächen zu benennen.

Der Knoten scheint also in vielerlei Hinsicht geplatzt zu sein. Sicherlich ist vieles in Deutschland, was als Hinderungsgrund für Veränderungen steht, mentalitätsbedingt. Ich will die in weiten Teilen der USA bestehende Haltung von „Just do it" nicht in den Himmel loben, aber sie ist schon hilfreicher als die im Vergleich dazu bis vor einigen Jahren in deutschen Amtsstuben weitverbreiteten Gedanken: „Was Sie da vorhaben, können Sie so hier bei uns nicht machen." „Nein, dafür brauchen Sie erst diese oder jene Genehmigung." Natürlich gibt es sie noch. Diese Vertreter der eilfertigen Durchführung von Bestimmungen und Vorschriften. Aber der Zeitgeist, so hat es den Anschein, ist ein anderer. Viele Verantwortliche sind bereit zu Veränderungen in kleinen Schritten, hin zum kreativeren und weitsichtigerem Denken und Handeln.

Was ist daher jetzt wichtig für Sie? Folgende Fragestellungen und Gedanken dazu könnten jetzt für Ihren Neustart hilfreich sein:

- Welchen kulturellen Background habe ich?
- Kann ich durch eine Geschäftsidee vielleicht sogar eine Achse herstellen zum Herkunftsland meiner Eltern oder Großeltern?
- Habe ich in meiner großen Familie Unterstützer, an die ich bisher noch gar nicht gedacht habe?
- Was nehme ich aus meinem jetzigen Beruf mit?
- Gibt es Verbindungspunkte zu meinem neuen Ziel?

Führen Sie sich nochmals folgende Fragen vor Augen:

- Wo genau will ich hin, was genau will ich und wie, wann und eventuell mit wem stelle ich mir vor, es zu erreichen?
- Will ich kleine Stellschrauben verändern oder das große Ganze?
- Will ich weg vom Mainstream oder ihn für meine neue Geschäftsidee oder Selbstverwirklichung nutzen?
- Wie sieht mein Umfeld dafür aus?
- Kann ich auf Hilfe bauen oder zieh` ich es lieber allein durch?

Zeigen Sie es allen. „Ich zeig's euch!" Das könnte auch eine Devise für Sie sein. Und falls nicht, beweisen Sie es sich selbst.

Mit 50 Jahren fängt das Leben an

Gebrochene Lebensläufe von Arbeitnehmern sind bei aufgeweckten Unternehmern kaum mehr ein Einstellungshindernis und Quereinsteiger mit Berufs- und Lebenserfahrung sind willkommen. Wer sagt denn, dass jeder seine Rente mit 65 oder 67 einreichen möchte? Auch hier gibt es bereits Unternehmen, die in ihrer Belegschaft 70- und 75-jährige Mitarbeiter haben, die freiwillig weiterarbeiten und im Kollegium wertgeschätzt werden. Das Argument der Mitarbeiter der Agenturen und Center für Jobs, dass sich eine Umschulung bei über 50-Jährigen kaum lohnen würde, hinkt demzufolge mehr als gewaltig, zumal doch jetzt schon viele Unternehmer über Nachwuchssorgen klagen. Viele Jugendliche interessieren sich immer weniger für die klassischen Berufsausbildungen bei der Polizei, Feuerwehr oder im Handwerksbereich, sondern versuchen häufig im Bereich Medien, Gaming oder Softwareentwicklung unterzukommen. Viel eklatanter ist vielmehr die Tatsache, dass die bekannte große Arbeitsagentur viele Millionen Euro für private Bildungsträger bereitstellt und es den Anschein hat, dass diese keine überprüfbaren Lehrinhaltspläne in Bezug auf die jeweiligen Teilnehmer vorweisen müssen, obwohl die Lehrinhalte der aus dem Boden sprießenden Bildungsträger mitunter haarsträubend sind.

Es gibt bis zum heutigen Tage unzählige Teilnehmer, die Hartz IV beziehen und die nicht weniger als fünf Bewerbungsmaßnahmen durchlaufen haben. Unmittelbar nach Ablauf der Maßnahme gehen viele Kursteilnehmer noch keiner sozialversicherungspflichtigen Tätigkeit nach, da sie bei der Stellensuche noch nicht erfolgreich waren. Dabei fällt eine Stellenvermittlung auch in den Aufgabenbereich des jeweilgen Bildungsträgers und vor allem in den der Agentur. Hierzu sagte mir vor einiger Zeit ein Leiter eines Weiterbildungsinstitutes, dass es zwar Abfragen gäbe, sich die Institute aber eines Tricks bedienen, indem sie den Zeitpunkt der Vermittlungsabfrage weit nach Beendigung der Maßnahme legen.

Ein Beispiel: Der Weiterbildungslehrgang fand von Juni 2018 bis Oktober 2018 statt. Seine Mitarbeiter befragen telefonisch die ehemaligen Teilnehmer dann etwa im Juni 2019 nach deren beruflicher Situation. Die Wahrscheinlichkeit, dass die Teilnehmer eine Tätigkeit gefunden haben, ist ungleich höher als direkt nach der Maßnahme. Im Übrigen verfolge er nicht, ob die Personen nach dem Lehrgang in Arbeit kämen, denn er kann sich vor Teilnehmerzahlen kaum retten und daher floriere sein Geschäft. Er sei nun mal Geschäftsmann und nicht das Sozialamt, so seine Aussage. Er habe die Marktlücke für sich entdeckt und genutzt. Und wenn die berühmte Arbeitsagentur so naiv ist und einem Unternehmer eines Weiterbildungsinstitutes relativ freie Hand lässt, dann wäre er ja dumm, diesen Missstand aufzuklären. Schließlich lebe er sehr gut davon. Dass obendrein die Teilnehmer durch solche Maßnahmen aus der Arbeitslosenstatistik verschwinden, empfinde er privat auch als Skandal, aber ihm sei das Hemd näher als die Hose, so seine Worte. Er müsse schließlich an sich und seine Mitarbeiter denken. Durch mitunter sinnfrei anmutende Maßnahmen, wie beispielsweise die mehrfach durchgeführten Bewerbungstrainings für Arbeitssuchende, wird die Hilf- und Ratlosigkeit der Verantwortlichen der Agentur offenkundig.

Obendrein leisten sie aufkommender Kritik, hinsichtlich eines Fehlentwurfs des Projektes Hartz IV, Vorschub, indem sie es weiterhin verteidigen.

In der gelebten Realität ist Hartz IV grandios gescheitert, aber man beruft sich immer noch auf den vom damaligen Kanzler ausgerufenen Slogan vom Fördern und Fordern. Der Vorstand der Agentur muss sich zudem die Frage gefallen lassen, warum er offenbar kein Erfassungssystem hat entwickeln lassen, mit dem sichergestellt würde, dass Kurswiederholungen von Teilnehmern vermieden und entsprechend zielführende Umschulungen eingeleitet werden. Unter den gegebenen Umständen kann man sich nicht des Eindrucks erwehren, dass die Verantwortlichen der Agentur und der Center für Jobs über keine erkennbaren Lösungsansätze verfügen, damit die Vermittlung der Arbeitslosen ohne oder mit geringer Qualifikation, in sozialversicherungspflichtige Beschäftigungen, gelingt.

Bis zum heutigen Tag müssen sich die arbeitslosen Menschen den konzeptlos wirkenden Verantwortlichen der Agentur unterwerfen, indem sie an den Kursen teilnehmen müssen und im Gegenzug aus der Arbeitslosenstatistik verschwinden.

Unterdessen verbleiben die Arbeitssuchenden aber im Arbeitslosengeld- oder Hartz-IV-Bezug. Auffällig ist, dass offenbar Personen aus der Führungsriege der Agentur die Arbeitslosenzahlen schlichtweg zu frisieren scheinen, da die in Bewerbungsmaßnahmen befindlichen Menschen nicht in der Arbeitslosenstatistik erfasst werden. Darüber, dass die Zahl der faktisch Arbeitslosen tatsächlich bei rund 4.000.000 anzusiedeln ist, scheint sich aber kaum jemand zu mokieren. Somit ist die offizielle Arbeitslosenzahl von rund 2.500.000 Millionen Erwerbslosen geschönt; dieser von der Behördenleitung der Agentur initiierte Vorgang der „Zahlenkorrektur" kommt einer Bilanzfälschung gleich.

Eine kleine Randnotiz: Peter H. der „Hartz-IV-Erfinder", wurde gerichtlich der Untreue und Begünstigung von Betriebsräten (das ist eine nette Umschreibung für die Schmiergeldzahlungen, die er geleistet hatte) für schuldig befunden und zu zwei Jahren Haft auf Bewährung verurteilt worden. Einen eigenen Hartz-IV-Bezug muss er aber nicht fürchten.

Da in diesem Zusammenhang also viel Zeit der Arbeitssuchenden vergeudet wird, könnte man auch auf den Gedanken kommen, dass das Alter für einen beruflichen Neustart zweitrangig und ein Wechsel in eine andere Tätigkeit jederzeit möglich sein sollte. Sich den Gegebenheiten zu fügen scheint also keine Aussicht auf Erfolg zu haben. Es bleibt nur die Option der Eigeninitiative. Getreu dem Motto: Wenn sich die Verantwortlichen nicht bewegen, dann muss man sich selbst bewegen. Veränderungen erreicht man nur durch Eigeninitiative. Dieser Schritt der Veränderung erfordert Mut sowie die Erkenntnis, dass die Herangehensweise und Entscheidung für etwas Neues in hohem Maße von unserer Lebenseinstellung, unseren Erfahrungen und der Lebensphase abhängen, in der wir uns gerade befinden. Daran müssen wir uns orientieren und nach dem für uns passenden Weg suchen.

In welcher Lebensphase befinden Sie sich? Als Single und vogelfrei kann man sicherlich unbeschwerter agieren als in festen Familienstrukturen und mit damit zusammenhängenden finanziellen Verpflichtungen. Mit diesem Wissen im

Gepäck geht es darum, Ihre persönliche Situation zu analysieren und dann die Rahmenbedingungen für Ihr weiteres Handeln abzustecken.

Sind Sie Single oder Mutter/Vater? Sind Sie in Ihren Vierzigern, Fünfzigern oder älter? Dann werden Sie naturgemäß anders handeln (müssen) als ein Zwanzigjähriger, da Sie ein anderes Lebensumfeld haben als dieser. Sie stellen sich in diesem Zusammenhang die Frage nach dem erarbeiteten Lebensstandard? Sie möchten ihn nicht aufgeben? Ohne kurzfristige Einschnitte wird es vermutlich nicht gehen. Darum werden Sie lernen müssen, diese kurzfristig zu akzeptieren. Denken Sie auf der anderen Seite daran, wie quälend langsam und mühselig Ihr jetziger Arbeitsalltag verläuft. So soll und kann es nicht bleiben. Wenn Sie das Heft in die Hand nehmen, winkt dafür in Zukunft Ihr neues selbstbestimmtes Berufsleben. Denken Sie doch bitte einmal an Ihr Hobby oder an das, was Sie gerne tun.

Kennen Sie das Gefühl, dass dabei die Zeit wie im Fluge vergeht, eben weil Sie es gerne tun? Genauso wird es in Ihrem neuen Beruf sein. Wären Sie jetzt dafür bereit, ein paar Kröten zu schlucken, wie man so sagt? Ihr neues Projekt braucht ein wenig Zeit zum Wachsen. Allerdings, wie gesagt, sind Sie jetzt der Regisseur. Sie entscheiden, wie es weitergeht. Wie gesagt, Entscheidungen für etwas Neues zu treffen ist umso schwerer, wenn wir in Abhängigkeiten leben. Sind Sie in einer Lebensphase, in der Sie sich in der Rolle eines Elternteils von Heranwachsenden befinden? Genau in der jetzigen Lebensphase möchten Sie sich auch selbst mit einem neuen Berufswunsch verwirklichen? Vielleicht stecken Sie aber auch gerade in dem Konflikt, dass Sie Ihren eigenen Nachwuchs in scheinbar sichere berufliche Bahnen lenken wollen, aber hierbei in Ihrer alten festgefahrenen Denkweise verharren, wenn es um die Selbstverwirklichungsideen Ihrer Kinder geht? Das klingt paradox? Ich habe das alles schon erlebt.

Eltern, die keinerlei oder wenig Toleranz und Verständnis bezüglich der Berufswünsche ihrer Kinder aufbrachten, obwohl sie selbst aus ihrem Alltagstrott ausbrechen wollten oder es zumindest einmal planten. Auch wenn es für viele Erwachsene und Eltern inakzeptabel ist, wenn deren jugendliche Kinder unkonventionelle Berufswünsche äußern, so werden sie im Falle der Verbote, die sie ihren Kindern auferlegen, eines Tages mit der Folge ihres elterlich restriktiven Erziehungsverhaltens konfrontiert sein. Sie wollen ja für das Kind nur das Beste. Aber was ist das? Das, was das Kind will, oder das, was die Eltern wollen? Möglicherweise den Spuren der Eltern zu folgen?

Dazu möchte ich anmerken: „Wer in die Fußstapfen anderer tritt, hinterlässt keine eigenen." Wäre es nicht schön, wenn Ihr Kind sprichwörtlich eines Tages eigene Spuren hinterließe und sie es jetzt in die Lage versetzten, beide Optionen zu entwickeln und zu nutzen? Nämlich zum einen konventionell und zum anderen unkonventionell zu denken und zu handeln?

Diese Fähigkeit wäre ein Zeichen dafür, dass Ihr Kind imstande ist, unterschiedliche Sichtweisen miteinander abzugleichen. Oder wollen Sie, etwas provokant gefragt, dass Ihr Kind im Berufsleben stets angepasst und unkritisch ist und – gemäß dem Dienst nach Vorschrift – nur Ausführender und Mitläufer? Nach dem Motto: Hauptsache abgesichert. Durchaus auch mit zukünftigem Beamtenstatus und später sicherer Beamtenpension. Die Frage, ob man dabei nicht einem Irrglauben unterliegt, ist schon angebracht. Wie gesagt, heutzutage ist nichts mehr sicher im Berufsleben. Und wer kann schon in die Ferne sehen und hellsehen? Vielleicht werden in Zukunft Privilegien wie eine Betriebsrente oder Beamtenpension abgeschafft. Oder vielleicht gibt es bis dahin aufgrund negativ prognostizierter Wirtschaftsentwicklungen, Gesetzesänderungen, die dem Arbeitgeber verstärkt Spielräume ermöglichen, Arbeitnehmern keine Mindestlöhne mehr zahlen zu müssen und – nach Ablauf einer Befristung auf zwei Jahre – niemals mehr Festverträge, sondern regelrechte Kettenverträge abschließen zu dürfen.

Im Übrigen war ich erstaunt und zugleich schockiert darüber, dass dies gängige Praxis ist bei vielen Arbeitgebern im pädagogischen Bereich, sogar bei einem großen kirchlichen Träger, dessen Logo ein Flammenkreuz und oftmals einen Aphorismus über die wohltuende Menschlichkeit beinhaltet. Nach außen hin suggeriert dieser, dass der karitative Gedanke sein Leitgedanke ist, aber nach innen hin findet sich das Bild im Umgang mit Menschen oftmals nicht bestätigt, vor allem bei Sozialarbeitern beziehungsweise Sozialpädagogen oder auch sogenannten Bildungsbegleitern. Viel schlimmer noch: Den Mitarbeitern, die für diesen Träger zum Beispiel im Bereich Flüchtlingsarbeit und in berufsvorbereitenden Maßnahmen für arbeitslose Jugendliche Schulabgänger tätig sind, werden nur befristete Verträge angeboten, die mitunter auch nach vielen Jahren nicht entfristet werden. Die Begründung des Arbeitgebers liegt in den jährlich neu ausgeschriebenen Maßnahmen. Das heißt, der Arbeitgeber weiß nicht, welche Finanzgrundlage ihm für diesen Arbeitsbereich im kommenden Jahr zugrunde liegen wird, und kann deshalb keine Aussage hinsichtlich des Personals, vor allem im Sozialbereich, geben. Dieser Umstand begünstigt den Arbeitgeber dahin gehend, dass er ihn juristisch betrachtet dem Arbeitnehmer gegenüber immer wieder als Sachgrund anführen kann, um ihn nicht entfristen zu müssen. Es handelt sich dabei um eine rechtliche Grauzone, wobei sich in diesem Fall der Träger die Komplexität der offenkundig lückenhaften deutschen Arbeitsvertragsgesetze zunutze macht.

Die Agentur, die in puncto Finanzierung der Maßnahmen die verantwortliche Instanz ist, sollte auch über Veränderungen in diesem Geschäftsbereich nachdenken und sie überarbeiten, damit mehr Planungssicherheit für die Angestellten gewährleistet werden kann. Denn die Auswirkungen des bisherigen Handelns sehen so aus, dass es unzählige Mitarbeiter gibt, die sich auch nach sechs bis hin zu 20 Jahren Tätigkeit und Bekenntnis für diesen Träger noch immer in befristeten Verträgen befinden, ohne dass dies rechtliche Konsequenzen für den Arbeitgeber oder die Agentur hätte.

Aus unternehmerischer Sicht sind diese permanenten Befristungen sogar nachvollziehbar, denn sie basieren auf der unsicheren Finanzierungslage, in diesem Fall ausgelöst durch die Agentur. Sie entscheidet, welcher Träger den Zuspruch für Bildungs- und Flüchtlingsmaßnahmen erhält. Dennoch sollte sich ein so großer einflussreicher Träger aufgrund seines Status und seiner soliden finanziellen Ressourcen nicht ausschließlich von der Agentur leiten lassen und darüber nachdenken, seine Personalpolitik dahin gehend auszugestalten, Mitarbeitern durch eine intelligente Personalplanung die Möglichkeit der Weiterbeschäftigung und Entfristung nach einem Jahr Zugehörigkeit zuzusichern, um dem jährlichen Personalkarussell entgegenzuwirken und Angestellten, insbesondere mit Kindern, eine Planungssicherheit zu geben.

Es ist sicher ein schwieriges Unterfangen auch für die Politik, aber es müssten wenigstens Signale von ihr ausgesendet werden, die ein solches Geschäftsgebaren hinsichtlich permanenter Vertragsbefristungen anprangern. Es sollte politisch durchgesetzt werden, dass Unternehmen mit mehr als fünf Mitarbeitern Arbeitnehmern nach einem Jahr Zugehörigkeit Festverträge zusichern und nach Ablauf der Jahresfrist glaubhaft darlegen müssen, warum sie den Arbeitnehmer nicht weiterbeschäftigen wollen. Ich bin mir zwar der taktischen Manöver so mancher Unternehmer bewusst, die sie in puncto Arbeitnehmerkündigung an den Tag legen, aber es ist an der Zeit, dass die Politik auch bei dieser Problematik ein Zeichen setzt und dazu beiträgt Verbesserungsvorschläge, bezüglich einer Neuregelung von Vertragsentfristungen, auszugestalten und in ein neues Gesetz münden zu lassen.

Im Umkehrschluss bedeutet es nämlich, dass der Arbeitnehmer keine Planungssicherheit hat und sich sich immer wieder aufs Neue beweisen und sich immer wieder der Suche nach neuen Tätigkeiten widmen muss. Das Procedere hat auch Auswirkungen auf potenzielle Familiengründer. Diese werden es sich reiflich überlegen, ob sie bei solch unsicheren Beschäftigungsverhältnissen Kinder in die Welt setzen. Auf der anderen Seite ist die geringe Geburtenrate und der demografische Wandel in Deutschland unübersehbar. Hier sind dringend Weichenstellungen seitens der Politik erforderlich – in Bezug auf eine planbare Betriebszuge-hörigkeit und den damit verbundenen verlässlichen Entfris-tungen bei befristeten Arbeitsverträgen –, die aber bisher nicht in die Tat umgesetzt wurden.

Ein weiteres Thema, das untrennbar mit der Arbeitsver-tragssituation zusammenhängt, betrifft die zukünftige Ren-tenaussicht für den Einzelnen. Diese dürfte bedrückend ausfallen. Es wird nach derzeitiger Sachlage, auch nach ei-nem langen entbehrungsreichen Erwerbsleben, zwar eine Rente geben, aber man wird kaum von ihr leben können. Die Politik nimmt sich aus der Verantwortung und gibt Parolen zur Privatvorsorge aus. Diese ist – Stand 2019 – tatsächlich der einzige Weg, um sicherzustellen, dass die ab dem Jahr 2040 in Rente Gehenden im Alter auf eine verlässliche Geld-quelle zurückgreifen können.

Die Frage bleibt, wer oder in welchem Rahmen sich eine Altersvorsorge wird leisten können. Wenn Sie die potenzi-ellen Berufsaussichten Ihres Kindes unter die Lupe nehmen, scheint es mir ein klügerer Zug zu sein, ihm und auch Ihnen jetzt die Möglichkeit einzuräumen, unkonventionelles Den-ken zuzulassen oder es zu entwickeln. Vielleicht löst dies auch den gestrengen Blick darauf auf, dass ihr Kind Ihren beruflichen Vorstellungen folgen muss. Möglicherweise er-öffnen Sie ihm durch Ihren Rückhalt einen Weg, der nicht nur ein rechtzeitiges Einleiten von Rentenalternativen er-möglicht, sondern einen Berufsweg mitumfasst, der diese ermöglicht und zugleich Ihrem Kind von Anfang an Erfül-lung und Freude bietet. Die Welt hat sich verändert und die Fleißparolen von damals mögen in gewisser Weise noch Be-stand haben, aber die Berufsaussichten von damals sind nicht mehr mit den heutigen Bedingungen gleichzusetzen.

Entscheiden Sie gemeinsam, Sie und Ihr Kind, wägen Sie Vor- und Nachteile des vom Kind gewünschten Berufsziels ab und helfen Sie ihm dabei, den Weg zu ebnen, um ihn nach Möglichkeit zu realisieren. Wenn Ihr Kind partout nicht den von Ihnen vorgezeichneten Weg gehen will, kann ich Ihnen nur Zuversicht zusprechen und empfehlen, dem Kind einen Vertrauensvorschuss zu geben. Durch Ihre verständnisvolle Haltung wird die Zukunft Ihres Kindes in die richtigen Bahnen gelenkt. Am Ende wird sich alles auszahlen. Mit zufriedenen Gesichtern auf beiden Seiten. Dank Ihres Vertrauens und Ihrer Unterstützung. Ihr Kind wird Sie umso mehr dafür lieben, nicht aber für Bevormundung und eine berufliche Weichenstellung, unter der es leidet. Vielleicht hat diese Phase sogar einen Synergieeffekt und beide Seiten profitieren unmittelbar davon.

Vielleicht aber sind Sie Abiturient oder Student und befinden sich zurzeit in einer Phase der Neuorientierung? Dann zeigen Sie Ihr Potenzial, nutzen Sie die Gunst der Stunde und schildern Sie Ihren Eltern die plausible Planung Ihres neuen Geschäftsmodells oder Ihrer Berufsidee. Vielleicht weichen Sie damit von der Norm ab. Aber damit können Sie guten Gewissens anführen, dass das sichere Pferd, sprich Arbeitsplatz, den man von der Ausbildung bis zur Rente behält, faktisch kaum noch existiert, denn auch das scheinbar „sichere Pferd", auf das die Eltern möglicherweise setzen wollen, kann eines Tages lahmen. Schließlich herrscht auch in vormals sicher geglaubten Berufsfeldern eine Personalfluktuation und die Arbeitsplatzsicherheit ist längst nicht mehr gegeben. Geben Sie Ihren Eltern zu bedenken, dass es mittlerweile genügend Branchen gibt, die geradezu nach Unkonventionalität beziehungsweise nach Non-konformität schreien. Nehmen Sie sie mit auf Ihre Reise durch die neuen Berufswelten und Ihre Gedankenwelt. Dafür sollten Sie sich mithilfe vielseitiger Quellen gut vorbereiten, um Ihren Eltern auch fundierte Argumente liefern zu können.

Wie gesagt, ohne Eigeninitiative und berufliche Visionen schafft man es ohnehin nur schwer, einen beruflichen Neuanfang oder eine Veränderung im Berufsalltag zu starten und auf die Mithilfe der vielen konformistisch denkenden Arbeitsvermittler können Sie kaum setzen. Also ergreifen Sie die Initiative.

5. Nicht meckern – machen oder Jetzt geht's los

Genau das lege ich Ihnen ans Herz. Jetzt sind Sie an der Reihe. Jetzt geht es um Sie. Das ist Ihre Chance. Jetzt geht's los. Jetzt gehen Sie Ihren neuen Weg. Ziehen Sie ihn durch. Sie werden es schaffen, mithilfe meiner Ratschläge, durch Ihr eigenes Engagement und auf Ihre eigene Art. Sie können jetzt mit Fug und Recht behaupten:

„I do it my way." Ab jetzt meckern oder hadern Sie nicht mehr mit Ihrem alten Leben und klagen über die Ungerechtigkeiten, die Ihnen im Berufsleben widerfahren sind, sondern Sie legen los. Sicherlich werden wir alle in gewissen Alltagssituationen zu Meckerern. Zum Beispiel, wenn man uns im Straßenverkehr die Vorfahrt nimmt, wenn Autofahrer Fußgänger in Lebensgefahr bringen, weil sie rücksichtslos weiterfahren, obwohl die Fußgängerampel ein grünes Männchen zeigt, Radfahrer rücksichtslos über den Fußgängerweg rasen und in Kauf nehmen Passanten zu verletzen,

Menschen sich im Supermarkt dreist vordrängeln oder Nachbarn sich respektlos im Mietshaus benehmen und vieles mehr. Ich aber meine die Meckerer, deren Lebensinhalt aus meckern besteht. Sie äußern ihre Unzufriedenheit, indem sie meist nur negativ reden, schlechte Stimmung verbreiten, aber nichts ändern. Dazu möchte ich einleitend Folgendes anmerken:

Sie kennen vielleicht auch ähnliche Statements von Leuten hinsichtlich des Politikerberufs: „Die kriegen einen Haufen Geld, wofür eigentlich? Die reden und reden in endlos anmutenden Debatten, aber eine spürbare Veränderung, die der Mehrheit des Volkes zugutekommt, kann man daraus nicht ableiten. Im Grunde tut sich doch fast nichts. Außer wenn es um deren Diäten geht, dann sind sie schnell beschlussfähig. Wenn man mich mal ranließe, ich würde da endlich mal was bewegen und so richtig aufräumen." Nun gut.

Die Kritik ist durchaus verständlich, aber was könnte der Meckerer aktiv tun? Wahre Mitgestaltung mit dem Ziel, Missstände zu beseitigen, funktioniert vermutlich nur als aktiver Politiker, der sich in einer Regierungspartei befindet. Und selbst dann gibt es mitunter nur äußerst kleinschrittige Erfolge. Vielleicht sollte der Meckerer eine Partei gründen oder einer Partei beitreten, sich innerparteilich durchsetzen und sehen, wie er vorzugsweise per Direktmandat in den Bundestag kommt. Natürlich geht es auch über den Kreis und den Landtag, aber es setzt sehr viel Arbeit voraus, um dorthin zu kommen oder überhaupt erst einmal als politischer Nobody wahrgenommen zu werden.

Um ins Rampenlicht zu gelangen, müsste er buchstäblich alle Register der Eigenwerbung ziehen, damit er die Aufmerksamkeit vieler Menschen aus der Bevölkerung gewinnt, um daraus letztlich seine Wählerstimmen zu generieren. Der Prozess des Stimmenfangs, also des Werbens, beginnt beim Verteilen von Flyern, gekoppelt mit unzähligen Auftritten an Wahlwerbeständen, um die Bürger auf der Straße für sich zu gewinnen, und setzt sich womöglich fort über das Klingeln an unzähligen Haustüren – nicht zu vergessen die ablehnende Haltung vieler Mieter dabei – bis hin zu Wahlwerbeschaltungen in der Presse. Im Idealfall wird diese Kampagne durch TV-Wahlwerbung oder Live-Fernsehauftritte gekrönt. Der finanzielle und der Zeitfaktor sind also sehr groß und der Akteur benötigt alles in allem einen sehr langen Atem. Bis zum Landtag oder gar in den Bundestag mit einem Pöstchen in der Schaltzentrale der Macht ist es ein sehr weiter, steiniger Weg. Sicher kein unmöglicher, aber ein sehr unwahrscheinlicher. Würde der Meckerer ihn wirklich gehen wollen?

Ein weiteres Beispiel betrifft die bildende Kunst. Kennen Sie Äußerungen von Menschen hinsichtlich der Malerei: „Was, das soll Kunst sein? Der Künstler bekam dafür Hunderttausende bezahlt? Das könnte ich auch." Wirklich? Genau das ist der springende Punkt. Mir geht es darum, festzuhalten, dass es nicht ums konjunktivische Reden, sondern ums Machen geht.

So weit – so gut. Packen Sie es an, machen Sie sich daran, dem Spruch eine Tat folgen zu lassen. Sie sind mittlerweile vermutlich gedanklich so weit, aber sollten Sie andere Nörgler beim Meckern hören und dabei feststellen, dass sich diese berufen fühlen, es auch oder gar besser zu können als die Aktiven oder die Erfolgreichen – die sie mit herabwürdigenden Kommentaren überziehen –, dann können Sie ihnen mit auf den Weg geben, zu versuchen, ihre vermeintlichen Fähigkeiten selber aktiv in die Tat umzusetzen. Oder ansonsten die Klappe zu halten.

Die Frage an Sie, liebe Leser, die Sie sich vielleicht an solche Szenarien erinnern, lautet: „Warum tun diese Personen es dann aber schlussendlich doch nicht?" Weil sie im Allgemeinen schnell dazu neigen, emotional ohne Detailkenntnis zu urteilen, und insgeheim wissen, dass es, um beim Beispiel Kunst zu bleiben, sehr lange dauert, bis die besagten Kunstwerke schlussendlich im Museum hängen. Diesen Meckerern wird vermutlich sehr schnell klar, dass es wahrscheinlich erforderlich sein wird, ein meist kostenintensives Atelier anzumieten, um die Bilder zunächst einmal zu erstellen. Gefolgt von vielen Kontakten, die man herstellen, und zig Vernissagen, an denen man teilnehmen muss, um sich ins Gespräch zu bringen. Hat man dann endlich seine eigene Ausstellung, bei der sich dann auch noch finanzstarkes, künstlerisch interessiertes Klientel einfindet, sind mitunter Jahre ins Land gegangen. Wären diese Menschen wirklich bereit, all das dafür zu investieren?

In diesem Zusammenhang möchte ich noch einmal auf die Klischees über Schauspieler hinweisen: „Die Schauspieler verdienen Zehntausende von Euros für eine Produktion. Was der macht, könnte ich auch."

Wer besitzt aber eigentlich wirklich Detailkenntnis über den Schauspieleralltag? Wer weiß schon, wie lange es dauert, bis ein Schauspieler, wenn überhaupt, viel Geld verdient? Schauspieler ohne Vitamin B haben es ohnehin schwer. Vitamin B bedeutet Beziehungen haben. Hinzu kommt, dass es Schauspieler gibt, die sich so nennen, aber noch nie eine Schauspielschule von innen gesehen haben. Möglicherweise sind sie sogar erfolgreicher als solche mit dem klassischen Ausbildungsweg, dem Weg der alten Schule. Durch diese Symptomatik erhöht sich die Anzahl an potenziellen Mitstreitern, doch die Anzahl der Theater- und TV-Produktionen bleibt vergleichsweise gering.

Der Weg eines Schauspielers führt meistens über jahrelanges, hartnäckiges Am-Ball-Bleiben, um Kontakte zu knüpfen, also das sogenannte Klinkenputzen, um eventuell eine Produktion zu ergattern, in der er mitwirken darf. Aber ob sich daraus ein Anschlussengagement oder gar eine Karriere entwickelt, ist fraglich, und der ganze jahrelange Einsatz verläuft mit ungewissem Ausgang. Keine Garantie auf irgendeinen Erfolg oder gar das große Geld. Wer will das wirklich auf sich nehmen?

Sie verstehen, worauf ich hinauswill? Um Neuland zu entdecken, muss man etwas wagen und dafür aktiv werden oder sich mit seinem Dasein zufriedengeben. Eine Veränderung setzt nun einmal Schritte voraus, die man bereit ist zu gehen. Nur Meckern bringt keine Veränderung mit sich, sondern vertieft den Frust. Wenn man sich auf den Weg machen will, so kann dieser ein sehr weiter bis zum ersehnten Ziel werden. Zu lang für die meisten Meckerer.

Darum begeben Sie sich auf den Weg und machen Ihr eigenes Ding und hören Sie auf zu meckern oder distanzieren Sie sich von den „Meckerern". „Meckerer" sind passiv, und zwar dahin gehend, dass sie erst gar nicht den Versuch unternehmen, etwas Neues auszuprobieren, weil sie die Erklärungen für ein potenzielles Scheitern oder Misslingen schon parat haben.

Übrigens, an dieser Stelle habe ich noch eine kleine Anekdote für Fußball-Eltern. Es gibt noch einen interessanten Typ Meckerer, nämlich den, der am Fußballfeldrand alles besser weiß.

Meistens Väter, aber auch zunehmend Mütter, die ihre Kinder durch Schiedsrichter- oder Trainerentscheidungen benachteiligt sehen und dies in aggressivem Ton äußern. Interessant ist hierbei auch zu beobachten, dass die Väter häufig ihre tatsächliche Sachkenntnis überschätzen, was sie durch ihre Äußerungen erkennen lassen und was den Schluss nahelegt, dass sie im Traineramt oder als Schiedsrichter jämmerlich versagen würden. Besonders faszinierend sind auch jene Väter, die Spiele beobachten und davon überzeugt sind, einen Fußballsachverstand zu besitzen; sie stellen fest, dass dieser oder jener Spieler gar nicht hätte anders handeln können, als er es tat. Dies entpuppt sich meist als blanker Unsinn. Fußballanalyse will gelernt sein. Nicht nur in solchen Situationen wünschte ich mir, folgender Spruch eines deutschen Kabarettisten möge sich zu Menschen bis in die entlegensten Provinzen der Republik herumsprechen: „Wenn man keine Ahnung hat, einfach mal die Fresse halten.“

Das Wichtigste ist der Erkenntnisgewinn, den Sie aus dem Meckererpool ziehen. Dieser ist groß, was bedeutet, dass es viele Typen gibt, die es zu entlarven und in die Schranken zu weisen gilt. Dies gilt insbesondere für den Typ Meckerer, der bestehende Regeln und Gesetze missachtet und sich seine eigenen schafft. Er spielt sich beispielsweise gerne in Nachbarschaftsangelegenheiten groß auf. Klassischerweise der Kerl, der seine neue Flamme durch sein Imponiergehabe zu beeindrucken versucht und dabei unbescholtene Nachbarn herabwürdigt, wobei er primitivstes Machtgehabe von vorgestern an den Tag legt. Ein Typ Nachbar, der sich in allen Wohnkonstellationen breitmachen und den sprichwörtlichen Chef heraushängen lassen würde.

Auch im Eigenheim würde er so agieren, wenn Zweige eines Baums angeblich aufs sein Grundstück ragen, oder in der Mietwohnung, in der spielende Kinder Grund für eine angebliche Lärmbelästigung sind; es gibt Menschen mit Überreaktionen, gepaart mit einem Hang zur Dummheit. Solange sie aber agieren können, als gehörte ihnen der Wohnkomplex und man lässt sie überall schalten und walten wie sie wollen, ist die Welt für diese Menschen in Ordnung. Aber wehe jemand weist sie in die Schranken und darauf hin, dass man Mieter- und Nachbarschaftspflichten hat. Wie zum Beispiel, darauf zu achten, dass man keine laute Musik zu nachtschlafender Zeit abspielt und den Flur nicht mit Gerätschaften und Pflanzen zustellt und somit die Fluchtwege der anderen Nachbarn vor deren Haustür blockiert.

Die Frage lautet, wie man solchen Charakteren begegnet, denn die Situation stellt ein schwieriges Unterfangen dar. Rufen Sie das Ordnungsamt oder die Polizei, verschlimmert sich das Verhältnis, suchen Sie das Gespräch mit ihnen, werden Sie unter Umständen ignoriert oder beschimpft oder gar bedroht. Eine Zwickmühle. Vermieter geben sich häufig machtlos oder desinteressiert, sofern der „Störenfried" pünktlich seine Miete zahlt. Das Schlimme ist, das „Störenfriede" meist kognitiv nicht dazu in der Lage sind ihr eigenes Verhalten zu reflektieren, wenn sie selbst Lärmbelästiger sind. Solche sind beispielsweise unsere Nachbarn, die durch ihre Rennrad- und Spielsimulatoren derart viel Lärm verursachen, dass man das Gefühl hat, direkt an der Rennstrecke zu sein. Auch sonst überschreiten sie häufig die gesetzlich vorgeschriebene Zimmerlautstärke durch Krach, der sich anhört, als würden sie ihre Möbel buchstäblich stundenlang im Wohnzimmer hin- und herschieben. Oftmals gefolgt von Säge- und Baulärm. Die Wohnung wird quasi zur Werkstatt. Bei fast jeder dieser Aktionen haben wir das Gefühl, das die Nachbarn im nächsten Augenblick durch die Decke brechen.

Eine weitere Lärmsituation – auch hervorgerufen durch das Abspielen von Musik - ist oft derart intensiv und basslastig, dass sie sogar die Wände und Fußböden vibrieren lässt, auch verursacht durch die Schleudergänge bei der Waschmaschine, die oft nach 23.00 Uhr und ein Laufband-Fitnessgerät, das ebenfalls nach 22.00 Uhr benutzt wird. Bei der Lieferung des Laufbandes waren wir zufällig anwesend und somit Augenzeugen. Dass solche Geräte wegen ihrer Lautstärke, die sie hervorrufen, andere Nachbarn stören könnten interessiert sie nicht. Offensichtlich fehlt diesem Typ Nachbar der dafür nötige Grips und Einfühlungsvermögen, um ihr Handeln einzuschätzen. Durch ihre Ignoranz und ihren Egoismus legen sie eine Haltung an den Tag, die sie, mit Verlaub, auf uns wie charakterlich einfach strukturierte Menschen wirken lässt.

Hierbei darf man getrost selbst zum Meckerer werden. Meine Frau und ich, wir wünschten uns, solche Menschen würden einmal ein Buch in die Hand nehmen, anstatt sich so zu verhalten. Zumindest hat unser Einwand ein wenig Wirkung bei diesen Nachbarn gezeigt, aber zu einem besseren nachbarschaftlichen Verhältnis hat es nicht beigetragen – im Gegenteil. Auch wenn`s schwer fällt, muss man sich diesen Menschen entgegenstellen oder sich für eine Handlungsweise entscheiden, denn sonst ändern Sie gar nichts und alles bleibt, wie es ist.

Ich hatte am 12. Mai 2018 diesbezüglich ein sehr hässliches Erlebnis, denn ich musste mich nach einem schlimmen Vorfall juristisch zur Wehr setzen. Unser ehemaliger Nachbar Christian D. war bereits mehrfach wegen Lärmbelästigung aufgefallen und bei diesen wiederholten Vorfällen war jeweils die Polizei zugegen und realisierte die extrem laute Musik, die aus seiner Wohnung drang. Daraufhin erhielt er jeweils Strafanzeigen. Den Vermieter interessierte das im Übrigen nie. Für ihn war ausschlaggebend, dass er pünktlich seine Miete zahlte, alles andere war ihm egal. Auch seinen sonstigen Vermieterpflichten kommt er bis heute nicht nach. Er ist 86 Jahre alt, neigt zu Jähzorn, ist rechthaberisch und agiert seinen Mietern gegenüber oft ignorant.

Viele Mieter, auch im Nebenhaus, gaben nach monatelangen juristischen Auseinandersetzungen mit ihm entnervt auf und zogen aus. Wir werden uns von so einem Vermieter aber nicht verjagen lassen, denn die Miete ist günstig im Verhältnis zur Wohnfläche, bei relativ guter Wohnlage. Auf der anderen Seite ist der Dortmunder Wohnungsmarkt sehr angespannt.

Hier im Haus gibt es insgesamt drei Mietparteien. Der Vermieter behauptet, auch gegenüber den beiden anderen, wir allein müssten die Hausmeistertätigkeiten übernehmen. Bereits im Jahre 2011 wurde seine Klage per Gerichtsentscheid abgewiesen. Das Urteil ignoriert er bis zum heutigen Tage. Zudem hält er sich nicht an Vereinbarungen und leugnet sie sogar schlussendlich. Seine Ignoranz zeigt sich auch darin, dass er prinzipiell allen Mietern vorwirft mutwillig Dinge im Hause zerstört zu haben, sofern sie sich wegen eines Defektes in der Wohnung an ihn wenden, wie zum Beispiel im Falle von funktionsuntüchtigen Rolläden oder Gasthermen, die kein Warmwasser produzieren oder lebensgefährliche Kohlenstoffmonoxid-Emissionen aufweisen.

Für mich persönlich gipfelt seine menschenverachtende Haltung darin, dass er bis heute abstreitet, dass mich der ehemalige Mieter im Erdgeschoss schwer rassistisch beschimpft und eine Morddrohung gegen mich ausgesprochen hatte.

Hinter all diesen Bösartigkeiten könnte sich eine Demenz verbergen. Aggressives Verhalten ist auch symptomatisch bei Demenzkranken. Es ist letztlich aber nur eine Theorie, um eine Erklärung für sein Verhalten zu finden. Traurigerweise stellt er uns als Arbeitsverweigerer dar und die anderen Hausbewohner schenken ihm glauben. Sie haben uns als Buhmann ausgemacht, weshalb sie keinen Finger rühren bei der Hausflur- und Vorderhausreinigung.

Infame Lügen verbreiten sich offenbar schnell und es hat sich gezeigt, wie manipulierbar und unreflektiert so manche Menschen durchs Leben gehen. Sie verschließen auch die Augen vor dem schrecklichen Ereignis, das sich hier vor einiger Zeit zutrug.

Der schlimme Vorfall vom 12.05.2018, der von Christian D. ausging, ereignete sich wie folgt: Nachdem er wieder einmal nachts laut Musik abspielte, rief ich die Polizei. Nachdem diese den Vorfall dokumentierte und danach das Haus verließ, hämmerte er lautstark gegen unsere Wohnungstür und schrie mich an mit den Worten: "Du mieser Wichser, du kleiner beschissener dreckiger Nigger, dich zünd' ich an, du Arschloch." Dabei hob er die Hand mit einer drohenden Geste. Als ich daraufhin die Polizeibeamten an diesem Abend zum zweiten Mal rief und sie zurückkehrten, um ihn zur Rede zu stellen, gab er diesen gegenüber sogar zu, das gesagt zu haben. Die Polizeibeamten wären nach Auskunft unseres Anwaltes dazu bereit gewesen, dies vor Gericht auszusagen.

Meine Frau und mein damals 12-jähriger Sohn waren auch Zeuge des Vorfalls. Mein Sohn erlitt einen Schock über das Gesagte, aber das interessierte die Richterin nicht, denn bei der Anhörung vor Gericht hatte der Nachbar, der ach so joviale Geschäftsführer einer Personalservice-Mitarbeiterüberlassung, den Schwanz eingezogen und in jämmerlicher Weise behauptet, dass er diesen rassistischen Satz nicht gesagt hat. So etwas könnte er nie sagen, behauptete er. Schließlich sei ein Teil seiner Mitarbeiter ausländischer Herkunft. Man könnte auf den Gedanken kommen, dass er diese besonders triezt, da sie höchstwahrscheinlich kaum Alternativen zu ihrem jetzigen Arbeitsplatz haben und deshalb keine Widerworte wagen werden. Fakt ist, dass er sein Geld mit Kunden verdient, die ihm einen hohen Stundenlohn für seine Arbeiter bezahlen, wovon er aber nur einen Bruchteil an sie weitergibt. Von der Differenz finanziert er sein Geschäft und seinen Luxus. Vor Gericht hat er sich aber als Gutmensch dargestellt, indem er von sich gab ein erfolgreicher und seinem Personal gegenüber spendabler Geschäftsführer zu sein, der keiner Fliege etwas zuleide tun könnte. Außerdem sei er ja jetzt aus der Wohnung ausgezogen, so seine Worte. Die Frau Dr. Richterin in Dortmund mit sicherer Planstelle, sagte, dass die Streitparteien ja nun nicht mehr unter einem Dach wohnten und sie deshalb keinen Anlass für eine Verhandlungsansetzung sah. Sie gab dies kurz und bündig, in genervtem Unterton von sich und ging mit keiner Silbe auf den Tathergang der rassistischen Beleidigung und Morddrohung ein.

Ich ging davon aus, dass ich in jedem Fall, auf der Grundlage des Artikel 3, Absatz 3 des GG, vor Gericht vor rassistischen Angriffen geschützt werden würde. Leider musste ich dann jedoch die Erfahrung machen, dass das Ausmaß der rassistischen Bedrohungen nicht mit dem angemessenen Ernst erfasst worden war und stattdessen die durchaus bekannte „Täter-Opfer-Umkehr" stattfand. Anstatt mich als Betroffenen vor den rassistischen Bedrohungen meines Nachbarn zu schützen, wurde ich als Mitbeteiligter an der Auseinandersetzung benannt und gleichermaßen, wie der Nachbar dazu aufgefordert, in Zukunft darauf zu verzichten „sich gegenseitig zu bedrohen und zu beschimpfen".

Somit handelte sie zugunsten des Täters und gegen das Opfer. Wenn man in Deutschland rassistische Beleidigungen von sich gibt, hat man heutzutage augenscheinlich noch gute Chancen ungeschoren davonzukommen. Unser Anwalt beugte sich ihrem Vorschlag und ließ sich auf einen Vergleich ein. Zuvor setzte er uns darüber in Kenntnis, dass die Vorsitzende Frau Dr. Richterin einen vorauseilenden Ruf genoss und er deshalb befürchtete, dass wir am Ende sogar verlieren könnten, wenn sie ein Verfahren eröffnen würde. So wurde dieser Fall abgeschlossen und kam zu den Akten.

Trotzdem fühlte ich mich nach ein paar Tagen ein wenig erleichtert und ich würde immer wieder so handeln, denn hätte ich nichts unternommen, wäre er gänzlich ungeschoren davongekommen. So musste Christian D. wegen der Strafanzeigen aufgrund von Lärmbelästigung Zahlungen an die Staatskasse und an das Umweltamt Dortmund richten, sowie Geld für seinen Umzug investieren, Zeit und Nerven aufbringen für Anwaltsschreiben, die er von unserem Anwalt erhielt und er hatte Anwaltskosten, die ihm im Vorfeld der Anhörung entstanden. Außerdem musste er zumindest in der Zeit vor dem Gerichtsanhörungstermin mit der Ungewissheit leben, ob es eine Verhandlung geben und diese mit einem Urteil gegen ihn enden würde. Sicherlich hätte ich mir eine andere, als nur die Geldstrafe für ihn gewünscht, aber dies war dennoch ein Schritt in die richtige Richtung.

Ich habe mich gewehrt und es nicht hingenommen, sondern bin aktiv vorangeschritten. Dadurch hat seine Selbstverständlichkeit in der Herabwürdigung Anderer, einen Dämpfer bekommen.

Auch wenn dieser Vorfall extrem anmutet, so fängt genau in einem solchen Moment Veränderung an. Nämlich auch dann, wenn man Unrecht etwas entgegensetzt. Schreiten Sie mutig voran, auch bei Gegenwind. Diese Haltung gilt es zu verinnerlichen.

Sie wollen doch auch etwas verändern und dabei wahrscheinlich zu den sogenannten „Adlern" gehören, stimmt's? „Adler" glauben an sich und nehmen die Dinge in Angriff, statt zu lamentieren.

Sie wollen doch kein Frosch sein, oder? Sorry, ihr Frösche, dieses Bild ist auch abgeleitet aus dem Spruch: „Sei kein Frosch." Im Volksmund kommt der Frosch dabei eher schlecht weg, denn er bedeutet soviel wie: "Stell' dich nicht so an. Sei kein Feigling." Diese Aussagen beziehen sich auf Menschen, die eher zögerlich und ängstlich sind und gehen zurück auf die Tatsache, dass Frösche schreckhafte Fluchttiere sind. Man tut dem Frosch damit allerdings Unrecht, da sein Verhalten eine Schutzfunktion darstellt.

Folgende „Frosch-Geschichte", eines unbekannten Autors, habe ich während meiner Erzieherausbildung kennengelernt:

Der Wettlauf der Frösche

Eines Tages entschieden sich einige Frösche, einen Wettlauf zu veranstalten. Um den Schwierigkeitsgrad zu erhöhen, legten sie als Ziel den höchsten Punkt eines großen Turms fest. Am Tag des Wettlaufs versammelten sich viele Frösche, um dabei zuzusehen. Dann startete der Wettlauf. Keiner der zuschauenden Frösche glaubte wirklich daran, dass auch nur ein Frosch tatsächlich das Ziel erreichen konnte. Anstatt die Läufer lautstark anzufeuern, riefen sie: „Das kann nichts werden, das schaffen die nie!" Und: „Oje, die Armen, das ist zu schwer, das ist unmöglich!"
Es hatte wirklich den Anschein, als sollte das Publikum recht behalten, denn nach und nach gaben immer mehr Frösche auf. Das Publikum schrie unaufhörlich: „Das schafft ihr nie! Das kann man nicht schaffen!" Und kurz darauf gaben

tatsächlich alle Frösche auf. Alle, bis auf einen, der hartnäckig weiterlief, den steilen Turm hinaufkletterte und schließlich als Einziger das Ziel erreichte. Die Zuschauerfrösche waren vollkommen verdutzt und wollten von ihm wissen, wie das möglich war. Einer der Mitstreiter des Wettlaufs näherte sich ihm, um ihn danach zu fragen. Erst da bemerkten sie, dass dieser Frosch taub war.

Auf Ihre Situation bezogen bedeutet diese Geschichte, dass Sie auf Durchzug schalten und nicht auf das Gerede anderer hören, sondern beharrlich Ihren Weg gehen sollten. Dann stellt sich auch Ihr Erfolg ein. Und denken Sie stets daran: Jede Veränderung beginnt mit einer Entscheidung.

Dazu passen zwei Geschichten, die vor längerer Zeit an mich herangetragen wurden und die ich Ihnen vorstellen möchte:

Die Geschichte vom Taxifahrer William

Es geht um William, einen selbstständigen Taxifahrer in New York. Er ist 45 Jahre alt, verheiratet und hat zwei Kinder. Die Situation ist Folgende: Er fährt schon seit vielen Jahren Taxi. Die Geschäfte laufen schlecht und er meckert und flucht über alles. Das Wetter ist gut, daher gibt es kaum Fahrgäste, darüber hinaus vergibt die Stadt sehr viele Taxilizenzen. Sein Auto ist alt, es hat eine Beule, weil ihm jemand reingefahren ist, und die Sitze sind verschlissen. Ein Großteil der Kundschaft verlangt neuere Fahrzeuge auf technisch neuestem Stand, aber er hat kein Geld für einen neuen Wagen. Die Konkurrenz betreibt eine kostenintensive, aggressive Werbekampagne, aber er selbst unternimmt nichts und meckert weiter. William ist der Prototyp eines Frosches. Die Geschäfte laufen immer schlechter und es wird finanziell so knapp, dass er befürchtet, die Miete nicht mehr zahlen zu können. In den USA gibt es kein Sozialsystem wie bei uns. Wer die Miete nicht zahlen kann, wird schnell obdachlos. Er muss dringend etwas tun. Und er tut etwas.

William wird zum Adler.

Er wäscht und poliert seinen alten Wagen. Das macht er selbst, ohne Waschanlage, denn das wäre zu teuer. Fortan hält er seinen Wagen optisch tiptop in Ordnung mit sauberen Scheiben, Nummernschildern, Radkappen und blitzendem Chrom. Im Innenraum verdeckt er die kaputten Sitze mit dekorativen Decken, stellt eine Kühlbox mit gekühlten Getränken und eine Thermoskanne mit Kaffee in den Wagen. Er bietet eine CD-Musikauswahl von Rock und Pop über Klassik und Jazz an und legt Zeitungen und Zeitschriften im Fond aus. Er erklärt Touristen die Sehenswürdigkeiten und händigt allen Fahrgästen seine selbst gemachten Visitenkarten aus. Nach einem Vierteljahr trägt seine Maßnahme Früchte, denn er hat Stammgäste, die ihn weiterempfehlen, und dadurch hat er ein relativ verlässliches Einkommen. Nicht genug, um reich zu werden, aber genug, um die Miete zu zahlen und auch etwas anzusparen.

William hat Folgendes nicht verändert: das Wetter, die Anzahl der Taxilizenzen, das Alter seines Autos, die anderen

Fahrer, die Mitfahrzentralen. Es hat gereicht, nur die eigenen Möglichkeiten zu nutzen. Das sind Adler!

Die Geschichte von Mike, dem Verkäufer

Mike ist ein junger Mann, der als Tütenpacker in einem amerikanischen Discounter arbeitet. Der neue Vorstand und die Manager denken an Umstrukturierungen im Konzern, da er zusehends rote Zahlen schreibt.

Es geht um Kostensenkungen, und da ist das Personal die erste Stellschraube, an der gedreht werden wird, und viele Mitarbeiter werden von einer Kündigung betroffen sein.

Alle haben von den Gerüchten gehört und Angst um ihren Arbeitsplatz. Mike ist nicht dumm, er weiß genau, dass es zuerst die Jüngeren treffen wird, also bestimmt auch ihn. Er liebt seine Arbeit und er weiß, es würde nicht leicht sein, eine neue Stelle zu finden. Aber Mike hat einen Plan. Zuhause sucht er Motivationssprüche im Internet und Sprüche aus Glückskeksen mit Inhalten wie: „Gib jedem Tag die Chance, der beste deines Lebens zu werden." „Jeder Tag, an dem du nicht lächelst, ist ein verlorener Tag." „Carpe diem – nutze den Tag." Er steckt ab sofort in jede Tüte einen dieser Zettel, jeden Tag einen anderen. Nach kurzer Zeit bemerken die Kunden Mikes Idee und freuen sich darüber. Die Schlange an seiner Kasse ist immer länger als bei den anderen, denn viele Kunden wollen seine Zettel. Das bemerkt auch der Filialleiter. Mike hat Folgendes nicht gemacht: Er hat den Laden nicht gerettet, er hat die Bilanzen des Unternehmens nicht verbessert, auch die Kündigung der Kollegen nicht verhindern können, aber er hat sich durch eine Idee gerettet und darf bleiben.

Die Quintessenz dieser Geschichten ist: Schauen Sie auf sich und nehmen Sie die Dinge in die Hand. Schauen Sie über den Tellerrand und wagen Sie es, scheinbar ungewöhnliche Gedanken zu haben, um daraus Ideen zu entwickeln, und geben Sie sich den nötigen Raum, sie zuzulassen. Sie wachsen an den Herausforderungen und entfalten so Ihre Potenziale. Hören Sie in sich hinein; was sind jetzt Ihre Bedürfnisse? Ich wiederhole es gebetsmühlenartig: Das Wichtigste ist, dass Sie weiter zuversichtlich an Ihrem neuen Plan arbeiten. Egal, ob es um eine Veränderung innerhalb des jetzigen Settings geht, wie bei William und Mike, oder um eine totale Neuorientierung.

Auch wenn die Geschichten in den USA angesiedelt sind, sollen sie ein kleiner Hinweis darauf sein, dass Sie ein „Weiter so" vermutlich nicht mehr lange durchstehen werden und Ihr täglicher Stressfaktor womöglich auch dadurch erhöht wird, bei Vorgesetzten oder Kollegen gute Miene zum bösen Spiel machen zu müssen, denn Sie befinden sich buchstäblich in einem Haifischbecken. Entweder Sie lösen sich von ihrem jetzigen Arbeitsplatz oder Sie werden dort gefressen. Es ist auch gut möglich, dass, wenn Sie sich jetzt nicht neu orientieren, Sie vielleicht eine negative Emotionalität als eine Art Ablassventil entwickeln und im Alltag schleichend zum Griesgram werden. Sie werden dünnhäutiger, aggressiver und unzufriedener und dies macht sich spürbar breit in all Ihren Lebensbereichen. Eigentlich haben Sie ein intaktes Familienleben oder eine Beziehung, aber Sie realisieren, dass Sie immer häufiger streiten. Auch im

Freundeskreis. Welcher ist nun der richtige Weg? Spätestens wenn die berufliche Schieflage auch Ihr Privatleben erreicht hat, sollten Sie die Reißleine ziehen. Dann sollte der Startschuss fallen. Und dann geht`s los. Ein „Weiter so" im Privatleben könnten Sie bereuen, genauso wie im Berufsleben. Werden Sie aktiv. Handeln Sie jetzt, damit Sie eines Tages folgende „Hätte"-Realitäten, wie im folgenden Kapitel erläutert, nicht erleiden müssen.

Leben im Konjunktiv: „Hätte ich es doch versucht"

Kennen Sie das Gefühl oder diesen Ausspruch? Sie verharren in einer bestimmten Situation wie das berühmte Kaninchen vor der Schlange und grübeln im Anschluss lange darüber nach, was hätte sein können, wenn Sie gehandelt hätten. Alles beginnt mit der Aktivität. So banal es klingt, es sind diese Binsenweisheiten, die wir erkennen müssen. Häufig haben wir schnell eine Erklärung parat, warum etwas nicht geht oder dass ein Vorhaben sowieso keine Aussicht auf Erfolg hat. Das ist faktisch eine Ausrede. Diese kann mannigfaltig ausfallen, zum Beispiel von „Ich ziehe ja sowieso das Pech an, egal was ich tue" bis hin zu: „Das konnte ja auch nichts werden, ich bin halt eine graue Maus, sehe nicht gut aus und habe auch kein Vitamin B, und überhaupt, unter anderen Umständen hätte ich es sicher geschafft, aber unter diesen Umständen kann das ja nichts werden." Solche Gedanken können auch zusätzlich dadurch verstärkt werden, dass man sich nach langem Zögern doch zum Handeln entschließt und man nach dem Motto „Wer zu spät kommt, den bestraft das Leben" seine Chancen vergibt und das Ergebnis dessen eben kein Erfolgserlebnis ist. Dass man nicht schnell genug gehandelt, die Gelegenheit vorbeiziehen lässt.

Um es einmal an einem Beispiel außerhalb der beruflichen Veränderung zu verdeutlichen: Es gibt viele Menschen, die zu schüchtern oder zögerlich waren, wenn es darum ging, einen Mann oder eine Frau anzusprechen, die sie attraktiv und anziehend fanden, und die sich als Konsequenz dann lange Zeit grämten, was hätte sein können, wenn sie die Person angesprochen hätten. Die Gegenfrage darf erlaubt sein: Was hat man eigentlich zu verlieren?

Nicht zu handeln bedeutet, sich seiner Chancen zu berauben. Genauso verhält es sich im Prinzip bei neuen beruflichen Plänen. Wenn Sie innehalten und nachdenken, ist das immer empfehlenswert, aber wenn Sie zu lange warten, dann verpassen Sie womöglich den richtigen Zeitpunkt, um buchstäblich auf den neuen Zug aufzuspringen. Als Sinnbild dafür passt die Redensart: „Hätt' der Hund nicht gesch..., hätt' er den Hasen erwischt."

Nutzen Sie die Chance, auch wenn Ihnen der „erste Hase" davonlaufen mag und Sie deshalb einen erneuten Anlauf benötigen sollten. Handeln Sie, anstatt Gedanken über ein Nichtgelingen zu pflegen oder einer verpassten Chance nachzutrauern. Das, was wir versäumt oder vernachlässigt haben, ist nicht mehr einhol- oder veränderbar, denn es gehört der Vergangenheit an. Und wenn wir noch weiter Zeit damit vergeuden, Dinge zu bedauern, die wir verpasst haben, führt jede weitere Minute des Nachdenkens zu noch mehr Zeitverlust und Stillstand. Die Gegenwart hingegen ist die einzige Chance für Veränderung; hier stellen wir die Weichen für unsere Zukunft. Warum sage ich diesen scheinbar banalen Satz? Ich bin Menschen aus unterschiedlichen Branchen begegnet, die in ihrem Berufsleben genau dieses Denkmuster durchlebten. Sie führten Beispiele an wie: „Das hätte ich doch erkennen müssen. Da ist mir ein Riesenauftrag durch die Lappen gegangen. So eine Chance kommt nie wieder. Vielleicht hängt mir das ein Leben lang nach." Oder: „Hätte ich das mal gemacht. Wer weiß, vielleicht hätte ich jetzt ein schönes Haus, und meine Altersvorsorge wäre auch geregelt."

Falls Sie diese „Hätte"-Phrasen also bei sich kennen sollten, dann versuchen Sie sie bitte dieses Muster zu durchbrechen und so schnell wie möglich über Bord zu werfen, denn nach meiner Beobachtung leiden Menschen unter dem „Hätte-Syndrom" nicht nur in einem einzigen, sondern zugleich auch in vielen anderen Lebensbereichen. Ich möchte Ihnen ein paar Beispiele präsentieren, die dieses Denkmuster verdeutlichen sollen. Zum Beispiel im Lifestyle-Bereich: „Hätte ich doch erst einmal abgenommen, dann würde ich leichter eine guten Job bekommen oder könnte mich selbstsicherer beim Vorstellungsgespräch in modischer Kleidung präsentieren. Im privaten Bereich könnte ich endlich wieder in Badehose oder im Bikini ins Freibad oder an den Strand gehen."

Oder im zwischenmenschlichen Bereich: „Wenn ich eine schöne Beziehung hätte, dann wäre ich im Leben viel glücklicher und ich hätte auch im Beruf viel mehr Spaß." Daran schließt sich die Phrase der gewünschten Selbstverwirlichung an: „Wenn die Kinder erst einmal aus dem Hause sind, hätte ich die Möglichkeit, mich zu verwirklichen."

Oder folgender Gedanke lässt sie nicht los: „Wenn ich doch nur endlich die Rente erreicht hätte, dann könnte ich mehr Ausflüge und kleinere Reisen machen." Und weiter: „Wenn ich doch nur das Geld hätte, dann würde ich einen Laden eröffnen." Zum Aufbrechen dieses Denkmusters ist die einfache Frage nach der Betrachtungsweise der bereits zitierten Flasche eine große Hilfe. Ist sie halbleer oder halbvoll? Egal welchen Bereich Sie nehmen, dieses hemmende Denkmuster, welches Sie immer wieder eine Ausrede dafür finden lässt, warum etwas nicht geht, führt dazu, eine Verbesserung Ihrer Lebenssituation oder Angenehmes und Schönes in Ihrem Leben auf später oder viel später, auf den sprichwörtlichen Sankt-Nimmerleins-Tag zu verschieben. Immer mit der Ausrede im Gepäck, dass Ihre Umstände es nicht ermöglichten, sich zu verwirklichen. Sie sehen in diesem Denkmuster nicht mehr die Handlungsmöglichkeiten, die Sie im Hier und Jetzt haben, um sich selbst Gutes zu tun und heute für Ihr Wohlergehen zu sorgen.

Es geht jetzt daher um die Frage: „Wie kann ich jetzt dafür sorgen, dass ich selbst die richtigen Umstände für eine Veränderung erschaffe?" Nicht das „Hätte und wäre" bringt Ihnen die Erlaubnis, etwas zu verändern, etwas Neues zu erleben oder zu fühlen, sondern Sie bestimmen, ob Sie es sich jetzt selbst erlauben. Betrachten wir noch einmal das Beispiel der beruflichen Situation: Wie schnell findet man in diesem Denkmuster eine Erklärung dafür, dass man zwar eine berufliche Veränderung herbeisehnt, aber der Zeitpunkt dafür noch nicht der richtige sei und man ja eh noch nicht über das dafür notwendige Know-how verfügt? Daran schließen sich weitere Gedanken an, die uns negativ beeinflussen, wie die an unsere Lebensumstände und an eine bestehende Verpflichtung, eine Familie ernähren zu müssen; Gedanken, dass keine finanziellen Spielräume für Investitionen bestehen, oder an eine angeblich fehlende Bildung, sprich das nicht absolvierte Studium beziehungsweise die tatsächlich vorhandene eigene Ausbildung, die unseren Plänen nicht dienen kann und sie deshalb zunichtemacht oder in weite Ferne verschiebt.

Die Frage, ob ein Studium oder eine Fachausbildung für Selbstständige oder Freiberufler zwingend notwendig ist, darf erlaubt sein. Wie oft habe ich es bei Selbstständigen erlebt, dass diese kein Studium absolviert hatten oder ihre Kunden nicht an erster Stelle nach einer Ausbildung fragten, sondern nach Know-how und Verlässlichkeit. Der Erfolgsgedanke speist sich unter anderem aus der Energie, die frei wird, wenn man daran denkt, endlich aus der Tretmühle des tristen Arbeitsalltags rauszukommen und sich etwas neuem zuzuwenden. Das notwendige Know-how erarbeitet man sich dann durch eine konzentrierte Vorbereitung auf die neue Tätigkeit.

Learning by Doing ist eine treffsichere Bezeichnung für diese Anfangsphase im neuen Arbeitsbereich. Wenn Sie später in diesem tätig sein werden, kräht kein Hahn mehr danach, ob Sie ein Studium absolviert haben oder nicht. Hätte oder habe. Das ist hier die Frage. Habe bedeutet Aktivität. Hätte bedeutet Passivität. Es gibt immer eine Ausrede dafür, etwas nicht zu tun oder etwas für unmöglich zu halten oder etwas nicht zu starten, weil gerade die Umstände dafür ungünstig seien. Natürlich liegt ein Wagnis in jeder Veränderung, aber wer wagt, gewinnt und mit ein bisschen Abstand werden Sie zurückblicken und sagen: „Gut, dass ich es gewagt habe. Endlich tue ich, was ich will."

Biographie als Chance versus Opferrolle

Die Frage der Biographie ist in allen Lebensbereichen elementar. Sie macht uns aus, beeinflusst unser Handeln, aber auch, wie wir gesehen werden. Unsere Herkunft und unser Umfeld prägen uns und diese Faktoren sind sehr wohl immer noch ausschlaggebend für unser heutiges Handeln. Grundsatzfragen, die unsere Biografie und Identität betreffen, lauten:

- Wer bin ich?
- Woher komme ich?
- Was macht mich aus?
- Woher kommen meine Eltern? Woher stammen meine Großeltern?
- Kenne ich meine Mutter, kenne ich meinen Vater?
- Kenne ich womöglich nur ein Elternteil?
- War mein Vater oder meine Mutter alleinerziehend?
- Gibt es Kontakt zu meiner Mutter oder meinem Vater oder nicht?
- Wuchs ich in einer Pflegefamilie auf?
- War ich ein Heimkind?
- Stamme ich aus einer Patchworkfamilie?

Aus den Antworten auf diese Fragen lassen sich Charakterzüge und Erklärungen für mein heutiges Handeln ableiten:

- Was hat mich geprägt?
- Welche Erziehung habe ich genossen?
- Ist sie mir jetzt hilfreich oder steht sie mir im Wege?
- Habe ich viele Freiheiten genossen oder wurde ich meist bevormundet?
- Bezeichne ich mein Handeln als selbstsicher oder eher als unsicher?
- Fühle ich mich mutig oder eher mutlos im Leben?
- Bin ich ein Mensch mit starkem Selbstbewusstsein oder nicht?
- Wurde mir oft gesagt, meine Leistung reiche nicht aus, ich könne etwas nicht?
- Habe ich möglicherweise manche Umstände als unveränderbar hingenommen und insgeheim schon vorher resigniert?
- Habe ich mich vielleicht auch unbewusst stets in die Opferrolle begeben?
- Habe ich in Problemsituationen Hilfestellung von meinen Eltern erhalten oder wurde ich alleingelassen?
- Hat meine Mutter, hat mein Vater meine Sorgen je verstanden oder nicht?
- Was macht meine Persönlichkeit aus?
- Bin ich ein temperamentvoller oder eher schüchterner Typ?
- Bin ich leicht reizbar oder stets gefasst?
- Bin ich wankelmütig oder zielorientiert?
- Wie gehe ich mit Widerständen und Rückschlägen um?

- Habe ich aufgrund meiner Herkunft oder meines Aussehens einen Minderwertigkeitskomplex?

Gehen Sie in sich und überprüfen Sie sorgfältig diese Fragestellungen.

Sie fragen sich, worauf ich hinauswill und was diese Fragen mit Ihrem neuen Plan zu tun haben sollen? Sehr viel. Denn jeder hat sein Päckchen zu tragen. Dieses gibt uns entweder Auftrieb oder es bremst uns womöglich und beraubt uns unserer Energien und Potenziale. Es zu entpacken dient Ihnen als Erkenntnisgewinn, um Ihre Stärken und Schwächen zu entschlüsseln, als gute Vorbereitung für Ihr zukünftiges Arbeitsfeld.

Die Stärken/Schwächen-Analyse stammt eigentlich aus der Geschäftswelt und dem Projektmanagement. Sie ist ein Instrument der strategischen Planung und dient der Positionsbestimmung und der Strategieentwicklung von Unternehmen und anderen Organisationen. Sie können Ihre Stärken/Schwächen-Analyse mittels der To-do-Liste durchführen: Was sind meine Stärken? Was sind meine Schwächen? Rühren sie womöglich aus einer mir angetragenen Rolle? Nutze ich sie oder leide ich unter ihr? Geht eine Stärke aus ihr hervor oder eher eine Schwäche?

Wir alle unterliegen verschiedenen Beziehungsgeflechten und Handlungsmustern. Diese hängen von der jeweiligen Rolle ab, die wir gerade innehaben. Gemeint sind die allgemeinen Rollen als Vater, Mutter, Opa, Oma, Bruder, Schwester, Chef, Angestellter, Arbeitsloser und viele mehr und die jeweiligen Zweit-, Dritt- und Vielfachrollen, die eine Person innehat. So kann ein Chef zugleich Vorgesetzter, Untergebener, Nachbar, Tennispartner, Ehemann und Familienvater sein. Vermutlich wird er im trauten Heim seine Chefrolle ablegen. Oder im ungünstigsten Fall nicht. Er wird auf der Arbeit seine Rolle als Chef vielleicht restriktiv, streng und womöglich ungerecht seinen Angestellten gegenüber ausfüllen, zu Hause aber ein liebevoller, verständnisvoller Vater sein. Beides schließt sich nicht unbedingt gegenseitig aus.

Fassen wir noch einmal ein paar Fragen zusammen, die sich daraus ableiten lassen. Sie könnten zum Beispiel lauten:

- Welche Rolle spiele ich jetzt?
- Welche Rolle möchte ich in Zukunft spielen? Die des Agierenden oder die des Reagierenden? Die des Chefs und Entscheiders oder – ich sage es bewusst überspitzt – die des Befehlsempfängers?
- Wo sehe ich mich in Zukunft? In Deutschland oder im Ausland?
- Was oder wen benötige ich womöglich dafür?
- Habe ich ein Alleinstellungsmerkmal?
- Was macht mich aus?
- Wie nehme ich mich wahr?
- Wie will ich wahrgenommen werden?

Daran anschließen kann sich zum Beispiel, dass Sie sich die Kraft bewusst machen, die Sie aus Ihrem Familienzusammenhalt schöpfen. Oder die Kraft, die Sie aus Ihrer Partnerschaft ziehen, Ihrem Hobby, Ihrer Fähigkeit zu Visionen, Ihrer Willensstärke. Im Gegensatz dazu ist es unabdingbar, dass Sie sich Ihre eigene Verwundbarkeit oder Ihre Schwächen vor Augen führen, um für eventuell aufkommende Engpässe bei der Umsetzung Ihres Planes gewappnet zu sein. In jedem Fall sind Sie „Täter" im Sinne von „tun". Sie können etwas tun.

Nur wer nichts tut, bleibt stehen. Doch Sie tun etwas. Allein durch das Lesen dieses Buches und durch Ihr Vorhaben sind Sie ein Täter und kein Opfer. Bleiben Sie weiterhin aktiv und Sie werden durch Ihre Taten zeitnah belohnt.

Formalien

Dazu sollten Sie sich folgende Fragen stellen und diese gründlich bearbeiten.

1. Welche Formen der Selbstständigkeit gibt es? Man unterscheidet im Wesentlichen zwischen diesen beiden:

Gewerbetreibender

Sie können als Gewerbetreibender tätig werden; dann unterliegen Sie sowohl der Gewerbesteuer- als auch der Einkommensteuerpflicht.

Freiberufler

Als Freiberufler unterliegen Sie der Einkommensteuerpflicht. Zu den freien Berufen gehören alle Angehörigen der sogenannten Katalogberufe und Personengruppen, die in § 18 EStG genannt sind.

Hierzu müssten Sie sich beim Finanzamt informieren oder eigenständig recherchieren. Zu den Katalogberufen gehören Heilberufe (Heilpraktiker, Hebammen, Heilmasseure), Kulturberufe (Journalisten, Dolmetscher, Künstler, Schriftsteller, Lehrer, Erzieher), beratende Berufe (Wirtschaftsberater, Rechtsanwälte, Wirtschaftsprüfer), naturwissenschaftlich-technische Berufe (Ingenieure, Architekten, Handelschemiker). Diese Auflistung soll Ihnen ein wenig als Entscheidungshilfe dienen. Wo sehen Sie sich oder Ihr Produkt? Haben Sie etwas Besonderes anzubieten oder würden Sie eine Nische oder Marktlücke in einem bereits existierenden Angebot besetzen? Bedenken Sie auch folgende Fragen:

Ziehen Sie es allein durch oder benötigen Sie einen Businessplan für potenzielle Geldgeber? Falls ja:

- Welche öffentlichen Förderprogramme von Banken gibt es?
- Erfüllen Sie die Bedingungen für einen Gründerzuschuss?

Falls Sie Arbeitslosengeld I beziehen, kann dieser bei der Agentur für Arbeit beantragt werden, es besteht aber kein Rechtsanspruch darauf.

2. Wenn Sie Klarheit über Ihr Konzept haben, stellt sich die Frage nach der Rechtsform Ihres Unternehmens? Für viele potenzielle Gründer stellen die Personengesellschaft als GbR, OHG oder KG, die Limited

(Ltd.) oder die Partnerschaftsgesellschaft mögliche Alternativen dar. Die Partnerschaftsgesellschaft ist eine Gesellschaft, in der sich Angehörige freier Berufe zur Ausübung ihrer Berufe zusammenschließen.

- Welche Versicherungen brauchen Sie als Existenzgründer? Informieren Sie sich umfassend über Berufs- und Betriebs haftpflichtversicherungen und die Kranken- und Rentenversicherungen.
- Wer sollen Ihre zukünftigen Kunden sein? Wie gewinnen Sie sie?
- Wieviel Geld geben Kunden im Durchschnitt für Produkte oder Dienstleistungen aus, die Sie anbieten wollen?
- Wer bietet die Produkte oder Dienstleistungen sonst noch an?
- Was müssen Sie tun, wenn Sie als Franchisenehmer tätig werden wollen?
- Sie benötigen finanzielle Unterstützung durch die Bank. Wie erstellen Sie einen Businessplan?

Dazu sollten Sie sich der großen Bandbreite an Literatur widmen, die in Buchhandlungen erhältlich ist, oder professionelle und vor allem seriöse Hilfe durch unterschiedliche Behörden oder Institutionen, die Existenzgründer unterstützen, in Anspruch nehmen, wie zum Beispiel die KfW-Bank oder andere regionale Förderbanken und Behörden wie das BAFA (Bundesamt für Wirtschaft und Ausfuhrkontrolle). Sie können sich auch an regionale Gründungsinitiativen wenden, die Sie beispielsweise im Internet finden, oder Gründerseminare bei den Industrie- und Handelskammern sowie einen seriösen Unternehmensberater aufsuchen.

Grundsätzlich sollte aber der Gedanke an das Geld nicht Ihr erster sein, nach dem Motto: „Wenn ich erst einmal Geld habe, beginne ich mein Business." Stattdessen sollten die Gedanken an die kreativen, von Weitblick geprägten Herangehensweisen Vorrang haben, von der Planung hin zur praktischen Umsetzung Ihres Neustarts.

Wenn Sie Ihre Gedanken dazu gesammelt und schriftlich festgehalten haben, legen Sie den nächsten Schritt fest. Zunächst als Idee entsteht dann Schritt für Schritt aus Ihrer Ideensammlung Ihre konkrete Geschäftsidee. Diese sollte nicht nur Sie, sondern völlig fremde Menschen begeistern. Und schon sind Sie mitten in der Marktanalyse. Nutzen Sie dafür die To-do-Liste.

An dieser Stelle möchte ich Sie auf eine spannende Reise mitnehmen, die Ihnen anhand meiner Erlebnisse und Erkenntnisse Anregungen und Zuversicht für Ihren neuen Weg geben soll.

6. Der Graupapagei ist endlich frei

Ich hatte oft Selbstzweifel und traute mir deshalb wenig zu. Diese hatten ihren Ursprung in meinen traumatischen Erlebnissen meiner Kindheit. Aus diesem Grund war ich auch nicht dazu imstande, meiner alleinerziehenden Mutter die Wichtigkeit meines Schauspieltraumes zu vermitteln. Aus Angst vor Konsequenzen behielt ich diesen Traum zunächst für mich. Ich war ungefähr 15 Jahre alt. Schon damals wusste ich, dass ich nicht der Typ Bausparer oder Autobesitzer bin. Um die anderen zu besänftigen, bediente ich mich der Ausrede des oft zitierten Satzes, der für mich als Synonym und Rechtfertigung dafür, noch nichts erreicht zu haben, stand: „Rom wurde auch nicht an einem Tag erbaut." Mir ist und war der Besitz und das Streben nach Luxusgütern nicht wichtig, andererseits wollte ich auch nicht als Außenseiter und Einzelgänger abgestempelt werden, also gab ich vor, ähnliche Interessen wie die anderen zu haben. Meine innere Stimme sagte mir aber, dass ich mit der Schauspielerei das Richtige für mich vorhatte. Auf der anderen Seite war ich jedoch zu mutlos, um diesen Plan standhaft nach außen zu tragen. Ich biederte mich gewissermaßen den anderen an. Heulen mit den Wölfen, könnte man sagen. Das tat mir nicht gut. Ich achtete darauf, was die anderen dachten. Ich achtete nicht auf mich.

Dabei wollte ich ja, wohl durch preußische Tugenden geprägt, meinen Traumberuf von der Pike auf – durch eine Ausbildung an einer staatlichen Schauspielschule – lernen und nicht als Quereinsteiger, der sich einfach mal kurz in dem Bereich ausprobiert und sich dann Schauspieler nennt. An einer Schauspielschule aufgenommen zu werden gleicht noch heute beinahe einem Lottogewinn. Dennoch war ich hin- und hergerissen, weil ich es, wie gesagt, allen recht machen wollte. Wie sollte das funktionieren? Sollte ich doch erst eine bürgerliche Ausbildung anstreben und mich danach dem Schauspiel widmen? Es rumorte in mir, da ich zunächst nichts vorzuweisen hatte, wie zum Beispiel die Bestätigung, ein offizieller Student an einer Schauspielschule zu sein. Damit wäre mir wohler ums Herz gewesen. Der Status Student hätte vieles gerechtfertigt, so aber hörte ich von familiärer Seite und in meinem nachbarschaftlichen Umfeld oft den Satz: „Wie, du hast immer noch kein Auto?" oder „Wann kommst du bloß mal auf einen grünen Zweig! Du verplemperst deine Zeit. Andere sind schon fertig mit ihrer Ausbildung und verdienen gutes Geld", „Was soll denn aus dir werden?" oder, last but not least, als ich schlussendlich meinen Wunsch, Schauspieler werden zu wollen, geäußert hatte: „Wie, du willst Schauspieler werden? Lass die Träumereien!" Das war das Fazit aller Diskussionen. Mein Plan wurde also belächelt. Fast alle in meinem Umfeld waren bereits dabei, die beruflichen Weichen für die nächsten 40 Jahre zu stellen.

Der Gedanke, von jetzt an jahrzehntelang von morgens bis abends in dieselbe Firma oder Fabrik zu gehen, erschien mir wie ein Korsett, das mir die Luft abschnürt.

Ich wollte und konnte mich in dieser Lebensphase noch nicht für einen bürgerlichen Beruf entscheiden. Ich brauchte noch Zeit, um das Passende für mich zu finden, und wollte es wenigstens versucht haben, meinen Traum zu verwirklichen.

Die Traumfabrik

Kinoabende übten eine Art Magie auf mich aus. Ich liebte die Gerüche der Kinosäle – weniger die der verschiedenen Snacks, die durch die Luft waberten, sondern die der Eigentümlichkeit der Säle. Ich konnte ein Kino buchstäblich am Geruch erkennen. Die kleinen „Papa-lässt-die-Leinwand-runter"-Kinos gefielen mir am besten. Damit meine ich Kinos mit circa 200 Sitzplätzen. Diese Kinos hatten in meinen Augen einen besonderen Charme, vor allem die Tatsache, dass es sich nicht um riesige mainstreamige Multiplexkinos handelte. Ich fand es auch amüsant zu beobachten, wie sich der Raum langsam mit Besuchern füllte und sie ihre Plätze einnahmen oder suchten. Letzteres wirkte manchmal wie ein kleiner Sketch, wenn sich manche uneinig waren und Diskussionen darüber begannen, wer nun wo sitzen wollte oder ob sie sich doch besser weiter nach hinten setzen sollten.

Der Moment, in dem sich der Vorhang öffnete, war magisch für mich. Nun war ich ganz in meinem Element und wie in einen unbeschreiblichen Bann gezogen. Allerdings brauchte ich das ganze Verkaufsbrimborium oder, netter ausgedrückt, -zeremoniell vor Beginn des Films nicht. Es irritierte mich eher. Licht aus, Vorhang auf, Werbung, Filmvorankündigungen, Vorhang zu, Licht an, Eis gefällig?

Übrigens, erinnert mich das an die Zeit, als wir zum ersten Mal mit unserem kleinen Sohn im Kino waren und er wirklich dachte, dass nach Beendigung der Werbung und Vorfilme der Kinobesuch zu Ende sei. Er fragte uns: „Ist es jetzt Schluss, gehen wir jetzt? Er sagte es fast demutsvoll,

zwar in einer kurz verwunderten, aber keineswegs unzu-
friedenen Art und Weise. Für ihn wäre es in Ordnung gewesen, wenn wir die Frage mit Ja beantwortet hätten. Die Situation gab aber auch Auskunft darüber, wie intensiv die Werbung und Vorfilme auf ihn gewirkt haben müssen. Quasi ein
Kinoerlebnis im Vorfeld des eigentlichen Films.

Ich konnte darauf verzichten. Für mich war ausschlaggebend, das Filmerlebnis genießen zu können, bei dem ich in
die Handlung eintauchen und ein Teil davon werden wollte.
Darum störte mich der ganze Süßigkeitenverkaufskram. Irgendwie irritiert mich noch heute das von vielen Kinobesu-
chern verursachte Geknister der Tüten eines berühmten
Bonner Gummibärchenherstellers oder die Beiß- und
Schmatzgeräusche der gierigen Popcorn, Chips- und
Nachovertilger, mit anschließendem Gerülpse beim Trin-
ken eines sagenumwobenen amerikanischen kohlensäure-
haltigen Getränks oder anderer Brausen. Aber wem`s ge-
fällt........Deshalb sah ich mir schon damals weitestgehend
lieber Filme in besagten Programmkinos an, in denen es wesentlich ruhiger zuging, ohne viel Süßigkeitenverkaufs-
schnickschnack. Die Filme dort waren anspruchsvoller und
nicht so mainstreamig, und das Publikum war es auch. Was
nicht bedeutet, dass ich heutzutage Blockbuster per se ab-
lehne, aber es kostet mich schon ein wenig Überwindung
die Multiplexe und das ganze drumherum, wie den Verkauf
von Merchandisingprodukten, Snacks usw. dem viele Menschen fröhnen, als essentiell zu empfinden, um von einem
gelungenen Kinoabend sprechen zu können.

Irgendwann wollte ich selbst also den Versuch wagen,
Schauspieler zu werden, um später nichts bereuen und sagen zu müssen: „Hätte ich es mal versucht." Genau das

wollte ich nie erleben müssen: etwas bedauern, was unumkehrbar ist. Ich hatte mein Wagnis keine Sekunde bereut und während meiner Schauspielzeit viel Kurioses und Spaßiges erlebt und konnte mich durch Begegnungen mit wunderbaren Menschen aus den Bereichen Schauspiel, bildende Künste, Bühnentechnik, Inspizienz, Pförtner, über Langeweile in dieser Lebensphase nicht beklagen.

Ganz anders sah es bei den Besetzungen aus. Durch die Benachteiligungen bei diesen, konnte ich mein Potenzial als gelernter Schauspieler nicht zeigen, weil ich kaum Engagements bekam. Als ich aus diesem Grund dem Schauspielberuf den Rücken kehrte, zog ich gerade aus den schlechten Erfahrungen jener Zeit, viel positive Energie. Diese hat mich zu meinem jetzigen selbstbestimmten, zufriedenen Leben geführt. Zu diesen Erfahrungen bin ich überhaupt nur deshalb gekommen, weil ich als Jugendlicher gemerkt hatte, dass ich ein freiheitsliebender Mensch war und etwas suchte, was beruflich zu mir passen würde, und als Angestellter in einem Betrieb, wie die sprichwörtliche Primel eingegangen wäre. Nach meinem Abitur jobbte ich, war zugleich an der Freien Universität Berlin, in der sogenannten Rostlaube, für Amerikanistik und Publizistik eingeschrieben, um schlussendlich ein Alibistudium zu beginnen. Ich besuchte aber wohl nur zwanzig Vorlesungen während meiner gesamten Berliner Unizeit. Es kam sogar häufiger vor, dass ich von der Gropiusstadt, U-Bahn Station Lipschitzallee kommend, an der Station Thielplatz - jetzt Freie Universität – ausstieg und in den auf der gegenliegenden Bahnsteigseite stehenden Zug einstieg, um wieder nach Hause zu fahren.

Ich wusste, dass ich doch etwas ganz anderes wollte. Mir zuerst ein sogenanntes sicheres Standbein zu verschaffen, um dann meinen Schauspielträumen nachzugehen, erschien mir wie verlorene Jahre. Das Wichtigste in jener Zeit zwischen 1983 und 1985, war für mich die Vorbereitung für ein Vorsprechen an einer Schauspielschule. Ich hatte nichts anderes im Kopf.

Was sich dann beim entscheidenden Vorsprechen zutrug, schildere ich im Kapitel „Grüß Gott, Wien". Nachdem ich das Max-Reinhardt-Seminar als diplomierter Schauspieler verlassen hatte, schlug ich mich, so gut es ging, durch den Alltag bzw. fristete mein Schauspielerdasein als jemand, der mit spärlichen Rollenangeboten auskommen musste und der diese Rolle im Leben auch annahm. Dennoch sage ich heute: Die Entscheidung, meinen Weg zu gehen, war goldrichtig. Denn entscheidend ist, was hinten rauskommt, wie man so sagt. Ich brauchte vermutlich all diese Stationen in meinem Leben, um es zufriedener bestreiten zu können.

Der Weg der Veränderung wird auch für Sie goldrichtig sein, denn die Entscheidung nach Veränderung ist schon in Ihnen gewachsen und wird zunächst für Sie selbst und dann für andere sichtbar sein. Am Ende werden Sie ein Leben in größerer Zufriedenheit führen.

Tschüss, Berlin-Gropiusstadt

Auch wenn ich viele Turbulenzen und Benachteiligungen im Schauspieler-Berufsleben habe erleben müssen, so bereue ich heutzutage nichts. Ich, das Kind aus Berlin-Gropiusstadt, einer eng bebauten Hochhaussiedlung mit grauer

1970-er-Jahre-Tristesse, hatte es zumindest geschafft, mit international bekannten Schauspielern, wie zum Beispiel Daniel Craig und Harvey Keitel in Kinofilmen zu arbeiten und viele eindrucksvolle Menschen am „Wegrand" meiner Stationen zu treffen, dazu gehören Theaterbesucher, die auf mich zukamen und mir gegenüber warmherzig waren und äußerten, dass sie mich als Schauspieler schätzten. Dies kam auch in Fanpost zum Ausdruck, die ich nach einigen TV- und Theaterauftritten erhielt.

Interessanterweise gab es bei den künstlerisch Verantwortlichen, zum Beispiel Regisseuren, sogenannte „Wiederholungstäter", also Regisseure, die nach einer ersten Zusammenarbeit anregten, gerne ein weiteres Mal mit mir arbeiten zu wollen.

Bei den TV-Regisseuren Friedemann F. und Erwin K. war dies so. Ich arbeitete mehrmals mit ihnen.

Es gibt Regisseure und Verantwortliche, die bekunden Schauspielern gegenüber, den oft nicht wirklich ernst gemeinten, klischeehaften Satz: „Wir müssen bald mal wieder zusammenarbeiten."

Diese Leute äußern diesen positiv anmutenden Satz – der sich aber in den meisten Fällen als Floskel entpuppt – als Lippenbekenntnis, da er, was zukünftige Besetzungen angeht, keine konkrete Zusage beinhaltet. Somit schlagen sie zwei Fliegen mit einer Klappe: Einerseits werden Schauspieler, die händeringend auf Engagementsuche sind, durch diese Floskel beruhigt, da ihnen eine Minimalchance auf ein weiteres Engagement in Aussicht gestellt wird, andererseits befreien sich die Entscheider von jeglicher Verantwortung, falls es zu keiner Zusammenarbeit kommen sollte, da sie keinen konkreten Termin dafür benennen können müssen oder benennen wollen. Dieser Wunsch nach einer weiteren Zusammenarbeit entsteht meistens nach Abschluss einer Produktion, in einem eher entspannten Moment. Aber Momente vergehen, wie man weiß.

Der Schauspieler wiederum hofft und bangt in der Regel nach diesem vermeintlichen Zuspruch auf ein zukünftiges Engagement oder Drehtage, wird aber wohl eher enttäuscht. Ein weitverbreitetes Phänomen in der Branche, denn Schauspieler hoffen durch Beharrlichkeit auf eine Schauspielkarriere und den großen Durchbruch, der aber nie oder nur für die wenigsten kommen wird. So ist es zu erklären, dass sie sich einen vielfach respektlosen, erniedrigenden und von vielen Entscheidern gepflegten Umgang gefallen lassen, gestützt von der weitverbreiteten Meinung: „Wer aufmuckt, ist draußen."

Bevor ich auch nur annähernd ahnte, was sich in diesem Business abspielt, war ich in vielen anderen Bezirken Berlins unterwegs, selten aber in meinem beschaulichen Heimatkiez. Die „Gropiusstadt", in der ich aufwuchs, war nicht gerade bekannt als *melting pot* künstlerischen Schaffens, aber immerhin mit einem Gemeinschaftshaus am Bat-Yam-Platz - nahe der U-Bahn-Station Lipschitzallee - ausgestattet, indem es unter anderem auch kulturelle Veranstaltungen gab. In der Gropiusstadt gehörte damals sicherlich der Fußballverein 1.FC Concordia Gropiusstadt dazu. Den Verein gibt es schon lange nicht mehr, aber ich war dort Spieler, in der Zeit von 1976 bis 1979. In den Jahren vor meiner Vereinszeit fragten mich viele Kinder auf dem Bolzplatz, in welchem Verein ich spielte, weil sie verblüfft waren von meinen Fähigkeiten, wie sie sagten.

Umso verwunderter reagierten sie, als ich sagte, dass ich keinem angehörte. Später als ich im Verein war, durfte ich nur einmal in der Woche zum Training dorthin gehen. Öfters erlaubte es meine Mutter nicht. Glücklicherweise konnte ich in der Schule tagtäglich die Gelegenheit nutzen, um Fußball zu spielen. Entweder auf dem Hartgummi-Fußballplatz vor der Schule oder im Sportunterricht. Ich liebte Fußball, aber meine Mutter zeigte kein Einsehen mich zu fördern. Auch die Gespräche mit den Trainern, die meine Fähigkeiten erkannten und sagten, ich sei ein großes Naturtalent und dass ein häufigeres Training unter Aufsicht des Trainerteams notwendig sei, um weiterzukommen, interessierten meine Mutter nicht. Ich war ein wirklich guter Fußballer, aber ich hätte den Drill und Feinschliff benötigt, um herauszufinden, wie weit ich tatsächlich hätte kommen können.

Als Linksfuß und Linksaußen schlug ich gute Flanken und sorgte als dieser auch für Torgefahr. Allerdings war das Spieltempo damals viel langsamer und ist mit dem heutigen nicht mehr vergleichbar. Der Fußballsport ist viel schneller und dynamischer geworden. Mein heute 14-jähriger Sohn ist auch ein sehr guter Linksfuß, flexibel einsetzbar, mit dem Blick für den sogenannten tödlichen Pass ausgestattet und technisch viel beschlagener, als ich es je war. Zudem ist er schnell und wendig und ihn zeichnet eine kluge Spielweise sowie Spielübersicht aus.

Die heutige Schnelllebigkeit im Fußball zeigt sich bereits in vielen Jugend-Leistungszentren. Es ist nicht verwunderlich, wenn in den deutschen Profiligen kaum Nachwuchs aus der eigenen Jugend zu finden ist. Man gibt Kindern ab 12 Jahren kaum die Chance, sich zu entwickeln, stattdessen greift man sehr oft auf jene zurück, die entweder für ihr Alter sehr groß und athletisch oder fußballerisch schon sehr versiert sind. Das können durchaus auch Kinder sein, deren Eltern extra aus dem Ausland kommen, um sich für die Karrierehoffnungen ihres Sprösslings hier anzusiedeln. Zumindest habe ich das mitbekommen bei einem großen Dortmunder Verein.

Der Übergang von U13 zu U14 ist der größte Schritt im Jugendfußball. Dann spielen die sogenannten Jungjahrgänge gegen die Altjahrgänge, weshalb zuvor meist ein großer Umbruch in den Mannschaften stattfindet. Auch der neue Trainer der Mannschaft des Vereins, in dem mein Sohn seit 9 Jahren spielt, sortierte radikal die Hälfte der Kinder aus, leider auch ihn. Andere kommen hinzu, die bei dem großen Dortmunder Verein in Ungnade gefallen sind, wegen angeblich fehlender Leistung. Man bedenke, es handelt sich um 12 bis 13-jährige Kinder.

Der neue Trainer hat sich nicht mit Ruhm bekleckert, als er ihnen eine Absage erteilte, was das Weiterkommen in die C2 Mannschaft angeht. Ich bin der Meinung, dass Eltern und Kinder kritikfähig sein müssen, aber es geht um die Art und Weise, wie man Kindern Kritik vermittelt, damit sie daraus lernen können. Obwohl der neue Trainer die Kinder nicht ein einziges Mal beim Training oder Spiel beobachtet hatte, sagte er ihnen, dass er nicht glaube, dass sie zum gegenwärtigen Zeitpunkt bereit für die C2 und die Landesliga wären. Eine Frechheit und Notlüge, da er keine Argumente hatte, die profund und aussagekräftig waren. Er wollte seine Macht und seinen Willen durchsetzen und die Tatsache kaschieren, dass er seiner offiziellen Aufgabe - nämlich die Kinder zu beobachten - nicht nachkam. Man muss es so deutlich sagen, aber es war ein armseliges Verhalten von ihm, aber man ist machtlos als Eltern und Kinder im Vereinsgefüge, wenn zudem die Vereinsleitung dahintersteht.

Zu den Aussortierten zu gehören war natürlich hart für die Kinder. So werden sie schon in jungen Jahren mit Ungerechtigkeiten konfrontiert und müssen lernen, damit umzugehen. Der Sohn des Trainers musste natürlich nicht an den pseudomäßig angesetzten Sichtungstrainings teilnehmen und kam ungesehen in die Mannschaft, obwohl sein Talent höchst mittelmäßig wirkt. Pseudomäßig deshalb, weil er aufgrund der Geschehnisse schon von Anfang an gewusst haben muss, wen er in der neuen C2 Mannschaft haben wollte und wen nicht und das Sichtungstraining deshalb eine reine Farce war. Erschreckend, dass Kungeleien schon im Jugend-Amateurbereich beginnen. Aber wer weiß, wofür diese Erfahrung gut ist. Vielleicht gehen die Kinder auch gestärkt aus ihr hervor. Übrigens, die Vereinsleitung hat den neuen Trainer schon nach einigen Wochen im Traineramt wegen Erfolglosigkeit entlassen. Beide Seiten haben sich hierbei nicht mit Ruhm bekleckert.

Grundsätzlich drängt sich einem die Frage auf, wohin das Ganze noch führen soll? Es gibt so tolle Talente, die längerfristig von kompetenten Trainern gefördert werden müssten. Das wird aber leider nur selten praktiziert. Viele Vereine handeln kurzfristig und scheinbar ohne Weitblick. Wann geschieht endlich ein Umdenken? Es ist ein Trugschluss zu glauben, dass nur die körperlich großgewachsenen Kinder schlussendlich den Sprung ins Profifußballgeschäft schaffen, da man in dieser Altersphase bei ihnen mit Unwägbarkeiten rechnen muss. Am Ende bedient man sich dann wieder der Spieler aus dem Ausland. Es gibt aber zum

Glück Ausnahmen, also Jugendliche, die es aus der eigenen Jugend zum Profi schaffen, weil es Verantwortliche gibt, die es verstanden haben auf die hiesige Jugend zu setzen. Das macht Hoffnung.

Zu meiner Jugendzeit ging es im Vereinsalltag und vor allen Dingen bei Concordia Gropiusstadt vergleichsweise stiefmütterlich zu. Das bedeutet, es gab kaum Talentscouting und wenn, dann hatte man noch relativ viel Zeit, um als Spieler zu reifen und sich zu entwickeln. Auch in meinem Wohnumfeld war es eher ruhig und öde, denn die „Gropiusstadt" war ansonsten gekennzeichnet durch das klassische Bild einer Hochhaussiedlung der 1970er-Jahre und durch die Architektur der in dieser Zeit entstandenen Supermärkte, Friseur- und Schreibwarenläden, tristen Plätzen mit Eisensitzbänken und asphaltierten Fußgängerpromenaden. Sie wurde – ähnlich wie das „Märkische Viertel" in Berlin – in der Zeit der Sechziger und frühen Siebziger errichtet, um der damaligen Wohnungsnot in West-Berlin entgegenzuwirken. Heute kann man feststellen, dass solche Bebauungen für viele Menschen auf engstem Raum zu sozialen Spannungen, einer erhöhten Kriminalitätsrate, einem Mangel an Grünflächen und Spielplätzen sowie zu großen Müllbeseitigungsproblemen führt, auch deshalb, weil ein nicht unerheblicher Teil der Menschen den Müll einfach in den Schluchten der Wohnblöcke ablegt.

Aufgewachsen bin ich bei meiner alleinerziehenden Mutter im vierten Stock eines achtstöckigen Hochhauses, übrigens mit einem Müllschlucker im Flur. Von Mülltrennung kann dabei keine Rede sein. Man kann alles, von Hausmüll über technische Kleingeräte bis hin zu Glasflaschen, über diesen entsorgen. Besonders das laut rumpelnde Geräusch der Flaschen habe ich noch heute im Ohr. Meine Mutter bediente sich damals auch dieser Möglichkeit der Müll- und Glasflaschenentsorgung. Sie musste die leeren Flaschen dann halt nicht ordnungsgemäß im Glascontainer entsorgen. In dieser Zeit ging ich zunächst in den Hort, in dem ich auch bis zum Alter von zwölf Jahren verblieb und in den ich immer nach der Grundschule hingehen musste, da meine Mutter berufstätig war.

Die Grundschulzeit dauert in Berlin sechs Jahre lang, was ich persönlich bevorzuge und gutheiße, weil Kinder sich im Alter von zehn bis zwölf Jahren noch enorm entwickeln, sowohl kognitiv, als auch in der Charakterbildung. Die Grundschulzeit an der Grundschule namens Walt-Disney-Grundschule war eine spannende, aber auch nachhaltig wirkende Zeit. Erst erlebte ich dort aufgrund meines Aussehens viel Rassismus mit Schmährufen und Bespucktwerden durch andere Schüler. Meine erste Klassenlehrerin, Frau Sch.-F., die nach ihrer Heirat Frau B. hieß sagte nur: „Du bist doch ein Junge, wehr`dich doch." So einfach kann Pädagogik sein.

In diesem Zusammenhang erinnere ich mich an Herrn Ba., bei dem wir in Deutsch Gullivers Reisen lasen. Wenn er auch nur einen Mucks aus der Klasse vernahm, wurde der „Delinquent" hart am Ohrläppchen gezogen und aus dem Klassenraum geworfen. So handhabe er das und niemand konnte sich beschweren, da es in der Schule halt so üblich war. Die Schulleitung unternahm nichts. Regelrecht schikaniert wurde ich auch von Frau D., der Mathelehrerin. Sie zitierte mich oft vor die Klasse und wartete nur darauf, dass ich einen Fehler machte, ihre Kommentare fielen dementsprechend aus: „Na, schon wieder verzählt, das war wohl nichts."

Meine Grundschulzeit begann 1970 und viele Jahre danach fiel mir auf, dass die Mathelehrerin aufgrund ihres damals erkennbar höheren Alters noch durch Adolfs Gedankengut infiltriert gewesen sein konnte. Ein Umstand, den ich als Kind noch nicht erkannte und verstand.

Frau Sch., die Geschichtslehrerin, stand Frau D. in ihrem Verhalten in nichts nach. Sie sprach immer in der dritten Person mit einem und ich erinnere mich an folgenden Ausspruch: „Er sagt ja nur Guten Tag und Auf Wiedersehen." Gemeint war ich, bei der Frage nach meiner Benotung. Fest stand, dass ich vor Angst in ihrem Unterricht keinen Ton herausbrachte. Erst nach der vierten Klasse sollte ich tolle Kumpels in der Klasse haben. Ich erinnere mich insbesondere an Uwe Sch. und Adrian S.! Was aus ihnen wohl geworden ist? Wir hatten viel Spaß damals und mit ihnen konnte ich ein ganz normaler Junge sein. Es kam nie die Frage nach meiner Herkunft oder meinem Aussehen auf. So konnte ich unbeschwert spielen, was zuvor nicht möglich gewesen war, da mich andere Kinder in der Schule oft als Neger beschimpften und ablehnten und ich zudem nach der Schule auch nicht draußen spielen konnte, da meine Mutter einen zwanghaften Putzwahn hatte und befürchtete, dass beim Spielen meine Kleidung schmutzig werden könnte. Der einzige Lichtblick waren meine Schulfreunde, weshalb sich andere nicht ohne Weiteres trauten, mich zu beleidigen, weil sie befürchten mussten, nicht ungeschoren davonzukommen.

Die Zeit nach der fünften Klasse in der Grundschule war, obwohl es diese hässlichen Erfahrungen mit Schülern und einigen Lehrern gab, eine Phase, in der ich gern zur Schule ging, eben wegen der Kumpels. Diese Zeit hätte aus diesem

Grund noch lange andauern können, aber irgendwann endet dann einmal die Grundschulzeit.

Für die Kinder und natürlich auch die Eltern stellt sich dann die entscheidende Frage, welche weiterführende Schulform für das Kind nun die beste sei. In meinem Fall war die weiterführende Schule, die Clay-Gesamtschule, benannt nach Lucius D. Clay, einem Militärgouverneur der amerikanischen Besatzungszone nach Ende des Zweiten Weltkrieges.

Beim Wechsel zur Oberschule begann buchstäblich alles, was ich an Beleidigungen, Beschimpfungen, Bedrohungen und körperlicher Gewalt erfuhr, wieder von vorn. Deshalb sehnte ich mich nach den letzten zwei Jahren der Grundschulzeit zurück, denn sie waren insofern unbeschwert. Auf der Oberschule hatte ich nach ungefähr einem Jahr meine Rolle und meinen Platz in der Klasse gefunden, wurde auch von körperlich Größeren und Stärkeren und lautstarken Hetzern anerkannt, weil sie merkten, dass ich gut Fußball spielen konnte, was mir auf dem Fußballplatz Selbstbewusstsein verlieh. Das hat sie beeindruckt und deshalb akzeptierten sie mich und wollten, dass ich mitspiele.

Ich fühlte, dass dies ein Ventil und Schlüssel war, eine gewisse Überlebens- und Vermeidungsstrategie, um nicht wieder tagtäglich Rassismus erleben zu müssen.

Diese Rolle hatte ich angenommen und mich mit ihr arrangiert. Das Kuriose ist, dass die anderen mich im Alltag als Fremdkörper sahen und mich dadurch zum Außenseiter machten. Allein durch mein sportliches Talent konnte ich sie überzeugen und war somit in ihren Kreisen akzeptiert oder zumindest geduldet. Dieses Phänomen bezeichnete ich als Heranwachsender dann selbstironisch als das

„Schwarze-Fußballer-" oder „Schwarze-Künstler-Symptom", das sich in der Gesellschaft widerspiegelte. Es bedeutet, dass man durch nahezu alle gesellschaftlichen Schichten Akzeptanz in einer überwiegend weißen Gesellschaft findet, sofern man ein sehr guter Sportler oder prominenter Künstler ist.

Der Prominentenstatus ist gewissermaßen ein Türöffner und eine Legitimation dafür, dass man - laut Rassistensprache - nicht nur seine „Daseinsberechtigung", sondern quasi auch eine Ausnahmestellung innehat.

Daseinsberechtigung ist eine schlimme Vokabel, aber ich bekam sie bis dahin oft zu hören, gerade im Kontext meiner „Rasse" und der Frage, was ich mit meiner Hautfarbe überhaupt hier zu suchen hätte. Als Jugendlicher war mir aufgefallen, dass Roberto Blanco populär war und dunkelhäutige brasilianische Fußballer große Hochachtung genossen, aber wehe, wenn man sich als unbekannter Schwarzer in der Gesellschaft bewegte, dann konnte es sein, dass man kurioserweise durch dieselben Menschen, die von schwarzen Fußballern begeistert waren oder Roberto Blancos Lieder hörten und seine Platten kauften, im Alltag rassistisch beleidigt oder gar angegriffen wurde. Julio Cesar, der einst für Borussia Dortmund spielte, wurde einmal der Einlass in eine Discothek verwährt. Sie können sich vorstellen, welche Wellen das schlug.

Ein Prominenter kann sich wehren; er wird den Rassismus als solchen dadurch nicht abschaffen, aber zumindest für eine Medienpräsenz sorgen, die in diesem Fall den Discothekenbesitzer unangenehm traf. Vielleicht war das unterbewusst auch ein bisschen meine Intention bei dem Wunsch, Schauspieler zu werden. Bei einem bestimmten

Bekanntheitsgrad hätte mein Wort ein größeres Gewicht und Echo in den Medien erhalten. Aber genau genommen wäre dies trügerisch, denn in meiner Abwesenheit würden vielleicht auch rassistische Bemerkungen oder Witze über mich gemacht.

In meiner Oberschulzeit durchlief ich an der Clay-Oberschule die siebte bis zehnte Klasse. Danach schaffte ich den Sprung zur dortigen gymnasialen Oberstufe. Die Klassen waren in sogenannte Kerngruppen eingeteilt, eigentlich nur ein anderes Wort für Klasse, aber in den 1970igern wurde dieser Begriff im Sinne des neuen Gesamtschulmodells sozusagen umgetauft. Ich war in der Kerngruppe 714 und unser „Klassenlehrer" hieß Rolf Eckert. Er kam aus Kellerwald in Hessen und war ein verständnisvoller Lehrer. Er war immer fair in seinen Beurteilungen und entlarvte sogenannte Blender, also Schüler, die vorgaben, etwas zu wissen, in Wirklichkeit aber nur auswendig lernten. Allerdings war er wohl in der Lehrerschaft nicht so beliebt. Bei den meisten Schülern hingegen schon.

Ich erinnere mich daran, wie er einmal in der Klasse sein Bedauern darüber zum Ausdruck brachte, dass er an der Schule nur als Deutsch- und Sportlehrer eingesetzt würde, wo er doch andere Qualifikationen hätte. Gerüchten zufolge hat er sich das Leben genommen, angeblich erhängt. Das umschrieben in einer spöttischen Art und Weise zwei Sportlehrer, die in den 1990ern noch an der Schule tätig waren. Sie wollten aber nicht näher auf das Thema eingehen.

Mein bester Schulfreund Michael und ich, wir statteten in dieser Zeit der Schule einen Besuch ab, um zu sehen, wer noch in Amt und Würden war. Auch mein verhasster Biolehrer war noch dort. Er ließ sich bei seiner Notenvergabe gern von Mädchen mit tiefen Blusenausschnitten und Auswendiglernerinnen beeinflussen. Verhasst deshalb, weil er zu vielen männlichen Schülern ungerecht war und es sogar so weit kam, dass sich ein Jugendlicher das Leben nahm, weil er wegen der schlechten Benotung durch diesen Biolehrer durchs Abi fiel, was in seinem Abschiedsbrief zum Ausdruck kam.

Irgendwann Ende der achtziger Jahre wurde das Schulgebäude wegen zu hoher Asbestwerte geschlossen. Während meiner Schulzeit gab es diese extremen Werte bereits, aber in den Siebzigern nahm man vieles nicht so genau.

Rund 15 Jahre stand das Schulgebäude verlassen herum, bis es endlich abgerissen wurde. Bis dahin rottete es vor sich hin und erinnerte mich an eine vergessene Ruine. Es war überwuchert mit Sträuchern, die am Gebäude entlangrankten und Bäumchen, die sich ihren Weg durch die Treppenstufen bahnten. Wie oft betrat ich angstvoll diese Schule und jetzt? Bei diesem Anblick verspürte ich eine gewisse Leere.

Eines Tages, als wir mit ein paar Kumpels des Weges kamen, stand im Untergeschoss ein Fenster auf. Jemand musste die zugenagelten Fenster geöffnet und sich gewaltsam Zutritt zur Schule verschafft haben. Ein Kumpel holte eine Taschenlampe aus dem Auto und wir kletterten durch das Fenster. Im unheimlich anmutenden Taschenlampenkegel, bahnten wir uns den Weg durch das muffig riechende Gebäude mit seinen stockdusteren Gängen und seinen nur schemenhaft erkennbaren Gebilden in der Ferne. Dadurch herrschte bei uns eine eigentümliche Stimmung. Beinah so, als befänden wir uns in meiner kindlichen Phantasie in einem gruseligen Geisterschloss. Ein Raum, der mir als Tontechnikraum erinnerlich ist, schien fast unberührt zu sein. Intakte grünfarbene Raumtrennwände, unversehrte Schränke und ein scheinbar sauberer Fußboden. Ich wurde das Gefühl nicht los, als wäre die Zeit stehengeblieben und jeden Augenblick könnte der Biolehrer oder der stellvertretende Schulleiter um die Ecke kommen. Allein der Gedanke an diese berüchtigten Lehrer bereitete mir Unbehagen und mir lief buchstäblich ein kalter Schauer über den Rücken, ausgelöst durch die Erinnerungen an meinen damaligen Schulalltag. Ein beklemmendes Gefühl und ich war irgendwie froh, als wir wieder draußen waren, im Sonnenlicht.

Von diesem Tag an war für mich das Kapitel Schulvergangenheit in gewisser Weise geschlossen. Ich wollte nur noch vorwärts schauen und mich nicht in der Gedankenwelt der Schulzeit mit ihren vielen schlechten Seiten verlieren, sondern mich meiner Zukunft widmen.

Bitte einsteigen und Türen schließen

Ich hatte also meine schriftliche Anmeldebestätigung fürs Vorsprechen am Max-Reinhardt-Seminar und das Bahnticket für Wien in der Tasche und los ging's, und zwar vom Bahnhof Zoo aus. Wenn man damals zu den Gleisen gelangen wollte, musste man, sofern man kein Zugticket besaß, ein Ticket für eine D-Mark bei einem in der Mittelebene sitzenden Kontrolleur lösen, um den Bahnsteig betreten zu dürfen.

Im April 1985 begab ich mich dann mit dem damaligen BIGE-Ticket für Jugendliche unter 27 Jahren auf eine zwölfstündige Bahnfahrt von Berlin Bahnhof Zoo bis zum Wiener Westbahnhof. Zu dieser Zeit gab es in West-Berlin die DR(Deutsche Reichsbahn)-Züge mit Mitropa-Speisewagen. In den Abteilen gab es Sitze, die man der Länge nach ausziehen konnte, und wenn man alle auszog, konnte man das ganze Abteil zu einer Liegefläche umwandeln. Das war etwas Besonderes. Auf meinen Reisen nach Wien hatte ich des Öfteren das Privileg, allein im Abteil zu sein. Zum Glück, denn zwölf Stunden Zugfahrt sind lang, wenn man nur sitzen kann.

Einen klassischen Liegewagen konnte ich nicht buchen, da ich lieber frühmorgens abreisen und spätnachmittags ankommen wollte.

Auch der Geruch dieser Züge war sehr besonders. So besonders, dass er im Grunde nicht zu beschreiben ist. Es kam mir so vor, als röche ich die Emissionen von Linoleum beziehungsweise Plastik und zugleich doch eigentümlich muffige Ausdünstungen unbeschreiblicher Art, die aber signifikant waren für die DR-Züge. Ich dachte daher oft an den Spruch „Plaste und Elaste aus Schkopau". Dort gab es zu DDR-Zeiten ein Chemiekombinat für die polymere Kunststoffproduktion. Den Werbespruch konnte man häufig an den „Werbebannern" der DDR-Transitstrecken lesen.

Aufregend war auf Fahrten von West-Berlin durch die DDR, dass auf DDR-Gebiet Vopos (Mitglieder der Volkspolizei) zustiegen und von den Reisenden die Personalausweise verlangten.

Der Westberliner Personalausweis hatte ein grünfarbenes Cover, auf dem „behelfsmäßiger" Personalausweis stand. In ihm fand sich der Hinweis: „Der Inhaber dieses Ausweises ist deutscher Staatsangehöriger," Er sah aus wie ein kleines Büchlein und hatte mehrere Seiten mit persönlichen Daten zum Inhalt. Ich sage immer noch: West-Berlin war, im Vergleich zu heute und insbesondere zur Zeit der Wende, - trotz meiner dortigen Rassismuserlebnisse - eine Insel der Glückseligkeit.

Der Westdeutsche Personalausweis war grau, aber ohne den Zusatz „behelfsmäßig". Als ich bei einer späteren Reise einmal bei der Kontrolle versehentlich meinen Reisepass, statt des Berliner Personalausweises zeigte, reagierte der Vopo in barschem Befehlston, dass ich diesen beim nächsten Mal nicht mehr vorzeigen solle. Bevor man wieder in westliche Gefilde kam, stiegen die Vopos aus, und man konnte seine Reise beruhigt fortsetzen. Viele Reisende gingen danach ersteinmal ins Raucherabteil oder den Mitropa-Speisewagen oder suchten die mit hartem DDR-Klopapier ausgestatteten Zugtoiletten auf. Das Verhalten resultierte aus der Tatsache, dass es schon ein wenig beklemmend war, nicht zu wissen, was die Vopos eventuell von einem verlangten. Es ging das Gerücht, dass westliche Reisende im Osten zum Verlassen des Zuges gezwungen werden konnten, wenn die Vopos den Verdacht hegten, man sei ein potenzieller Fluchthelfer. Heutiges Bahnreisen ist zwar moderner, aber nicht zwangsläufig gemütlicher geworden. So zumindest mein Empfinden, auch wenn ich die Nostalgiebrille des damaligen Bahnreisens absetze.

Dass man heutzutage bei Bahnreisen nach und von Berlin am Berliner Hauptbahnhof ein- und aussteigen muss und nicht am Bahnhof Zoo, ist ein Politikum. IC- und ICE-Züge dürfen dort nicht halten, denn das, könnte ich mir vorstellen, würden die politischen Entscheider und Architekten des Hauptbahnhofs, vermutlich als Diskreditierung ihres Schaffens werten. Schade, denn der Bahnhof Zoo mitten in der West-City ist zentral gelegen und ein sehr attraktiver Standort. Übrigens wäre es schön, wenn man am Berliner Hauptbahnhof an den elektronischen Fahrplananzeigetafeln, die im Innengebäude bei den Fahrstühlen aufgestellt sind, eine Uhrzeitanzeige per Display integrieren würde, damit man die Ankunfts- und Abfahrtszeiten mit der aktuellen Zeit abgleichen kann.

Grüß Gott, Wien

Damals fuhr ich jedenfalls vom Bahnhof Zoo nach Wien, Westbahnhof. Natürlich deshalb, weil zu der Zeit im Jahre 1985 noch die Berliner Mauer stand und der Bahnhof Zoo der einzige Bahnhof für Fernreisen war. Aufgrund der langen Bahnfahrt war ich extra einen Tag vor dem Vorsprechtermin angereist. Dort angekommen, suchte ich mir dann eine Pension in Bahnhofsnähe.

Am nächsten Morgen ging ich frühzeitig los in Richtung Max-Reinhardt-Seminar, um einen ausreichenden Zeitpuffer zu haben. Dann ging es zur Registrierung, bei der man als Bewerber anstelle seines Namens mit einer Nummer gehandelt wurde, um die Anonymität zu gewährleisten und Vetternwirtschaft zu verhindern.

Nach diesem Procedere war aufgrund der hohen Bewerberzahl eine lange Wartezeit angesagt. Erst danach ging es zur ersten Runde des Vorsprechens, wofür man vier Vorsprechrollen vorbereiten musste. Viele Bewerber flogen bereits raus, nachdem sie zwei Rollen vorgesprochen hatten. Ich sollte den ersten Tag überstehen und auch die nächsten und ich war immer noch dabei..... Bald würde also die Entscheidung fallen. Diese sah wie folgt aus: Alle verbliebenen Bewerber mussten sich vor dem Haupteingang des Max-Reinhardt-Seminars versammeln.

Der Hausmeister Herr Nagel, eine Seele von Mensch, begrüßte uns freundlich und rief dann einige Nummern auf. Meine war dabei. Bedeutete dies das Aus? Was würde jetzt geschehen? Würde man uns jetzt mitteilen, dass wir es leider nicht geschafft haben? Das würde bedeuten, dass wir jetzt, als nur noch eine Handvoll Bewerber übrig war, doch noch mit leeren Händen nach Hause fahren müssten. Es erschien mir trotz des innigen Wunsches, dort aufgenommen zu werden, irgendwie unwirklich und surreal und ich konnte mir kaum vorstellen, nach so vielen Bewerbern letzten Endes auch wirklich zu den Auserwählten zu gehören.

Wir folgten dem Hausmeister in das Gebäude, gingen durch einen Flur und erreichten dann das Büro der Chefsekretärin Frau Hö.! Sie verzog keine Miene. Nach einer gefühlten Ewigkeit bat sie uns in strengem Ton ins Büro des Direktors Prof. Kutscher! Bei ihm waren sein Assistent Herr W.-Sp. und Prof. Co.!

Prof. Kutscher blickte zunächst nur stumm vor sich hin und nach einer schier endlos anmutenden Pause sagte er in seiner eigentümlich süffisant wienerischen Art: „Dann werden wir ja in den nächsten Jahren miteinander zu tun haben." Ich verstand erst nicht. Es dauerte ein paar Sekunden, bis der berühmte Groschen fiel. Mein Mitbewerber Michael

E.. sagte in breitem wienerischen Dialekt: „I fass es net. Derf i die bäßen?" Zu Deutsch: „Darf ich dich beißen?"

Nach dieser Verkündung durch den Schulleiter war ich eine Zeit lang fassungslos. Ich hatte zum ersten Mal im Leben etwas großes erreicht, was nur wenige schaffen. Um dieses Ziel zu erreichen, waren viel Blut, Schweiß und Tränen notwendig.

Es war eine kraftraubende, intensive Vorbereitungszeit, denn im Vorfeld meines damaligen Vorsprechtermins am Max-Reinhardt-Seminar hatte ich mich, gemeinsam mit einer Schauspiellehrerin, monatelang akribisch auf diesen Tag vorbereitet. Dafür trafen wir uns einmal und manchmal zweimal wöchentlich in ihrer kleinen Weddinger Wohnung in der Togostraße 3, um die insgesamt vier Vorsprechszenen unterschiedlicher Dichter vorzubereiten. Diese habe ich dann zuhause in Eigenarbeit täglich geübt.

Dazu gehörten die Rollen des Andrej, von Anton Tschechow, aus dem Theaterstück „Drei Schwestern", die Rolle des Jean, von August Strindberg, aus dem Stück „Fräulein Julie", die Rolle des Monsieur Jourdain, von Molière, aus dem Stück „Der Bürger als Edelmann" und die Rolle des Biff, von Arthur Miller, aus dem Stück „Tod des Handlungsreisenden".

Mein Einsatz und vor allem der meiner Schauspiellehrerin Frau Frauke Janssen – einer erfahrenen Schauspielerin und einem charakterlich wunderbaren, leider nicht mehr unter uns weilenden Mensch – wurde, wie geschildert, belohnt. Nachdem ich alle Stationen des Vorsprechens durchlaufen hatte, wurde ich - als einer von ursprünglich circa 500 Vorsprechkandidaten – mit 13 anderen ausgewählt.

Ich hatte es tatsächlich geschafft. Jetzt, da ich die Aufnahmeprüfung in Wien bestanden hatte, katapultierte ich mich aus meiner kleinen Berliner Welt hinaus, und es kam mir vor, als hätte ich die berühmten „zwei Fliegen mit einer Klappe" geschlagen. Ich konnte in eine andere Stadt ziehen, ja würde sogar in ein anderes Land gehen und damit meinem Traumberuf Schauspieler näher und zugleich der Gropiusstadt-Tristesse entkommen. Meine Mutter lebt heute immer noch dort. Seit 1971, dem Jahr der Fertigstellung des Wohnhauses.

Nachdem ich die Aufnahmeprüfung bestanden hatte, verharrte ich in einer Art Schockzustand, da ich es nicht glauben konnte, jetzt offiziell Student am Max-Reinhardt-Seminar in Wien sein zu dürfen. Allerdings wich die Zeit der Freude dann doch schnell der Realität, denn ich musste zügig eine Wohnung in Wien finden und den Umzug von Berlin nach Wien organisieren.

Aufgrund der Tatsache, dass ich kaum Geld hatte, musste ich eine möglichst einfache, preiswerte Wohnung finden. Ich fand sie in der Märzstraße 5 in der 2. Etage, beziehungsweise Peter, ein Wiener, der mit unserer Nachbarin in Berlin befreundet war, hatte sie für mich ausfindig gemacht. Wir lernten uns 1985 zufällig kennen, als er in Berlin bei ihr zu Besuch war und er bot mir dabei seine Hilfe bei der Wohnungssuche an. Durch seine Kontakte fand er sie für mich, wofür ich ihm sehr dankbar war. Die Wohnung bestand aus einem Wohnzimmer mit Ölheizung, einem Schlafzimmer mit einem Fenster, das zum Treppenhausflur hin öffnete, wie es in Wien üblich war, und einer Küche mit Gasherd. Dazu gehörte ein Außenklo, also ein Klo auf dem Flur für mehrere Mietparteien, und ein auf dem Flur befindliches Waschbecken mit fließendem Kaltwasser, das war's.

Dafür bezahlte ich 700 Schilling im Monat, was heute 50 Euro entsprechen würde. Günstiger ging's kaum. Da der Vermieter Sanierungsarbeiten vornahm, was eine ernorme Mieterhöhung bedeutet hätte, musste ich mir nach einem Jahr leider eine neue Wohnung suchen. Ich fand sie in der Nähe vom Matzleinsdorfer Platz in der Storkgasse 15 im Mezzanin gelegen, also in einem sogenannten Halb- bzw. Zwischengeschoss liegend - wie in vielen Wiener Gebäuden vorkommend - für 1000 Schilling monatlich. Sie hatte ein Waschbecken mit fließendem Kaltwasser in der Küche, dafür aber nur ein Zimmer. Darin war ein Kachelofen, der im Winter kaum Wärme abgab, weil er nicht richtig zog. Den Vermieter interessierte das wenig. Wenn dann nach einigen Stunden die Kohlen glimmten, musste ich mich schon direkt vor den Ofen setzen, um wenigstens ein wenig Wärme zu spüren. Allerdings verbreiteten beim Verbrennungsprozess - bedingt durch den porösen Ofen - die Brennstaubemissionen einen spürbar vernehmbaren Feinstaub im Wohnzimmer. Das Bemühen, etwas Wärme in die Wohnung zu bekommen, erscheint umso verständlicher, wenn ich an die damaligen Winter denke mit bis zu minus 22 Grad Celsius Außentemperatur. Dabei bildeten sich am Fenster dicke Schichten von Eisblumen und abends ging ich mit mehreren Pyjamas übereinandergezogen und Handschuhen zu Bett.

Nachts unter diesen Umständen aufs Außenklo zu gehen, kam mir nicht in den Sinn. Also musste ich bei meinem Toilettengang kreativ sein. Auch warme Gedanken halfen wenig und tröstende Worte per Telefon nur bedingt. Zumal man mit einem österreichischen Telefon-Viertelanschluss, den ich damals in der Wohnung hatte, nicht telefonieren konnte, wann man wollte. Dieser Viertelanschluss war kostengünstiger als ein ganzer, aber um telefonieren zu können, musste man einen an der Wählscheibe befindlichen Knopf drücken, um eine freie Leitung zu erhalten. Dieses Geräusch der Verbindungssuche wird mir unvergesslich bleiben. Ein etwa zweisekündliches Klackern, falls die Leitung frei, und ein abgewürgt klingendes Geräusch, so als würde man einem Hahn den Hals umdrehen, falls die Leitung besetzt war. Sollte also gerade jemand anderes ein Gespräch führen, musste man so lange warten, bis er sein Gespräch beendet hatte. Vorher konnte man halt nicht telefonieren.

Österreich war damals noch kein EU-Mitglied und Ferngespräche nach Deutschland waren sehr teuer. Manchmal vernahm ich zum Beispiel beim Lesen oder Fernsehen ein kurzes Klacken, was bedeutete, dass jetzt jemand anderes ein Telefonat führte. „Fernsehen" bedeutete, dass ich damals mithilfe einer Zimmerantenne auf dem Fernseher genau zwei Fernsehprogramme zur Auswahl hatte, FS 1 und FS 2, dem heutigen ORF 1 und ORF 2. Unvergessen der ORF-Einspieler: „Hui, da läuft ja noch a Western, na da bin i dabä." Zum Sendeschluss ertönte dann zum Testbild die Bundeshymne. Wenn ich die heutige Flut an TV-Sendern betrachte, stelle ich fest, dass ich trotz der Auswahlmöglichkeiten noch immer eher zwei Programme als 200 verschiedene nutze.

Interessant war auch die Tatsache, dass die Österreicher damals zwischen ausländischen und österreichischen Studenten unterschieden. Studenten aus Österreich konnten beispielsweise den ermäßigten Tarif bei Monatskarten erhalten, ausländische Studenten nicht. So musste man, so meine ich mich zu erinnern, im Vergleich zu den Österreichern für eine Monatsmarke, die man in einem Zeitungsladen (in Österreich „Trafik" genannt) erhielt, einen fast dreimal so hohen Preis zahlen. Die öffentlichen Verkehrsmittel empfand ich damals als altertümlich, aber zugleich auch als irgendwie romantisch. Ich erinnere mich an die nasal klingende männliche Stimme, die aus den Lautsprechern der Wiener Trams mit den Worten ertönte: „Wir bitten Älteren oder gebrechlichen Personen die Sitzplätze zu überlassen." Heute gilt der Spruch als politisch unkorrekt und wird auch nicht mehr verwendet.

Die Österreicher und ihr Nationalstolz sind untrennbar miteinander verbunden. Dies gilt auch für ihre heimischen Waren und Lebensmittelprodukte. So zum Beispiel erinnere ich mich unter anderem an die klare Kennzeichnung der ausländischen beziehungsweise inländischen Produkte, wie zum Beispiel den „Inländer"-Honig.

In einem kleinen Süßwarenladen hatte ich allerdings ein eigentümliches, man könnte fast sagen typisch wienerisches Erlebnis. Eines Tages sah ich dort im Regal ein sogenanntes „Negerbrot", es handelte sich um einen Schokoladenriegel. Als ich dann an der Kasse stand, war die Verkäuferin sichtlich peinlich berührt, als sie mich sah.

Gekauft hatte ich ihn in der Nähe der Porzellangasse als kleines Premierengeschenk für einen Schauspielkollegen. Es rief einen sarkastischen Lacher bei ihm hervor, denn er konnte nicht glauben, dass es so etwas gab. Dieser „Namens-Faux-pas" konnte mich nicht mehr schocken, da es in Deutschland ja die „Negerküsse" gab, die in Wien kurioserweise „Schwedenbomben" genannt wurden. Draußen am Ladenfenster dieses Geschäftes hing eine Notiz mit der Aufschrift: „Bedienerin gesucht". Bei dieser Stellenanzeige fragte ich mich, was das sein sollte. Wer wurde gesucht? Was oder wer sollte bedient werden? Im Laden zu fragen traute ich mich nicht, obwohl ich neugierig war. Schließlich fand ich über Umwege heraus, dass Bedienerin übersetzt Putzfrau bedeutet. Nettes Wort für eine solche Tätigkeit. Die Österreicher drücken sich weitestgehend kultiviert aus, und auch wenn Lebensumstände oder -situationen durch sprachliche Beschönigung nicht verbessert werden, sind Euphemismen signifikant in der Wiener Sprachkultur. Hierbei auf den Wiener Schmäh hinzuweisen ist unerlässlich, denn er ist durchaus mit Vorsicht zu genießen. Nicht immer bedeutet Freundlichkeit auch Ehrlichkeit. Nach dem Motto: „Grüß Gott, wie geht es Ihnen, gut schau`n Sie aus ...“ In Wirklichkeit steckt dahinter aber möglicherweise ein Gedanke wie: „Scheußliche Person und wie die schon wieder aussieht....“ Im Laufe der Zeit lernte ich das aber zu unterscheiden. Die Wiener verstehen sogar ihre ausgemachten Feinde noch freundlich zu behandeln und mit schönen Worten zu umgarnen.

Was meine Lebenssituation anging, so war die Tatsache, dass ich monatlich nur 3.500 Schilling, also umgerechnet 250 Euro, zur Verfügung hatte, nicht belastend für mich, da ich ja meinem Traum, Schauspieler zu werden, einen Schritt näher gekommen war. Im Prinzip war ich Schauspielschüler geworden, weil ich in der Lage gewesen war, letztlich doch unkonventionell zu denken. Aus konventioneller Sicht hätte ich in Berlin bleiben und dort eine Berufsausbildung machen sollen. Was den berühmten Blick über den Tellerrand angeht, so hat mich die Schauspielschulzeit sehr geprägt. Ich habe überwiegend schöne Erlebnisse in Erinnerung und bin glücklich darüber, dass ich sie in jungen Jahren machen durfte. Übrigens hatte ich während meiner gesamten Wiener Zeit kein einziges Vorkommnis bezüglich Rassismus erlebt. Natürlich gab es auch die unschönen Seiten Wiens, aber sie schienen sich eher im Stillen, Verborgenen abzuspielen. Ein dazu passendes Beispiel schilderte mir ein Kommilitone. Er wollte ins Freibad gehen und war verwirrt wegen des hohen Eintrittspreises. Er sagte dem Kassierer, dass er gehört habe, dass er sonst nicht so hoch sei. Danach flüsterte ein hinter ihm stehender Kunde über die Schulter: „Du zohlst dös, Jud`." Er war sprachlos und ließ es dabei bewenden.

Zu den schönen Erinnerungen zählt das Savoir-vivre der Wiener. Im Deutschen wird der Begriff im Sinne der Lebenskunst verwendet, die sich meiner Meinung nach in der Fähigkeit der Wiener zu Genuss und Gemütlichkeit mit ihrer weltweit einzigartigen Caféhauskultur zeigt. Die ausgezeichnete Wiener Jazzclubszene möchte ich an dieser Stelle nicht unerwähnt lassen. Auch die Schönheit der Stadt mit ihrer Architektur und den historischen Gebäuden, wie die Mozartwohnung und das Schloss Schönbrunn, faszinierte mich, ebenso wie der Schlosspark Schönbrunn mit dem Schlosstheater, in dem schon Joseph Haydn und Wolfgang Amadeus Mozart auftraten. Ich war unglaublich stolz und geehrt, dass ich im Rahmen meiner Ausbildung an so einem geschichtsträchtigen Ort auf der Bühne stehen durfte. Nicht zu vergessen die Schönheit des Gebäudes des Max-Reinhardt-Seminars!

Was die Institution „Max-Reinhardt-Seminar" anging, so hatte diese schon viele später bekannt gewordene Schauspieler oder Entertainer hervorgebracht, wie zum Beispiel

Peter Alexander, Senta Berger, Christiane Hörbiger, Nadja Tiller, Günter Lamprecht, Klaus Löwitsch, Christoph Waltz, um nur einige zu nennen.

Wenn man das Max-Reinhardt-Seminar betreten wollte, konnte man dies aufgrund von sich verschleppenden Baumaßnahmen lange Zeit nur über den ehemaligen sogenannten Boteneingang, wobei man das Portiershäuschen, in dem meist der Chefportier Herr Baumann, ein herzensguter Mensch in den Mittfünfigern, saß, passieren musste. Wenn er im Dienst war, begrüßte er mich immer mit einem fröhlichen „Grüß Gott, Herr Kammerschauspieler", wobei er sich erhob und eine demutsvolle Verbeugung andeutete. Es war natürlich ein Wiener Schmäh und immer herzlich und spaßig-charmant gemeint. Noch Jahre nach meinem Abschluss, schickte ich ihm hin und wieder Postkarten an das Max-Reinhardt-Seminar und als ich dort einmal zu Besuch war, freute er sich sehr darüber, mich zu sehen. Über die vielen Jahrzehnte hat man sich dann doch leider aus den Augen verloren. Ich würde ihn gerne kontaktieren, aber er ist schon lange im Ruhestand und ich besitze keine Adresse von ihm. Da es schon über 30 Jahre her ist, könnte er mittlerweile verstorben sein. Manchmal muss man es dabei bewenden lassen, auch wenn es schwer fällt.

Wenn man das Gebäude in Richtung der sogenannten Arenabühne betrat, war dort im Eingangsbereich die Büste von Max Reinhardt zu sehen. Über ihr prangte auf einer Tafel sein Leitsatz: „Nicht Verstellung ist die Kunst des Schauspielers, sondern Enthüllung." Eines Tages hatte ein Kommilitone von mir, Klaus W., mit einem Edding-Stift ein Plus- und ein Minuszeichen auf diese Tafel geschrieben. Sinn und

Zweck unbekannt. Manche waren halt verrückter als andere. Übrigens wurde er wegen einer anderen Sache, nach einem Jahr vom Max-Reinhardt-Seminar verwiesen.

1985, zu Beginn meiner Max-Reinhardt-Seminar-Zeit, hatte ich in der Hochschulproduktion eines Films, dessen Geschichte in den Südstaaten der USA spielte, in einer sehr kleinen Rolle mitgewirkt. Meine Rolle war die eines Gärtners, und ich erinnere mich nur noch daran, dass ich die Ehre hatte, die Szene mit Erni Mangold, deren Rollenname Mrs Braine war, zu spielen, und dass der Saarländische Rundfunk die Hochschulproduktion finanzierte. An den Arbeitstitel des Films kann ich mich nicht mehr erinnern und zu sehen bekam ich den fertiggestellten Film auch nie. Die Dreharbeiten waren chaotisch, und so war ich nicht verwundert darüber, dass es nach meiner Erinnerung keine Premiere gab. Wenn Sie anhand dieser Informationen vermuten den Film zu kennen, so lassen Sie es mich per Kontaktaufnahme zum Verlag bitte wissen. Es würde mich sehr freuen, denn Erni Mangold ist eine lebende Legende.

7. Der TV-Alltag oder Afrodeutsch gleich „Undeutsch"

Die Alltagsrealität im Schauspiel traf mich nach Beendigung der Schauspielschule mit voller Wucht, denn die Entscheider agierten bei ihren reaktionären Rollenbesetzungen rassistisch. Das steht außer Zweifel und ist immer noch gängige Praxis. Aber was bedeutet rassistisch in diesem Zusammenhang?

Es bedeutet, dass es einen Besetzungsrassismus gibt, der dadurch gekennzeichnet ist, das nicht-Biodeutsche Schauspieler bei der Besetzung von tragenden Rollen weitestgehend ausgrenzt werden, was ich so zuvor nicht für möglich gehalten hätte. Genau diese perfide Art und Weise der Besetzung wird von den Entscheidern praktiziert und viele ihrer heutigen stereotypen TV-Besetzungen und Produktionen, sowie die der zurückliegenden Jahrzehnte, sind Zeugnisse dieses Handelns. Das sichtbare Ergebnis ist rassistisch und lässt keinen anderen Schluss zu.

Verantwortungsvoll handelnde Entscheider braucht das Land. Bis dato handeln viele von ihnen aber genau gegensätzlich. Der Druck durch die Medien auf sie und die öffentliche Diskussion muss erheblich verstärkt werden.

Erst dann, so fürchte ich, kann eine flächendeckende, gegenwartsorientierte Veränderung bei Besetzungen eingeleitet werden. Auf der Schauspielschule erlebte ich keinerlei Benachteiligungen, wenngleich mich ein Professor darauf hinwies, dass ich damit rechnen müsse, das ich „draußen" wahrscheinlich nicht die Rollen spielen dürfte, die ich hier gespielt hatte. Damals wollte ich es nicht so recht glauben, aber ich sollte eines Besseren belehrt werden.

Es ist Teil des Schauspielgeschäftes, das man für eine TV- aber auch für eine Theaterproduktion „typbesetzt" wird. Das heißt, es wird ein „Dicker", ein „Dünner", eine „Blondine", eine „Brünette", ein „Großer", ein „Kleiner" für eine Rolle gesucht und besetzt. Viel tiefgreifender ist aber der Aspekt des besagten Besetzungsrassismus. Er sorgt dafür, dass Menschen, die wie ich hier in Deutschland aufgewachsen sind, für viele „Entscheider" nicht dem Bild des Deutschen entsprechen. „Entscheider" sind Redakteure, Intendanten, Regisseure oder Produzenten.

Fast alle von ihnen verhindern, dass sich beispielsweise afrodeutsche Schauspieler in dramaturgisch relevanten Rollen wiederfinden können. Familienvater, Arzt, Anwalt, Geschäftsmann – alles Rollen, die im realen Leben in Deutschland schon seit Jahrzehnten von Afrodeutschen ausgefüllt werden.

Stattdessen gibt es für Afrodeutsche – aber auch für andere Schauspieler mit einem „Migrationshintergrund" – vorwiegend klischeehafte Nebenrollen, oftmals mit Statistencharakter. Ich räume ein, dass es ab und zu Ausnahmen gibt, in denen „nicht-Biodeutsche" Schauspieler etwas größere Zuträgerrollen erhalten, aber selbst die sind fast immer klischiert.

Was mich angeht, so bekam ich Rollen als Dealer, Türsteher, US-Soldat, amerikanischer Student, afrikanischer Tierpfleger, aber selten eine Rolle mit Hinweis darauf, dass wir in einem multikulturellen Land leben und es Menschen aus aller Herren Länder in den verschiedensten verantwortungsvollen Berufen gibt, die zudem selbstverständlich akzentfrei deutsch sprechen und mittlerweile deutsche Staatsbürger sind. Diese Tatsache wollen die Entscheider oftmals nicht wahrhaben.

So wie bestimmte Politiker auf dem rechten Auge blind sind, ist dies auch bei vielen Verantwortlichen von TV- und Theaterbesetzungen feststellbar. Sie verschließen die Augen vor der Realität. Niemand kann sie dazu zwingen oder sie gar überzeugen, ein getreues Abbild der Bevölkerung der Bundesrepublik Deutschland in ihren Produktionen zu zeigen. Anhand vieler Produktionen ist sichtbar, dass „Ausländer" oder „Menschen mit Migrationshintergrund", die heile Welt im TV- und sogar Theaterschauspiel zu stören scheinen. Viele Verantwortliche, also Entscheider in Deutschland, sind sozusagen die letzte Bastion, die ihren tradierten Rassismus oder ihre Ressentiments unverhohlen weiter pflegen darf, obwohl es einen Fernsehrat – als Kontrollinstanz –, auch aus Politikern bestehend, gibt. Die Kontrollinstanz scheint diesbezüglich keinen Handlungsbedarf zu sehen. Ein Schelm, wer Böses dabei denkt. Eigentlich hätten die TV-Sendeanstalten die Verpflichtung, ein realistisches, modernes Abbild der Bevölkerung der Bundesrepublik Deutschland in ihren Produktionen zu zeigen, aber dem wird mitnichten nachgegangen. Die Verpflichtung wird einfach ignoriert, und als Rechtfertigung wird - unter vorgehaltener Hand - von den „Entscheidern" die Schutzbehauptung aufrechterhalten, dass ansonsten beim Zeigen des realistischen Abbildes der heutigen Bevölkerung das „deutsche" Publikum ihr TV-Gerät abschalten würde. Leider völlig unbegründet, aber man setzt lieber auf das Altbekannte, anstatt sich der Realität zu öffnen. Alles für die scheinbar sichere Quote. Offiziell wird natürlich vollmundig behauptet, alles dafür zu tun, ein weltoffenes Bild bei TV-Besetzungen zu ermöglichen.

Aber wer sagt denn, dass die Zuschauerquoten sinken würden, wenn man das multikulturelle Deutschland in TV-Produktionen und Filmen mit realistischen, multikulturellen Schauspielerbesetzungen widerspiegeln würde? Welchen Beleg gibt es dafür? Keinen. Vielleicht würden die Quoten sogar drastisch nach oben schnellen, da sich das multikulturelle Publikum endlich angesprochen fühlen würde.

Es handelt sich also bei den Entscheidern um völlig unbegründete, hausgemachte Ängste. Letzten Endes sind es vorgeschobene Erklärungsversuche, um – möglicherweise ihrer Haltung und Gesinnung folgend – „anders Aussehende" nicht (oder wenn, dann nur klischeehaft) am Schauspielgeschäft teilhaben zu lassen. Sie pflegen alte Traditionen, anstatt sich der Realität zu öffnen und die TV-Landschaft dadurch zu bereichern. So halten sie weiter an gedanklichen Strukturen fest, getreu dem Motto: „Der neue Nachbar ist kein Deutscher. Sieht man doch. Der sieht so dunkel aus." Was aber sagt sein Aussehen aus über seine Fähigkeiten oder seine Persönlichkeit oder gar seine Herkunft aus? Nichts.

Mittlerweile ist es normal, dass man Deutscher mit zwei Kulturen und nichtweißer Hautfarbe ist. Dennoch handeln und urteilen diese Ewiggestrigen vorurteilsbehaftet und ignorant. Eine Agentin von einer Schauspielagentur sagte mir vor ein paar Jahren: „Stell dir vor, ich habe dich für die Arztrolle vorgeschlagen und der ‚Entscheider' sagte, „die Rolle hieße Arzt. Ob das wohl mein Ernst sei, dich dafür vorzuschlagen." Es scheint also in Deutschland keine dunkelhäutigen Ärzte zu geben. Vielleicht sollten diese Menschen einmal die Ärztebelegschaften in deutschen Krankenhäusern in Augenschein nehmen. So entsteht der Eindruck, dass die Haltung vieler „Entscheider" ist: „Es kann nicht sein, was nicht sein darf." Ein Dunkelhäutiger in einer Hauptrolle und vielleicht noch als Familienvater mit einer ‚weißen' Frau. Das ist wohl immer noch ein Problem für viele Entscheider.

Stellen Sie sich diese Haltung einmal bei den Deutschen liebstes Kind, beim Fußball, vor. Beispielsweise Sané, Gnabry, Tah, Rüdiger, würde man aufgrund ihrer Hautfarbe nicht in der deutschen Nationalmannschaft spielen lassen. Natürlich gibt es einige wenige unverbesserliche Mitbürger, die diese deutschen Nationalspieler als Undeutsch bezeichnen, aber der Großteil hat verstanden, dass die Uhren heutzutage anders ticken.

Leider hat sich das nicht bis in die obersten Gefilde der Schauspielverantwortlichen herumgesprochen. Darum betrifft diese Besetzungspolitik Afrodeutsche genauso wie türkisch- oder asiatischstämmige Schauspieler, die in Deutschland geboren sind und in vielen Produktionen schlichtweg nicht berücksichtigt werden oder in unfassbar klischeehaften Rollen zu sehen sind. Man möchte meinen, diese Ansicht wäre ausschließlich die der Menschen, die rechtskonservativ oder gar rechtsradikal sind oder Mitglieder in rechtspopulistischen Parteien. Aber mitnichten. Denn es wirkt so, als dächten und handelten viele Entscheider in Deutschland ähnlich weltfremd. Sogar noch im Jahre 2019. Darauf angesprochen behaupten sie, dass sie stets nur dramaturgisch bedingt die Schauspieler in entsprechenden Produktionen besetzen. Leider eine geschickte Aussage, da sie kaum anfechtbar ist. Im Tagesgeschäft bedeutet es aber, dass sie vielen Schauspielern, die phänotypisch nicht dem Bild eines „Biodeutschen" entsprechen, Rollen zuweisen, die eindeutig als „nicht deutsch" definierbar sind, oder Rollen, die in Bezug zu ihrem oder ihrer Vorfahren Herkunftsland stehen.

Auch an staatlichen Theatern und deren Schauspielensembles sind afrodeutsche Schauspieler kaum vertreten und wenn, dann meist nur für ein Theaterstück, per Stückvertrag dort engagiert. Das wird von den Verantwortlichen hauptsächlich damit begründet, dass man nicht durchgängig für alle Rollen und vor allem für historische Stücke besetzbar sei. Es gibt zwar hin und wieder afrodeutsche Schauspieler die „fortschrittliche Rollen" im TV spielen, wie beispielsweise Staatsanwälte, Unternehmer, Hotelmitarbeiter oder den besten Freund des Hauptdarstellers. Bei genauerer Betrachtung tritt darin aber häufig ein unsäglicher Bezug zu ihrem „Herkunftsland" zutage und sie müssen meist einheimische Südamerikaner, Jamaikaner, Afrikaner oder Kubaner darstellen. Erst dadurch haben afrodeutsche Schauspieler überhaupt erst die Möglichkeit, eine Rolle zu erhalten. Denn wäre der Handlungsort in Deutschland angesiedelt, sind ihre Besetzungschancen in deutschen TV-Produktionen weitaus geringer.

Als wäre diese Entwicklung nicht schon schlimm genug, wird das Klischee oftmals dadurch getoppt, dass afrodeutsche Kollegen in solchen Produktionen mit quietschebunten Klamotten ausgestattet werden. Meine Berliner Omi sagte dann in ihrer unnachahmlichen Art: „Wat soll denn dit nu wieder, wat hamse sich denn dabei jedacht? Sieht ja aus, wie`n Kanarienvorel."

Vielleicht gibt es aber doch noch ein zartes Pflänzchen der Hoffnung, denn eine afrodeutsche Schauspielerin darf in einem Tatort als Kommissarin ermitteln. Wenngleich die Produktionen sehr klischeeüberfrachtet sind, so muss man diese wohl als ersten Schritt in die richtige Richtung sehen. Geschehen also doch noch Zeichen und Wunder? Bleibt abzuwarten.

Es gibt übrigens Schauspielerinnen und Schauspieler, die es durch Namensänderung geschafft haben, sich als deutsche Schauspieler zu verkaufen, obwohl sie oder ihre Eltern eigentlich aus Südosteuropa, also vornehmlich Rumänien,

Russland oder Polen, stammen. Geschickt gemacht. So einfach lassen sich die scheinbar simpel strukturierten Entscheider überlisten. Denn ausländisch klingende Namen stellen vielfach einen Hinderungsgrund für Schauspieler dar, wenn es um Besetzungen geht, da die meisten Verantwortlichen, wie gesagt, klischeehaft denken und dementsprechend Rollen besetzen lassen. Mit osteuropäisch klingenden Namen spielt man schnell eine Putzfrau, Prostituierte, Türsteher oder Autodieb. Namen kann man ändern – die Hautfarbe nicht.

Dieses Besetzungsphänomen lässt sich leider auch bei der staatlichen Künstlervermittlung in Deutschland finden. Die Mitarbeiter pflegen ebenfalls stereotype Rollenbesetzungsvorschläge für Produktionen. Dies hatte ich auch in der Zeit als ich in Berlin lebte, feststellen müssen. Die damals zuständige leitende Mitarbeiterin Claudia K. war leider, wie alle anderen, zu mutlos und geradezu unfähig eine zeitgemäße Besetzung für vakante Rollen vorzunehmen oder wenigstens den Versuch dafür, wie ich feststellen musste. Diese Zentralagenturen mit Niederlassungen in Hamburg, Berlin, Köln und München haben in der heutigen Zeit im Prinzip keine Existenzberechtigung mehr, denn deren Agenten werden nicht nach individueller, erfolgreicher Vermittlung per Provision bezahlt, sondern unabhängig davon, ob sie erfolgreich oder erfolglos arbeiten. Als städtische Institution beziehen sie ihr Gehalt quasi vom Steuerzahler. Zudem haben sie im Vergleich zu den privaten Agenturen eine schlechte Vermittlungsquote, weil diese weitestgehend die Rollenvorschläge für Produktionen und die Vermittlung von Schauspielern durchführen und unter sich ausmachen. Die staatliche Agentur wirkt, wenn überhaupt, nur noch vereinzelt bei der Besetzung für kleinere Rollen in Theater- und TV-Produktionen mit. Ich kenne einen Schauspieler, der einige Rollen durch private Agenturen vermittelt bekam. Eines Tages bat ihn eine Mitarbeiterin der staatlichen Zentralagentur in einem Gespräch, er möge sie doch als Vermittlerin dieser Projekte vermerken, da sie ja als Agentin auch bemüht sei, ihn zu vermitteln. Der Zweck dessen war wohl die fragwürdige Vermittlerquote aufzuwerten. Er wollte nicht Teil dieser Täuschung sein und lehnte ab.

Als ich 1988 meinen Diplomabschluss gemacht hatte, bekam ich schnell die soeben geschilderten Grenzen und Lebensrealitäten aufgezeigt, denn ich passte scheinbar nicht zur deutschen Theater- und Fernsehlandschaft. Nicht meine Leistung, sondern meine Hautfarbe war permanent ein Thema und Hauptausschlusskriterium, was den Rollenerwerb anging.

Diesen Fakt habe ich unterschätzt und ich kann es nicht oft genug wiederholen; obwohl sich weite Teile der Gesellschaft in den letzten Jahrzehnten bereits in puncto Toleranz, Weltoffenheit und Multikulturalität geöffnet haben, hat es den Anschein, als verharrten die TV- und Theaterverantwortlichen noch häufig im Gedankengut vieler Deutscher des letzten Jahrhunderts, wonach ein Dunkelhaariger ein Gastarbeiter, sprich ein Ausländer sein dürfte, ein Dunkelhäutiger sowieso und alle anderen eben wohl ehemalige Besatersoldaten. Aufgrund dieses noch immer vorhandenen Gedankengutes bei vielen Verantwortlichen war ich zum Handeln gezwungen. Um der Arbeitslosigkeit zu entgehen, entschied ich mich dazu, hauptsächlich Nischenrollen und ich übernehme hier bewusst den bei vielen Verantwortlichen, unter vorgehaltener Hand, verwendeten Ausdruck „Negerrollen" zu akzeptieren, die unter anderem dadurch gekennzeichnet waren, dass ich in ihnen mit gebrochenem Deutsch spielen sollte, also Rollen mit einem Profil, das sich in einem Motto zusammenfassen ließ: „Herr White, wir hätten da eine kleine Rolle eines Schwarzen..." oder auch „Wir suchen jemanden für eine Nebenrolle als afrikanischer Tierpfleger", „Es gäbe da eine Rolle eines dunkelhäutigen Bosses von einem illegalen Glücksspielcasino", „Bei der Rolle handelt es sich um einen Afroamerikaner, der ein Komplize eines Entführers ist." oder „Die Rolle ist die eines Neuankömmlings in Deutschland, eines Asylanten, der nicht weiß, wie man die öffentlichen Verkehrsmittel benutzt und wie man Fahrscheine kauft."

Für mich war nicht ersichtlich, warum man für diese Rollen einen Schauspieler benötigte, zumal die Rollenbilder sehr naiv und dümmlich gezeichnet waren und es scheinbar ausreichte, dass man phänotypisch die Rollenvorgabe erfüllte. So eine Rolle war zum Beispiel auch die des Hausdieners „Simao" in dem Theaterstück „Rothschilds Nachbar" von Esther Vilar. Natürlich hätte man diese Rolle sprachlich und dramaturgisch anders anlegen können, was aber nicht im Interesse des verantwortlichen Regisseurs lag. Darum bin ich der Meinung, dass sich ein „Asylant" oder Student aus einem anderen Land sicher darüber gefreut hätte, eine solche Theater- oder TV-Rolle zu bekommen. Ich regte an, dass man doch genügend Asylanten hätte, um diese Rolle umso authentischer spielen lassen zu können, oder man auch auf Studenten aus fernen Ländern zurückgreifen könnte, die sich über ein kleines Nebeneinkommen beim

Theater oder Fernsehen freuen würden. Natürlich wurde diese Aussage als Affront gegen die gewissenhafte, tiefgründige und seriöse Besetzungsarbeit und die Vorgaben der Entscheider verstanden. Man sollte es nicht von der Hand weisen, dass es Menschen gibt, die nach Deutschland kommen und ein ähnliches gebrochenes Deutsch sprechen, aber man sollte sich dann auch fragen dürfen, warum man ihnen nicht die Möglichkeit einräumt, solche Rollen zu übernehmen und wirklichkeitsnah zu verkörpern? Warum weist man den hier aufgewachsenen Schauspielern mit „Migrationshintergrund" fast ausschließlich solche Rollen zu und verkennt, dass sie Deutsche sind und noch dazu wunderbare gelernte Schauspieler mit großem Potenzial? Viele Entscheider wollen davon aber partout nichts wissen. Heile Welt versus multikulturelle Realität. Rosamunde P. lässt grüßen.

Wenngleich nicht alle Rollen den tumben „Negerrollen"-Charakter hatten, so waren sie doch alle von der Rollenbezeichnung her Afrikaner oder Afroamerikaner oder sie hießen im Drehbuch einfach „Schwarzer". Dabei war ich doch Berliner. Was hatte ich mit Afrika zu tun? Genauso viel beziehungsweise genauso wenig wie jeder andere in Deutschland Lebende auch, nur mit dem Unterschied, dass in meiner Familienhistorie ein Afroamerikaner war. Nämlich mein Vater. Kurioserweise hatte das Auswirkungen auf mein gesamtes Schauspielerleben.

Es gab nur wenige Produktionen, in denen ich akzentfreies Hochdeutsch oder gar Mundart sprechen durfte, wie bei einer Krimiproduktion namens „Ein Mann für alle Fälle" mit Axel Milberg in der Hauptrolle. Dort spielte ich einen Dealer. Zwar wieder mal eine Klischeerolle, aber immerhin

durfte ich berlinern und musste nicht wieder in radebre-
chendem Deutsch sprechen. Danke nochmals dafür, lieber
Erwin K. Es hätte nämlich auch, wie in so vielen Fällen davor, anders kommen können. Interessanterweise gab es in
dieser TV-Filmproduktion die Rolle eines bereits getöteten
„Franz Bichler", der versehentlich aufgrund einer Ver-
wechslung ermordet wurde. Eigentlich hätte ich, der Dealer,
ermordet werden sollen. Einen dunkelhäutigen „Franz
Bichler" hätte es fiktiv also schon einmal gegeben, wenn
auch nur tot. Leider wurde seitens der Produktionsfirma nie
daran angeknüpft, der Tatsache nachzugehen, dass es auch
dunkelhäutige Bayern gab. Stichwort: Zweiter Weltkrieg
und die sogenannten Besatzerkinder.

In einer Kinofilmproduktion aus dem Jahre 1991 namens
„Cosimas Lexikon", in der Iris Berben die Hauptrolle spielte,
war mein ursprünglicher Rollenname eigentlich „Moham-
med", aber man entschied sich, aus Gründen der Political
Correctness darauf zu verzichten, und benannte die Rolle
kurzerhand in „Daniel", meinen Vornamen, um. Ein Film,
den man nicht unbedingt gesehen haben muss. Ich sehe ihn
eher als eine vom Regisseur beabsichtigte Hommage an die
DDR-Zeit und den kritischen Blick auf die darauf folgende
Zeit der Wende, mit all ihren politischen Problemen und Ku-
riositäten. Meine Rolle darin ist zu vernachlässigen. In dieser war ich ein Mieter einer Wohngemeinschaft, deren
Mietshaus von gierigen Westimmobilienhaien gekauft und
saniert werden sollte. Was meine Mitwirkung angeht, so erinnere ich mich an zehn Drehtage. So viele hatte ich danach
nie wieder. Meistens nur einen Drehtag oder höchstens
zwei. Da ich kaum Text hatte, fühlte ich mich wie in einer

Komparsenrolle, wenngleich ich anmerken muss, einer gut bezahlten – im Gegensatz zu einem Komparsen.

Fast alle meiner Rollen kamen Komparsenrollen gleich, was bedeutet, dass ich zwar im Bild war, aber wenig Text hatte. Klischee erfüllt. „(Film)klappe zu, Affe tot."

Unter diesen Gegebenheiten konnte ich nichts von meinem schauspielerischen Können zeigen, um mich zu empfehlen. Der damalige Produzent dieser Produktion war ein gewiefter Geschäftsmann der Produktionsfirma Rialto Film, im positiven wie im negativen Sinne. Er war in diesem Punkt ein echter „Schla-Wiener", mit einer „Hintenrum-Mentalität" und er kam auch wirklich aus Wien. Wie gesagt, ich hatte in der ganzen Drehzeit nur zwei Sätze zu sprechen. Besagter Produzent fand es nicht passend, einem „nicht-deutsch" Aussehenden mehr Text zu geben, was er mir und dem Regisseur auch deutlich zu verstehen gab. Das möchte ich an dieser Stelle nicht vertiefen. Jeder möge sich seinen Teil dazu denken. Er hatte großen Einfluss auf das Geschehen und den Regisseur und er führte sich gerne auf wie der umgangssprachliche Zampano.

Am Filmsets war es üblich, dass Set-Mitarbeiter und Regisseure die kleinen Tafeln mit Teleskopaufstellern, die bei Filmproduktionen unter anderem beim Dreh eingesetzt wurden, als „Neger" bezeichneten, eben weil sie schwarz und in ihrer Funktion „dienlich" waren. Laut Legende gab es Produktionen, in denen manche Schauspieler sie zum Ablesen des Textes nutzten, wenn sie ihn sich nicht merken konnten. Hans Albers' treu-weitschweifende Blicke, für die er so berühmt wurde, kamen Gerüchten zufolge wohl auch dadurch zustande, dass er die Texte neben der Kamera suchte und ablas.

Mit Günther Pfitzmann habe ich 1992 gedreht. Er ist mir als ein sehr liebenswürdiger, höflicher und ohne Allüren agierender Mensch in Erinnerung. Er fand es toll, dass ich Berliner bin, und empfand es auch als befremdlich, dass ich nur „ausländische Rollen" spielen durfte. So auch in dieser Produktion namens „Millionenerbe", einer Berliner Serie. Diese Folge spielte eigentlich in Südafrika, aber die Szene wurde in Berlin gedreht. Ich spielte dabei einen englisch sprechenden südafrikanischen Gefängniswärter, der Günther Pfitzmann sein Essen in die Zelle brachte.

In einer Kinofilmproduktion namens „Obsession", in den Hauptrollen der spätere James Bond Darsteller Daniel Craig sowie Heike Makatsch, die mir damals als „Viva"-Moderatorin und nicht als Schauspielerin im Bewusstsein war, spielte ich einen Berliner Taxifahrer. Immerhin durfte ich mit dem Hauptdarsteller Daniel Craig, einen Dialog auf Englisch im Taxi führen. Das war ein Spaß. Daniel Craig war sehr höflich, immer gut gelaunt und sehr sympathisch.

In der TV-Produktion „Unser Charly" spielte ich einen afrikanischen Tierpfleger mit Namen „Juma". Immerhin durfte ich hochdeutsch sprechen. Ein Privileg war es auch, dass die Dreharbeiten in Kenia stattfanden. Somit hatte ich eine schöne Reise gemacht und zugleich für meine Verhältnisse viel Geld verdient. Man muss immer die guten Seiten sehen, dachte ich. Die Rolle ist nicht erwähnenswert, da sie nur eine Zuträgerrolle für die Hauptrollen und eine klischeehafte Rolle eines Schwarzen darstellte.

In „Dolce Vita und Co." spielte ich in Wien einen amerikanischen Opernsänger. Selbstverständlich musste ich mit amerikanischem Akzent sprechen. So weit, so unaufgeregt. Das wäre noch im Rahmen des Erträglichen gewesen. Dass mir die österreichische Regisseurin Claudia J. aber einen Wams wie am Theater verpasste, weil sie eigentlich einen dicken Tenor für die Rolle wollte, war schon mehr als kurios, da man solche drastischen Veränderungen an einer schlanken Person im TV in der Regel gut erkennt. Es wirkt dann einfach nur noch peinlich. In diesem Fall hätte sich ein dicker Schauspieler sicher gefreut. Das sind eigentlich die Regeln des „Typcastings". Weiß der Himmel, warum die mich wollten. Ich nahm es mit Humor.

In „Taking Sides" von István Szabó spielte ich an der Seite des Hollywoodschauspielers Harvey Keitel einen US-Soldaten. Leider durfte ich nur ein paar Sekunden mit ihm aufs Bild, aber es war eine nette kleine Rolle. Zwar wieder mal ein Ami, aber ich wirkte immerhin in einer großen internationalen Filmproduktion mit und hatte zudem auch etwas Geld verdient. Eine wichtige Beobachtung war für mich, festzustellen, dass überall mit Wasser gekocht wurde, wie man so sagt, denn auch weltberühmte Schauspieler vergessen mal ihren Text. Auch Harvey Keitel. Auch er war ansonsten sehr nahbar und uneingebildet. Eine angenehme Erscheinung.

„Wolffs Revier" war eine in Berlin gedrehte Krimiserie der 1990er-Jahre. Darin war ich in zwei Produktionen vertreten. In der einen spielte ich in einer Nebenrolle als Kleinkrimineller, einen Komplizen von Heinz Hoenig. Er war ein sehr lustiger Gesell am Set war und ein wirklich netter Kollege. In der anderen spielte ich einen American-Football-Spieler. Zwar beides Amirollen, mit kurzen deutschen Texten, meist Halbsätzen, aber ich hatte wenigstens wieder etwas für meine Vita nachzuweisen.

Ein Rollenhighlight war für mich die Rolle eines Computerspezialisten. Ein Highlight deshalb, weil ich in dieser Eigenschaft sogar ein technisch versierter Kriminalbeamter sein durfte. Studenten der Filmhochschule Ludwigsburg traten an mich heran und stellten mir ihr Projekt namens Kommissar Roloff vor. In diesem sollte ich den besagten Computerfachmann in einem Ermittlerteam spielen. Das Ganze aber als Satire angelegt. Fairerweise muss man sagen, dass das Kurzfilm-Resultat der Filmhochschulregisseure mit viel Wohlwollen als zweitklassig zu bezeichnen ist. Mitwirkende Schauspieler in dieser Produktion waren unter anderen Eddie Arent, Ilja Richter, Elisabeth Volkmann und Ralph Richter.

In dieser Zeit hatte Eddie Arent mir angeboten, ihn und seine Frau in seinem Hotel, dem „Neustädter Hof" in Titisee-Neustadt, zu besuchen. Er erwies sich als wahrer Freund, ein großzügiger, herzensguter, sensibler, wunderbarer Mensch, mit dem Herzen am rechten Fleck. Tragischerweise mussten er und seine Frau 2004 Insolvenz anmelden, da sich herausstellte, dass sie sich bei der Übernahme dieses Hotels vom Vorgänger haben übers Ohr hauen lassen, was seine Aussagen über die Auslastung anging. Das Hotel hätte eine wesentlich höhere Anzahl an Übernachtungs- und Restaurantgästen aufweisen müssen als die, die sie durchschnittlich erreichten. Nach der bitteren Erkenntnis dieser

Wahrheit zog sich Eddie Arent zusehends zurück, und ich konnte fortan nur noch seine Frau Franziska, ein ebenfalls gutmütiger, warmherziger Mensch, am Telefon erreichen. Eddie litt so stark unter diesem Betrug und dem Verlust seines Lebenswerkes, dass er an Depressionen erkrankte und die Öffentlichkeit komplett mied. Letztendlich bedeutete dieses Hotel doch seinen Altersruhesitz und es sollte eines Tages in den Besitz seines Sohnes übergehen. Im Jahre 2005 hatten er und seine Ehefrau die Möglichkeit, eine Seniorenresidenz in Waldmünchen, in unmittelbarer Nähe zur tschechischen Grenze, zu beziehen. Dort verbrachten sie ihre letzten Tage. Traurig, dass sie nicht mehr unter uns weilen, nicht nur weil es zwei aufrichtige, von Grund auf ehrliche Persönlichkeiten waren, von denen es immer weniger zu geben scheint.

In den TV-Produktionen „Hannas Entscheidung" von Friedemann F. mit Christine Neubauer in der Hauptrolle und „Die Wölfe", ebenfalls von Friedemann F., mit Axel Prahl und Barbara Auer in den Hauptrollen spielte ich jeweils einen US-Soldaten. Das heißt, die Geschichten waren zur Zeit des Zweiten Weltkrieges angesiedelt, was ich persönlich sehr spannend finde. Auch hier handelte es sich nur um sehr kleine Zuträgerrollen, die vom Drehbuch her „Soldier" hießen, also namenlos waren, wie so oft bei meinen Rollen. Natürlich konnte ich auch hier leider nichts von meinem Können als Schauspieler zeigen.

In der Serie „Alles was zählt" mit Tanja Szewczenko in der Hauptrolle, spielte ich einen kanadischen Eishockeytrainer, allerdings in Kanada angesiedelt. Von der Logik her verbietet sich somit eine Kauderwelsch-Sprache, in der ich wieder hätte gebrochen deutsch sprechen sollen, was der Regisseur eigentlich so beabsichtigte. Zum Glück konnte ich ihn davon überzeugen, dass ich die Rolle glaubhafter auf hochdeutsch rüberbringe, da die Story ja in Kanada stattfindet und ein Kanadier in Kanada nun mal seine Landessprache spricht und nicht irgendein Kauderwelsch. Andernfalls hätten die deutschen Rollen bei diesen Dialogszenen mit Kanadiern in Kanada, logischerweise in englischer Sprache angelegt sein müssen. Demzufolge wurde auch dem Regisseur klar, dass man nicht wieder in das alte Klischee zurückfallen muss, wo alles „Ausländische" fürs deutsche Publikum in gebrochenem Deutsch gesprochen werden muss. Gedreht wurde leider nicht in Kanada, sondern in Köln.

„Einmal Flüchtling und zurück", lautet der Titel einer Filmhochschulproduktion, in der ich in einer kleinen Rolle, den Chef einer Sicherheitsfirma spielte. Alles auf hochdeutsch. Die Frage stellte sich dem Regisseur André Diwisch auch nicht. Es gibt junge Regisseure, die zum Glück auf der Höhe der Zeit sind. Die Produktion ist zeitgemäß und sehr gelungen.

Kennen Sie Aida? Nein, ich meine nicht das Kreuzfahrtschiff, sondern das Musical von Elton John. Darin spielte ich am Colosseum Theater Essen zwei Jahre lang den König von Nubien namens Amonasro. Nach dieser Zeit gab es anschließend eine Tournee durch Deutschland und die Schweiz. Musicals als solche gefielen mir nicht, denn das Showgehabe mit Tanz und Gesang und die unnatürlich wirkenden Dialoge der Darsteller hatten mich schon immer abgeturnt. Ich erinnere mich, wie ich als Jugendlicher irritiert und entnervt reagierte, als im Fernsehen ein scheinbar alter Film lief – genauer gesagt die West Side Story, was ich aber damals nicht wusste – und es einen Moment gab, in dem die Darsteller auf einmal zu singen begannen. Das war für mich der Anfang vom Ende. Was sollte das denn? Wenn überhaupt, wollte ich die „Jets" und „Sharks" sprechend oder kämpfend sehen. Kurzerhand schaltete ich um. Per Hand und Knopfdruck wohlgemerkt, eine Fernbedienung hatten wir damals nicht. Das war's also mit meinen Musicalimpressionen.

Aber dann, im Jahr 2003, sollte es doch ganz anders kommen, denn ich erhielt eine Anfrage für die Rolle des Königs Amonasro aus dem Stück Aida. Eine Agentin sagte mir, dass man unbedingt einen Schauspieler und keinen Musicaldarsteller für diese kleine Rolle suche, und fragte, ob ich interessiert wäre. Ich war fast geneigt abzulehnen, willigte dann aber doch ein, am Vorsprechen teilzunehmen.

Das erste fand am Theater am Potsdamer Platz statt, und ich war verwundert darüber, dass der dortige Leiter der Audition, so heißt ein Vorsprechen im Musical, mich zur zweiten Audition nach Hamburg einlud, denn ich empfand meine Vorsprechleistung als nicht besonders gut. Im Frühjahr 2003 fuhr ich dann erneut mit dem Berlinlinienbus von Berlin nach Hamburg zur Fortsetzung der Audition. Nachdem ich insgesamt dreimal für diese Rolle vorgesprochen hatte, musste ich einige Tage der Ungewissheit und des Wartens hinnehmen, bis ich einen Anruf einer Mitarbeiterin des Colosseum Essen erhielt und sie mir sagte, dass man sich für mich als Erstbesetzung für die Rolle entschieden hätte. So merkwürdig es klingen mag, ich wusste nicht, ob ich mich freuen sollte oder nicht, weil mir die Mitarbeiterin sagte, dass der Aufführungsort Essen und nicht Berlin sei. Sie spürte meine Irritation und fragte, ob dies ein Problem für mich darstelle. Nach kurzem Zögern verneinte ich und sagte ihr zu.

Kurz zuvor hatte ich mich dazu entschlossen, ein Sozialpädagogikstudium an der Alice-Salomon-Fachhochschule Berlin aufzunehmen, und ich befand mich dort im ersten Semester. Die dortigen Verantwortlichen empfahlen mir, das Stück zu spielen und sagten, dass ich dafür Urlaubssemester einlegen müsste, danach dann aber mein Studium wieder fortsetzen könnte. Es sollte keine Rückkehr mehr geben, denn das Stück wurde um ein weiteres Jahr verlängert. In dieser Zeit lernte ich meine Frau kennen, und als sich dann unser Sohn ankündigte, war klar, dass es kein Weg mehr zurück zum Studium gab. Außerdem folgte nach den zwei Jahren in Essen eine einjährige Deutschland-Tournee.

Danach zog ich nach Dortmund und war überglücklich mit meinem neuen Familienvaterdasein. Das bin ich übrigens bis heute. Darüber hinaus hatte sich in der Zwischenzeit die Studienordnung geändert und der vierjährige Studiengang Sozialpädagogik wurde umgewandelt zum Bachelor Studium. Um mein Studium fortsetzen zu können, hätte ich nach Berlin zurückkehren und mich neu einschreiben müssen, was schon aufgrund der sehr hohen Bewerberzahl und des nun in Kraft getretenen erforderlichen Numerus clausus und meines mäßigen Abiturdurchschnitts unmöglich gewesen wäre.

Ich ging also nach Essen und spielte in dem Musical wieder einmal einen Afrikaner. Dieser durfte aber zumindest hochdeutsch sprechen. Die Rolle des König Amonasro in der Oper Aida ist gewichtig, hingegen in Elton Johns Fassung hatte sie nur eine kleine Sprechszene, die auch erst im zweiten Akt begann, wodurch ich abermals kaum etwas von meinen schauspielerischen Fähigkeiten zeigen konnte. Andererseits sicherte mir die Rolle meine Existenz und mir blieb sozusagen als Trost – im Sinne meiner Arbeit als Schauspieler –, dass ich durchweg positives Feedback für diese Rolle erhielt. Man sagte mir oftmals, dass man sich trotz der Kürze meines Auftrittes in einem fast dreistündigen Stück gut an mich erinnerte.

Mit diesen Beispielen meiner Rollenbesetzungen will ich auch verdeutlichen, dass es kaum Möglichkeiten für mich gab, mein Potenzial als gelernter Max-Reinhardt-Seminar-Schauspieler auch nur annähernd auszuschöpfen. Und dass es mir selten erlaubt war, mich als Schauspieler zu präsentieren, ohne die Bemerkung: „Sie müssen aber gebrochen deutsch sprechen ..."

„When doves cry" fällt mir in diesem Moment ein. Wahrscheinlich weil es in dem Song von Prince im engeren Sinne um Wut, Enttäuschungen, Unzulänglichkeiten und Zerrissenheit von Menschen geht sowie um die Verarbeitung von Trauer. Diese Ausführungen sind vielleicht in gewisser Weise meine Art der Verarbeitung der Trauer, oder es ist zumindest ein Seufzer, der nach all den Jahren und dem Erlebten übrig blieb. Denn traurig bin ich schon lange nicht mehr. Ich habe ein neues und zufriedenes Leben. Es fühlt sich so ganz anders an als das damalige. Ich fühle mich ausgeglichen, wertgeschätzt und einfach pudelwohl in meiner Haut.

Schon der damalige Besetzungsrassismus änderte nichts an der Tatsache, dass in der Bevölkerung die Uhren schon größtenteils anders tickten als die der verantwortlichen Theater- und TV-Macher. Das heißt, dass ich in diesem ganzen Theater- und TV-Wahnsinn auch etwas sehr Schönes für mich entdecken konnte, nämlich die Tatsache, dass ich nirgendwo, an keinem Ort, an dem ich als Theaterschauspieler unterwegs war, das Gefühl hatte, aufgrund meiner Hautfarbe nicht willkommen zu sein. Im Gegenteil, es kam sogar des Öfteren vor, dass sich augenscheinlich normale Theaterzuschauer mich zu meinen schauspielerischen Fähigkeiten beglückwünschten und mir mitteilten, dass sie hofften, mich bald in einer größeren Rolle wiederzusehen.

Auch sonst wurde ich nicht argwöhnisch betrachtet oder gar rassistisch beleidigt. Im Gegenteil – ich begegnete fast ausnahmslos Menschen, die mich unterstützten, egal, ob Bürger oder Bühnenmitarbeiter von Theaterhäusern. Nur um eine Situation hervorzuheben: Ich erinnere mich daran, wie ein Theaterinspizient am Landestheater Neuss sagte: „Wenn dir jemand was Böses will, dann würde selbst ich in meinem Alter noch mit 'nem Knüppel auf die Straße gehen."

Ich beobachte allerdings mit Sorge, dass sich im Zuge der noch aktuellen Flüchtlingssituation und Vorkommnissen wie zum Beispiel am Kölner Hauptbahnhof zu Silvester 2015, die Haltung vieler Menschen ändern und das Gebäude der Toleranz bei vielen einstürzen könnte. Dokumentationen mit TV-Interviews, geführt von „Menschen mit Migrationshintergrund", kommen zu erschreckenden Ergebnissen.

In einem dieser Interviews wird, obwohl hier geboren und deutscher Staatsbürger – dem Schubladenprinzip der Rasseneinteilung folgend – ein phänotypisch nordafrikanisch aussehender Journalist von den Befragten als Gefahr und Abschaum bezeichnet. Dieser Trend ist auch Wasser auf die Mühlen der Besetzungsrassisten.

Interessanterweise rannte das Publikum nicht in Scharen davon, weil ich auf der Bühne stand. Der Logik vieler Theater- und TV-Verantwortlichen folgend, hätte das aber das Ergebnis ihrer Argumentation sein müssen. Durch diese Behauptungen, die zugleich Ablehnungen entsprachen, wurde aber letzten Endes mein Kampfgeist gestärkt und mein Wille, es in anderen Berufsbereichen zu schaffen, in denen ich, wie gesagt, durch meine Leistung überzeugen konnte und in denen ich nicht von vornherein nur aufgrund meiner Hautfarbe abgelehnt wurde. Schließlich hatte ich erkannt, dass ich im Schauspielberuf von den Verantwortlichen wohl immer würde benachteiligt werden.

Übrigens, ist Ihnen schon einmal aufgefallen, dass zum Beispiel TV-Kommissare, die bereits fester Bestandteil von „Tatort-" oder „Polizeiruf"-Produktionen sind, oft auch in anderen TV-Produktionen mitwirken? Wie zum Beispiel Ermittler aus dem Kölner Tatort oder Tatorten aus Berlin, Hannover, Münster, um nur einige wenige zu nennen. Letzteres Team, was sich im Übrigen im Goldenen Buch der Stadt als Ehrenbürger eintragen durfte, verlangte pro Person und Folge eine Gage von 250.000 Euro. Ob sie diese durchgesetzt haben ist mir nicht bekannt, dennoch wurde laut Insiderberichten eine Gage im sechsstelligen Bereich pro Folge vereinbart. In anderen Produktionen dürfen sie sich zudem komplett anderen Rollen zuwenden, was für einen Schauspieler ideal ist, um sich dadurch künstlerisch ausprobieren zu dürfen. Die zusätzlichen Gagen nicht zu vergessen.

Auf der anderen Seite könnte man aber auf den Gedanken des Interessenkonfliktes kommen. Von den Verantwortlichen scheint sich aber niemand daran zu stoßen. Merkwürdig. Wieso eigentlich nicht? Mir sagte man immer, ich könne nicht parallel in einer anderen Produktion auftreten. Man könne das nicht riskieren, war dann immer die Behauptung der Verantwortlichen, und es wurde damit begründet, dass der Zuschauer die mögliche Konfusion nicht verkraften würde, wenn ich parallel in anderen Produktionen auftauchte.

Kollegen und Menschen in meinem engeren und weiteren Bekanntenkreis fällt diese Tatsache des „Rollenhoppings", wobei viele prominente Serienschauspieler parallel in unterschiedlichen Produktionen auftauchen, auch auf, vielen auch unangenehm.

Das finde ich in gewisser Weise beruhigend, da ich offensichtlich keine gestörte Wahrnehmung habe. Wenn ich an die Begegnungen mit Entscheidern in großen Sendern denke, dann wundert mich im Grunde überhaupt nichts mehr an dieser Besetzungspraktik. Die großen Sender pflegen sie, bis auf sehr wenige Ausnahmen. Alles geschieht aber unter dem Deckmäntelchen der Toleranz, und es wird unter anderem so getan, als sei eine zeitgemäße Besetzung in TV-Produktionen das vordringlichste Problem auf der Tagesagenda. Beispielsweise lässt der Intendant dieses großen Senders mit Sitz in Köln, der zuvor im ersten deutschen

Fernsehen eine Nachrichtensendung moderierte, keinen Handlungsbedarf erkennen. Durch seine freundlich wirkende Art erweckt er nicht den Eindruck, als stehe er eben genau für diese fragwürdige Programmpolitik. Aber genau das entspricht der nüchternen Wahrheit. Zudem fallen die kleinen multikulturellen Projekte dieser Stadt, streng genommen, beim großen TV-Publikum nicht ins Gewicht und sie bedeuten auch kein Beschreiten eines neuen Weges hin zu Produktionen, die ein multikulturelles Abbild der Gesellschaft zum Ergebnis hätten. Wobei die Entscheider dieses Senders, aber auch die der anderen großen, ihr Handeln als gelungenen Akt des Fortschritts erachten, sie aber dabei nicht merken (wollen), dass es bei vielen betroffenen Schauspielern – mit sogenanntem Migrationshintergrund – wie ein peinliches Entschuldigungshandeln wirkt. Im Grunde wissen die Entscheider, dass sie gar nichts verändern wollen. Wie gesagt, die Öffentlich-Rechtlichen hätten eigentlich den Auftrag, ein getreues Bild der Bevölkerung der Bundesrepublik Deutschland in ihren Programmen darzustellen, sie sind aber noch Lichtjahre davon entfernt. Um TV-historisch im Bild zu bleiben, befinden wir uns diesbezüglich noch in den 1950er-Jahren.

Als ich mich im Winter des Jahres 1991 persönlich im Besetzungsbüro dieses Senders in Köln befand, um mich vorzustellen und dabei der verantwortlichen Mitarbeiterin des Besetzungsbüros mitteilte, dass ich am Max-Reinhardt-Seminar Schauspiel studiert hatte und aktuell in einem Tourneetheaterstück mitwirkte und mich gerne auch für TV-Rollen empfehlen würde, schaute sie mich an, als käme ich von einem anderen Stern. Dieses Phänomen erlebte ich auch bei dem damaligen Besetzungsverantwortlichen Herrn B., der für einen großen Sender in Mainz tätig war. Die damaligen Mainzelmännchen konnten mir noch eine gewisse Hoffnung auf Humor machen, in der Realität kann er einem durch die dort ebenfalls gelebte rückwärtsgewandte Art der Rollenbesetzung vergehen. Bei einem großen Sender im Süden Deutschlands antwortete man mir auf meinen Brief, dessen Inhalt die Besetzungsthematik hatte, dass es noch ein sehr langer Weg bis zur Normalität sei. Ich entgegnete, dass diese Verantwortlichen doch als Trendsetter tätig werden könnten, um diese Situation zu verändern, aber ich stieß weiterhin auf taube Ohren. Man ist sich der Problematik bewusst, aber es sei halt noch ein weiter Weg, so deren Ausführungen.

Deutschland ist schön

Durch Theatertourneen hatte ich auch die Möglichkeit (heute sage ich: das Privileg), als Schauspieler größere Städte und Hunderte kleinerer Orte in Deutschland kennenzulernen und durch Dreharbeiten in der Schweiz, Italien und Kenia andere Länder und deren Bürger erleben zu dürfen. Unvorhergesehenerweise hatte ich durch diese Theatertourneen meine Liebe zu Deutschland erst richtig entdeckt.

Deutschland ist ein wunderschönes Land. Es ist kaum in Worte zu fassen, aber ich erinnere mich, wie wohl ich mich in dieser Tourneezeit gefühlt habe, ein Bürger Deutschlands zu sein und zu wissen, dass Deutschland meine Heimat ist, dass ich ein Deutscher bin, mit allem Drum und Dran. Das heißt, von der Sprache über die Mentalität zur Kultur und dem Bewusstsein, dass ich mütterlicherseits Teil eines ur-deutschen Stammbaums bin. Was die Tourneeorte anging, erstreckten sie sich von Norddeutschland über Niedersach-sen, das Ruhrgebiet, die Pfalz, Baden-Württemberg, das Saarland, Bayern bis nach Österreich und zur Schweiz, wo das Tourneeunternehmen namens bühne 64 Zürich ansäs-sig war. Dadurch wirkten viele Impressionen auf mich ein, die mich nachhaltig emotional berührten. Angefangen von Mentalitäten und Erlebnissen und Begegnungen mit wun-derbaren Menschen aus Nord-, Süd- und Westdeutschland über wunderschöne Landschaften mit Wäldern, Seen, Bä-chen, der Nordsee und den damit verbundenen Waterkant-eindrücken bis hin zu Feldern und Dörfern mit ihren Dorf-plätzen und Dorfkirchen. In vielen Kleinstädten gab es noch Altstadtkerne und zur Weihnachtszeit fand man nicht nur dort heimelige, wunderschöne Weihnachtsmärkte.

Von diesen landschaftlichen Eindrücken geprägt, war ich auch nachhaltig beeindruckt von Aufführungsorten, wie Schulaulen, Festsälen, Stadttheatern und dem Congress Center Hamburg, wo ich in einem Theaterstück namens „A taste of honey" mitwirkte, das in einem Saal mit 1.500 Zu-schauern aufgeführt wurde. Überall erhielten wir frenetri-schen Beifall und es gab nie Probleme irgendwelcher Art. Einzig in Marl, als wir für einen Abend im dortigen Theater gastierten, gab es sie, da dort alle Schauspieler und Tour-neemitarbeiter beklaut wurden. Wie sich viel später, durch einen sogenannten Maulwurf herausstellte, hatten feste Mitarbeiter des Hauses sich auf Diebstähle bei Tourneegäs-ten spezialisiert. Zum Zeitpunkt des Vorfalls wurde eine Strafanzeige erstattet, die Täter aber nie ermittelt.

Die Spielorte konnten unterschiedlicher nicht sein, hatten aber alle ein bestimmtes, kaum in Worte zu fassendes Flair. Diese Deutschlandreiseerfahrungen und die Gedanken an die Landschaften und Spielorte haben in mir ein Wohlgefühl und eine Sehnsucht ausgelöst. Nach Beendigung der Tourneen hing ich oft lange, zu lange diesem Gefühl und den Gedanken an diese Zeit nach. Was die Tourneen und meine Theaterzeit angeht, so blicke ich gern zurück auf diese Zeit und sage heute, dass eine kurze Nostalgiereise niemals schaden kann. Frei nach dem Motto von Jean-Paul (eigentlich Johann Paul, er war ein deutscher Schriftsteller): „Die Erinnerung ist das einzige Paradies, aus dem man nicht vertrieben werden kann."

Auf jeden Fall kann mir niemand meine damaligen Erlebnisse nehmen, und ich bin froh, dass ich damals offen dafür war, diesen Weg zu gehen und mich nicht durch andere habe beirren lassen, die mir nahelegten, in meinem damaligen Heimatort Berlin einem bürgerlichen Beruf nachzugehen. Ich nahm mir das Recht, mich auszuprobieren, um mehr Klarheit und Erkenntnisgewinn für mich zu erhalten. Auch in meiner jetzigen Lebensphase, in der ich 56-jährig buchstäblich in den letzten Streckenabschnitt der Berufserwerbsrennstrecke komme, bleibe ich noch immer offen für Neues.

Meine Devise lautet: Nörgler und Zweifler labern lassen. Niemals stehen bleiben. Immer offen und wachsam sein. Sich die Fähigkeit bewahren, zwischen den Zeilen zu lesen. Träume und Wünsche haben. Sofern Sie sich noch unsicher sein sollten, könnte diese Devise vielleicht auch hilfreich für Sie sein.

Die Entscheidung, aufzubrechen

Die Wahrscheinlichkeit, dass ich eine Rolle eines hier lebenden Deutschen verkörpern dürfte – eingekleidet in eine Krimi- oder Familiengeschichte –, geht nach meinen Erfahrungswerten gegen null. Diese Erkenntnis brachte mich nach einem langen Prozess des Abwägens zu der Entscheidung, den Schauspielberuf an den Nagel zu hängen.

Rückblickend durchlief ich dabei drei Phasen: die erste war die Erkenntnis der Sinnlosigkeit und der Kampf gegen Windmühlen, als afrodeutscher Schauspieler in Deutschland Karriere machen zu können, die zweite Wut und Ärger über die besetzungsrassistischen Rahmenbedingungen und die dritte eine Phase der Traurigkeit, gefolgt von einer stillen Einkehr.

Danach wollte ich einen neuen Berufsweg einschlagen, bei dem mein Alltag nicht durch Hoffen und Bangen geprägt ist, sondern durch produktive Aktivität, mit der ich greifbarere Erfolgserlebnisse durchsetzen konnte. Ich wollte „Täter" sein, nicht „Opfer". Unabhängig und selbstbestimmt. Als Schauspieler ist diese Haltung nur sehr bedingt möglich. In den 1980er-Jahren gab es nur wenige Schauspieler-Agenturen, da die Eröffnung einer solchen mit komplizierten Auflagen versehen war. Erst in den 1990er-Jahren wurden diese fallen gelassen und jeder Dahergelaufene durfte sich als Agent bezeichnen. Das führte auch zu vielen Irritationen und Negativerlebnissen bei Schauspielern, da diese sogenannten Agenturen schnelles Geld machen wollten, aber kaum Ahnung von der Materie hatten.

Als ich im Jahre 1989 auf der Suche nach einer Agentur war, sagte mir eine in München ansässige ehemalige Agentin aus Österreich, dass sie nicht glaube, dass ich in Deutschland als dunkelhäutiger Schauspieler Karriere machen würde. Ich solle mich damit abfinden, so ihre Worte. Ich kann mich noch heute an das Telefonat mit ihr erinnern, dass ich mit ihr führte, nachdem ich ihr zwei Wochen zuvor meine Demo-Videokassette zugeschickt hatte. Daraufhin signalisierte sie mir zunächst, dass ihr mein Spiel gefiele und dass sie sich vorstellen könne, mit mir zusammenzuarbeiten. Sie müsse aber erst noch Freunde dazu befragen. Das Ende vom Lied ist bekannt. Die Ironie der Geschichte ist, dass sie recht behalten sollte, was mich zunächst geärgert hatte, mir aber mittlerweile ein müdes Lächeln abringt, da – wie gesagt - der Besetzungsrassismus bei Film/TV-Produktionen in Deutschland Alltagsgeschäft ist und bei Besetzungen praktiziert wird. Es hat sich seit damals kaum etwas verändert.

Daher wagte ich den großen Schritt von der Traum- in die reale (Berufs-)Welt. Vor allem, um nicht mehr von den Entscheidern abhängig zu sein und mein Berufsleben selbst zu bestimmen. Eine wesentliche Erkenntnis für mich dabei war, dass auch bei anderen Schauspielkollegen, egal welcher Couleur, der Alltag (nebst Klinkenputzen) von einer täglichen vagen Hoffnung auf ein Engagement geprägt war.

Ein Schauspieler kann extrem aktiv in seiner Eigenwerbung sein, er bleibt aber schlussendlich zur Passivität verdonnert, und zwar so lange, bis ihm eine Rolle angeboten wird. Er kann, selbst durch ein gut ausgeklügeltes Selbstmarketing, keine Rollen bei Entscheidern erzwingen und ist im Falle anhaltender Arbeitslosigkeit gehalten, sich umzuorientieren oder zu versuchen, weiterhin als Freischaffender im Schauspielberuf zu überleben. Die bittere Wahrheit dürfte aber für die meisten Schauspieler in einem Leben am Rande des Existenzminimums, also eines Hartz-IV-Empfängers, liegen. Der Titel „freischaffender Schauspieler" klingt vielleicht nach Unabhängigkeit und Selbstständigkeit, aber das ist weit gefehlt.

Die Abhängigkeit als Schauspieler ist enorm, die Freiheit also nur trügerisch. Man ist schlussendlich abhängig vom guten Willen der Regisseure, Produzenten oder Redakteure. Arbeitstechnisch findet man sich immer in einem befristet abhängigen Angestelltenverhältnis wieder, da man in einer Produktion für Fernseh- beziehungsweise Filmfirmen oder am Theater als Gastschauspieler arbeitet. Ausnahmen bilden hier die festen Engagements am Theater, aber auch dort arbeitet man im Angestelltenverhältnis, und nach einem Intendantenwechsel werden die Karten meist neu gemischt und die Schauspieler müssen sich ein neues Engagement suchen. Der Hauptteil der Arbeitssuche bei Schauspielern besteht also in der Akquise; dazu gehört die Bereitschaft zu nimmermüdem Tatendrang, um Vorsprechen fürs Theater oder Drehtage zu generieren und im Vorfeld die dafür nötigen Termine bei den entsprechenden Institutionen zu ergattern; ein Netzwerktreffen hier, ein Netzwerktreffen dort, um sich irgendwie ins Spiel zu bringen. Die Frage ist, ob dann auch potenzielle Verantwortliche dabei sind, die unbesetzte Rollen zu vergeben haben. So weit, so gut.

Das ist der Berufsalltag für einen im Engagement befindlichen oder einen arbeitslosen Schauspieler. Bei Verantwortlichen hatte ich immer wieder versucht, Impulse hin zu einer weltoffenen Haltung zu setzen, aber es war aussichts-los. Ich war bereits damals langsam zu der Einsicht gelangt, dass man die Welt wohl nicht in allen Bereichen ändern kann. Es geht stattdessen darum, für sich selbst eine Strategie zu finden, mit der man den Versuch unternimmt, Dinge zu verändern, ungeachtet der Tatsache, dass sich das gewünschte Ergebnis nicht sofort einstellt. Die Tat zählt.

Bei Ihnen bezieht sich dies auf Ihre jetzige Situation und Ihre Wahl zwischen dem Angestelltendasein und Ihrer zukünftigen Selbstständigkeit oder beruflichen Veränderung. Die Haltung der, mit Verlaub, rückwärtsgewandten Betonköpfe auch in anderen Berufsbereichen mag derzeit noch nicht veränderbar sein. Deshalb geht es für den Einzelnen entweder darum, die Sackgasse hinzunehmen, oder darum, nach neuen Wegen zu suchen. Es geht um die Entscheidung, ob man den frustrierenden Umständen weiter ausgesetzt sein will oder nicht.

Im Schauspielbereich wird die Zeit – im Zuge der sich rasant durch Zuwanderung verändernden Gesellschaft – kommen, in der die Frage der Besetzung von TV- und Theaterproduktionen nach dem phänotypischen Erscheinungsbild von Schauspielern nicht mehr verknüpfbar sein wird mit den Klischeevorstellungen der Verantwortlichen darüber, wer als deutsch aussehend zu gelten hat und wer nicht. Bis dies in der Branche zur Selbstverständlichkeit wird, kann ich aber nicht warten. Es könnte nämlich durchaus noch ein bis zwei Generationen dauern. Auch wenn es ketzerisch klingen mag: ich bedanke mich bei den rückwärts gewandten Betonköpfen von Entscheidern, weil sie mich zu der Einsicht brachten, dass es für mich einen nahezu aussichtslosen Kampf bedeutet hätte, weiter zu versuchen, dort Fuß zu fassen und auf Unvoreingenommenheit bei Vorsprechen und bei Besetzungen zu hoffen.

Als ich vor Jahren in Berlin für einen Termin bei einer Synchronfirma unterwegs war, erlebte ich eine schöne Szene. Die Sonne schien und an einer Bushaltestelle beobachtete ich im Wartehäuschen einen Mann, der ein Selbstgespräch zu führen schien. Als er dann eine vor ihm laufende Taube sah, sprach er mit ihr in breitestem berlinerisch und sagte: „Na, wie jeht`s? Haste Hunger? Jeh`doch mal rüber zum Bäcker und frag`ob de ne Schrippe haben kannst. Kommste wieder rüber, mach ick dir kleen." Ein schöner Moment, der mir bewusst machte, dass ich bei aller Ablehnung meinen Humor nicht verlieren darf.

Mir fallen in dem Zusammenhang zwei weitere "Sketche" ein, die ich als ähnlich humorvoll erachte. Ein älterer Herr motzte jemanden im Bus an, wonach er von einem anderen Fahrgast mit den Worten zurechtgewiesen wurde: "Selber schon Sand inne Tasche, aber `ne große Fresse haben." Oder in einer anderen Situation, als ein Fahrgast den Busfahrer beschimpfte, der wiederum entspannt durchs Mikrofon entgegnete: "Pass' ma uff, sonst komm ick da na hinten und zieh` dir de Nese durch de Schuhsohle."

Beide Situationen eskalierten nicht. Man hatte nie das Gefühl, dass sie zu ernsthaften Auseinandersetzungen hätten führen können, denn die Kontrahenten waren einsichtig und brabbelten nur noch vor sich hin und gingen weiteren Streitigkeiten aus dem Weg. Diese Szenarien versprühen Berliner Humor, wie ich finde. Mein Humor.

Mir reicht's oder Der Aufbruch

Dazu möchte ich Ihnen gerne als Inspiration für Ihren
neuen Weg
Folgendes schildern: Ich bekam zwar keine Engagements
als „deutscher Schauspieler" oder wollte, wie gesagt, kein
Nischenrollendasein mehr führen und hatte dennoch nie
das Gefühl, je eine falsche Berufsentscheidung getroffen zu
haben.

Erst in meiner Lebensphase ab 42 Jahre, in der ich als Familienvater zudem eine gewisse Einkommenssicherheit
wollte, änderte sich meine Haltung zum freischaffenden
Schauspielerdasein. Ich wollte mich nicht mehr diesem Leben aussetzen, bei dem man von der Hand in den Mund
lebte. Eine gewisse Zeitspanne zwischen Schauspielengage-
ments hätte ich selbstverständlich hingenommen, aber die
war bei mir, aus besagten Gründen, nicht gegeben. Deshalb
suchte ich nach einer Tätigkeit mit monatlich geregeltem
Einkommen, und zwar in meinem Wohnort. Aber welche
Tätigkeit sollte das sein? Ein Jahr der Arbeitslosigkeit vergeht schneller, als man denkt. Es beginnt mit der umfangrei-
chen Stellensuche gefolgt von Bewerbungsmappen, die man
erstellen, oder Online-Bewerbungen, die man durchführen
muss, und endet im Idealfall mit einem Bewerbungsge-
spräch. Allerdings setzt dies eine Einladung dafür voraus.
Erst nach erfolgreicher Bewältigung des Bewerbungsver-
fahrens erhält man eine Stelle, ansonsten bedeutet es die
Fortsetzung der Stellensuche. Wie gesagt, nach einem Jahr
Bezug des ALG I wird man automatisch zum Alg-II-Bezieher,
also zum Hartz-IV-Empfänger. Nach fast einem Jahr hartnä-
ckiger, aber erfolgloser Bewerbungsversuche drohte auch

mir das Schicksal. Als einzige Alternative für ein berufliches Fortkommen erwies sich für mich eine Umschulung.

Mit meiner beruflichen Vorgeschichte gab es im Wesentlichen nur zwei Optionen: Auf der einen Seite die Umschulung zum „Assistenten der Altenpflege" und auf der anderen Seite die Umschulung zum Erzieher. Allerdings ging dies auch nicht ohne Weiteres und ich war ja darauf angewiesen, dass mir das Center für Jobs die Umschulung finanziert. Hätte mich irgendetwas im Software- oder PC-Bereich interessiert, wäre es für mich aufgrund meiner Erwerbsbiografie formaljuristisch nicht möglich gewesen, hierfür von den Center für Jobs-Verantwortlichen eine Genehmigung für eine Umschulung zu bekommen.

Nur um Ihnen einmal die Situation zu skizzieren: Die Altenpflege konnte ich mir persönlich nicht vorstellen, denn der Gedanke, die mir liebgewonnen Menschen bis zu deren Tod begleiten zu müssen, machte mir Angst. Dagegen konnte ich es mir gut vorstellen zukünftig als Erzieher zu arbeiten, da ich die Kinder ein stückweit auf ihr Leben vorbereiten und in diesem Beruf sinnhaft für das Potenzial unser aller Zukunft gut mitwirken kann. Das Potenzial heißt Kinder. Dieser Schritt, eine Erzieher-Umschulung in die Wege zu leiten, war schwer, und es kostete mich auch zunächst viel Überzeugungsarbeit, den zuständigen Vermittler beim Center für Jobs davon zu überzeugen, da er den Auftrag hat, die Leute schnellstmöglich auf den ersten Arbeitsmarkt zu bringen.

Aber was hätte das für mich bedeutet, ohne Ausbildung? Nur mit einer Schauspielausbildung in der Tasche? Das Ende vom Lied wäre sicherlich ein Erwerbsleben in prekären Berufsbereichen gewesen. Ich hätte bis zur Rente in Helfertätigkeiten und im Dienstleistungsbereich arbeiten müssen.

Zum Glück gelang mir der Schritt mit der Umschulung zum Erzieher, mit dem ich raus aus der Arbeitslosenfalle und rein in ein zukunftsweisendes Berufsfeld kam. Um es vorwegzunehmen: Sieben Jahre nach meiner Umschulung zum Erzieher hatte ich mein Berufsleben in eine Mischung aus Freiberuflichkeit und Angestelltendasein umgewandelt.

Wie gesagt, niemals stehen bleiben und immer wachsam sein und versuchen, etwas zu verändern, wenn man das Gefühl hat festzustecken. Zunächst flüchtete ich mich geradezu in den Erzieherberuf, auch weil ich als männlicher Erzieher hervorragende Chancen auf dem Arbeitsmarkt, auf Deutsch gesagt, durch eine Vielzahl von Jobangeboten die Qual der Wahl hatte und nicht mehr dazu verdammt war, in der Warteschleife der Arbeitslosen zu versauern, sondern sofort Geld verdienen konnte. Diese grandiose Erzieher-Stellenmarktlage ließ mich das umgekehrte Bild der schlechten Jobchancen eines afrodeutschen Schauspielers erleben. Zudem schätze ich die Arbeit mit Kindern und Jugendlichen und sie ist obendrein zukunftsweisend und man wird von ihnen wertgeschätzt. Vermutlich brauchte ich auch das Gefühl im Beruf, aufgrund meiner Kompetenzen angenommen und nicht wegen meiner Hautfarbe abgelehnt zu sein. Allerdings war es für mich eine neue Erkenntnis, dass ich nicht auf Gedeih und Verderb in derselben Kita-Einrichtung verbleiben musste, sondern – aufgrund der sehr guten Arbeitsmarktlage – die freie Wahl hatte. Somit entschied ich mich nach zwei Jahren Erziehertätigkeit in städtisch reglementierten Kitas, mir einen anderen Arbeitgeber und einen neuen Arbeitsbereich zu suchen. Sicher ist, dass es auch freie Träger und Elterninitiativen gibt, deren Mitarbeiter ihren Arbeitsalltag etwas flexibler gestalten und ein kommunikativeres Miteinander pflegen; im Gegensatz dazu stehen städtische Träger mit ihren vielfach starren, trägen Verwaltungsapparaten, bei denen korsettartige Vorschriftengebilde im Zentrum des Handelns stehen, die an die jeweiligen Kitas und Kinder- und Jugendeinrichtungen weitergeleitet werden. Hinzu kommt die hanebüchene Starrsinnigkeit vieler städtischer Personaler in ihrem Umgang mit dem Erzieherpersonal.

Zwar unterliegen sie selbst diversen Vorschriften, doch sie haben einen Ermessensspielraum bei der Besetzung von Planstellen. Sie und ihre Vorgesetzten sind durch ihren vorgegebenen Personalschlüssel mitverantwortlich für die zu bemängelnde Personalsituation in den Kitas. Das wird gerade auch am Beispiel der viel gepriesenen Inklusion sichtbar. Bei dieser sollen die Integrationsfachkräfte eigentlich für die betroffenen Kinder zuständig sein, faktisch sind sie aber mitverantwortlich für die durchschnittlich 20 Kinder in der Kitagruppe.

In den Gruppen gibt es meist jeweils zwei Vollzeitkräfte. Fällt dann die Integrationskraft durch Krankheit aus, muss die andere, einzig verbliebene Vollzeitkraft deren Aufgabe mitübernehmen. Zudem ist auch die generelle Situation der Unterbesetzung in den städtischen Kitas in eklatantem Maße feststellbar, dennoch wird in der dortigen Stadtverwaltung geradezu phlegmatisch nachgesteuert, wenn es zu längerfristigen krankheitsbedingten Personalausfällen bei Erziehern kommt. Leider ist dieses Procedere Ländersache und wird auf kommunaler Ebene geregelt. Ich kann mir den

Seitenhieb nicht verkneifen, aber ich habe den Eindruck, dass man in NRW wohl lieber weniger Lehrer und damit mehr Unterrichtsausfall und weniger Erzieher in den Kitas – was zu schlechterer frühkindlicher Bildung führt – in Kauf nimmt, als für eine angemessene Lehrer- und Erzieherbesetzung zu sorgen, wie sie zum Beispiel in Bayern praktiziert wird. Die Besetzungsquote ist dort doppelt so hoch wie in NRW.

Ein weiteres Problem bei dieser Behörde betrifft die Bearbeitung von sogenannten Umsetzungsanträgen für Erzieher. Hierbei sind monatelange Verzögerungen zu verzeichnen, wenn sie mit einem solchen Antrag – aufgrund von Problemstellungen mit Kollegen oder Vorgesetzten in den Einrichtungen – innerhalb der Stadt in eine andere Kindergarten-Einrichtung wechseln möchten. Diese Institution in der dortigen Stadtverwaltung hat einen Namen, der so ähnlich klingt wie FABRIKO und ist quasi der städtische Eigenbetrieb für sämtliche sogenannte familienergänzende Bildungseinrichtungen dieser Stadt. Diese Stadtverwaltung, allen voran die sogenannten Stadtmänner und Personalverantwortlichen für Erzieher und Kitaleitungen, macht dem vorwiegend schlechten Image deutscher Verwaltungen alle Ehre. Ich fand dieses Bild für mich bestätigt, nämlich durch meine Erlebnisse in der täglichen Arbeit. Obendrein durch Begegnungen mit einem für mich zuständigen Stadtmann, der seit 25 Jahren im selben Büro sitzt.

Um Fragen hinsichtlich anderer Einsatzbereiche zu klären, war ich des Öfteren in seinem Amtsbüro. Übrigens haben sich mir Kolleginnen bei Gesprächen in Pausensituationen offenbart, die ihn, aufgrund zweideutiger Äußerungen, als unangenehm erlebt haben. In seinem Büro hatte ich geradezu das Gefühl, die Umständlichkeit der Dienstwege in städtischen Verwaltungen und das daraus resultierende, quälend langsame Tempo bei Arbeitsprozessen klar demonstriert zu bekommen. Es handelte sich zwar nur um einen Eindruck, aber er war nachhaltig. Willkommen in der Arbeitswelt der Amtsstuben.

Was die Resonanz auf meine Arbeit als bilingualer Erzieher - also ein englischsprechender Erzieher im deutschen Umfeld - anging, so war sie durchweg positiv, sowohl vonseiten der Eltern als auch von der Kita-Leitung. Insbesondere die Eltern äußerten ihr tiefstes Bedauern darüber, dass ich die Einrichtung verließ. Diese Aussagen unterstützten sie durch wunderschöne, von den Kindern und Eltern selbst hergestellte Geschenke und Briefe, in denen ihre Dankbarkeit für meine Arbeit und zugleich ihre und auch die Traurigkeit ihrer Kinder zum Ausdruck kamen. Was mein Ausscheiden anging, war dafür der gerade etwas näher beschriebene Stadtmann zuständig. Er schickte mir nach vier Wochen Wartezeit mein Zeugnis zu, das mich in äußerlich zerknitterter Form, in einen 110 x 220 cm Umschlag gefaltet und mit vielen Formfehlern versehen, erreichte. Ganz zu schweigen von inhaltlichen Aussparungen. Anleitende Tätigkeiten für Studenten im Praktikum, die ich als bilingualer Erzieher durchgeführt habe, wurden im Zeugnis nicht erwähnt. Auf die Bitte zur Korrektur reagierte er auch nach mehrmaliger Aufforderung nicht. Diese Aktion ließ Rückschlüsse auf seine Arbeitsmoral zu und in Bezug auf seine nachtragende Haltung tief blicken.

Bei den freien und privaten Trägern besteht mitunter die Problematik der ungewissen Finanzlage. Die dort gängige Praxis bedeutet für Neueinsteiger der Erzieher- und Sozialberufe, Arbeitsverträge akzeptieren zu müssen, die oft nicht tarifgebunden sind und die durch geschickte Umtitulierung der Einsatzbereiche mehrfach befristet werden können. So entgehen sie dem Kettenvertragskriterium. Hinzu kommt, dass oftmals der Stundenumfang bei Mitarbeitern reduziert wird mit der Begründung, keine Vollzeitplanstelle mehr zu haben.

Derzeit sind Erzieher immer noch gefragt, aber an dem besagten Sparkurs bei Neueinstellungen wird festgehalten. Der Kämmerer der Stadt ist zwar weisungsgebunden, hat aber sehr wohl einen eigenen Gestaltungsspielraum, was Stellenbesetzungen angeht.

Er könnte zum Beispiel mehr Gelder für das Kita- und Sozialarbeiterpersonal freisetzen, aber es hat den Anschein, als benötigten er und der Oberbürgermeister die finanziellen Mittel, um den stadtbekannten Turm im Zentrum dieser Stadt zu subventionieren, nur um ein Beispiel zu nennen. Anstatt dort nicht nur ein Zentrum für Kunst, also sozusagen l`art pour l`art zu implementieren, wäre es sicherlich sinnvoll, zum Beispiel Sponsoringexperten für ein ausgeklügeltes Sponsoringsystem herbeizuziehen, um die Stadtkasse zu entlasten, denn bis heute muss der Turm subventioniert werden, ansonsten wäre er nicht überlebensfähig.

Der Bund der Steuerzahler kritisiert die explodierenden Betriebskosten des Turms, die sich auf 10 Millionen Euro pro Jahr belaufen. Das Sponsoring, als Marketinginstrument, wird offenbar nicht in Betracht gezogen, auch wenn die Nebenwirkungen dieses Instrumentes ein „Gschmäckle" hätten. Verzeihen Sie mir meinen zynisch klingenden Unterton, aber es scheint so zu sein, dass Prestigeprojekte Vorrang haben vor dringend erforderlichen Investitionen, zum Beispiel für die Instandsetzung von Schwimmbädern, für die zahlreichen maroden Straßen und Brücken, für mehr und besser bezahltes Personal im Kita- und Sozialbereich, für die vielen öffentlichen Kinderspielplätze, die vor sich hin marodieren und für die es nicht einmal Personal für die regelmäßige Pflege, sprich das Mähen des Grases gibt. Traurig, aber wahr. Was geschieht mit einem mittelständischen Unternehmen, das so wirtschaftet? Es müsste Insolvenz anmelden. Es wäre pleite. Um dieses Bild auf die städtische Situation zu übertragen, wäre es im Falle der Prestigeobjekte vorbildhaft, wenn die Verantwortlichen Courage zeigen und eine Umkehr der bisherigen Entscheidungen einleiten würden. Als Eingeständnis dafür, dass man falsche politische Entscheidungen auch revidieren kann.

Jedenfalls ließen sich mit den Geldern der Umbauinvestitionen und Betriebskosten des Turms die vorher genannten „Baustellen" finanzieren. Man mag mir politische Naivität vorwerfen, aber es geht bei diesem Gedankengang auch um einen Neuanfang, um eine Sichterweiterung und schließlich um divergentes Denken.

Wenn es als Resultat dieses Ergebnis hervorbrächte, wären neue politische Zeiten angebrochen. Wenigstens auf kommunaler Ebene würde endlich einmal ein neues Signal gesetzt. Wäre das wirklich so abwegig und lägen darin nicht Chancen? Aber hätte, würde und wäre. Konjunktivisches Denken. Sie verstehen schon ...Jetzt bleibt erst einmal alles, wie es ist, und man hält an der verfehlten Politik fest. Und all das geschieht auch im Namen der großen (kleinen) sozialen (?) Volkspartei dieses (Bundes-)Landes. Sie ist schon lange nicht mehr die Partei des Volkes, des kleinen Mannes; sie ist eben schon lange nicht mehr die Partei, die sich ehrlich um soziale Belange kümmert und seine Menschen wirklich ernst nimmt. Schade, dass es für die betreffenden Politiker keine Strafen für Fehlinvestitionen und verfehlte Politik gibt. Die Streichung oder zumindest die Halbierung der hohen Pensionen wäre doch einmal ein radikaler Beschluss.

Mein eigener radikaler Beschluss sollte sich im Wechsel des abhängig angestellten städtischen Mitarbeiters hin zu einem Erwerbstätigen mit Auswahlmöglichkeiten, wie zum Beispiel einer Kombination aus freier Mitarbeiter und Angestellter, ausdrücken. Ich wollte dem ganzen Treiben der städtischen Verwaltungsstrukturen schlicht und ergreifend nicht mehr ausgesetzt sein. Ich wollte auf keinen Fall mehr fremdgesteuert als Befehlsempfänger reagieren, dauerhaft abhängig beschäftigt bei konvergent denkenden Bremsern und „Aussitzern". Diese finden sich in häufiger Anzahl auch ganz oben in der Stadtverwaltung. Denn wie heißt es so schön: „Der Fisch stinkt vom Kopf her." Und bei der um sich greifenden Streichung von Planstellen ist auch hier im städtischen Bereich nichts mehr sicher.

Sicher ist nur, dass hier im Bürgeramt vor einiger Zeit 500.000 Euro aus der Kasse der Bürgerdienste verschwanden. Wie sich herausstellte, bediente sich dort eine städtische Mitarbeiterin über Jahre hinweg aus ebendieser Kasse. Eine Strafe musste sie aber danach nicht befürchten. Ebenso wenig wie der aus dem Amt gejagte Oberbürgermeister, der behauptete, „die Stadt habe kein Haushaltsloch", denn laut seiner Darstellung „gäbe es nur zu wenig Einnahmen". Dies erinnert an einen derben Schildbürgerstreich oder an eine Posse, bei der einem allerdings das Lachen nachhaltig im Halse stecken bleibt, da es sich um den real existierenden Ex-Bürgermeister und seine Nachfolger handelt. Es gab nicht einmal eine Aufarbeitung des fahrlässigen Handelns des Vorgängers, der dieses Haushaltsloch zu verantworten hat. Der jetzige Oberbürgermeister und sein Kämmerer zeichnen sich diesbezüglich durch Schweigen und Aussitzen aus, während der Vorgängeroberbürgermeister unbehelligt seine monatlich fünfstellige Beamtenpension einstreicht. Dieser Umstand ist nur noch mit Galgenhumor zu ertragen.

Ich wollte nicht mehr auf die sinnbildliche städtische Kasse setzen, sondern auf meine eigenen Fähigkeiten und Berufsideen. Vor allem, weil ich dann mit allem, was ich habe, dahinterstehe. Und das wiederum setzt ungeahnte Energien frei, denn trotz eines sehr guten Arbeitsmarktes für Erzieher bewirkten die Rahmenbedingungen im städtischen Arbeitsalltag bei mir genau das Gegenteil. Sie sogen mir sozusagen alle Energien aus dem Körper. Ich wollte doch gestalten, wurde aber häufig eingeengt und merkte, dass ich beispielsweise gegen konformistisch denkende Stadtmänner und -frauen, unmittelbare Vorgesetzte und Kollegen nichts ausrichten konnte.

Natürlich muss man im Arbeitsleben einiges aushalten können, aber ein Erwerbsleben bis zum 67. Lebensjahr, sollte auch mit einer gewissen Zufriedenheit einhergehen. Als damals über 40-Jähriger war ich ein lebendes Beispiel dafür, dass man sich immer verändern kann und es dafür nie zu spät ist, auch wenn sicherlich viele Menschen in unserer Gesellschaft der festen Überzeugung sind, dass man in diesem Alter nicht mehr Berufsanfänger sein kann. Doch man kann. Es kommt natürlich auf den Berufsbereich an. Ich habe mich, wie gesagt, für die Umschulung zum Erzieher entschieden.

Der Einblick in diese Branche half mir sehr, dass heutige Bild von Kita, Grund- und weiterführender Schule und deren Systeme besser zu verstehen sowie die guten als auch die kritikwürdigen Elemente herauszufiltern. Meine fundierte praktische Alltagsarbeit mit Kindern und Jugendlichen sowie Elterngespräche und Gespräche mit Kita- und Schulleitungen und auch die Tatsache, mich schnell in neue Themen einarbeiten zu können, haben mein Bild und meine Kenntnisse und mein Urteilsvermögen im Pädagogikbereich wesentlich erweitert. Derzeit arbeite ich auch für eine Institution, für die ich Themeninhalte anbiete, die sich auch mit interkultureller Thematik befassen und die sich ebenso auf meine Erfahrungen mit Teilnehmern berufsvorbereitender Maßnahmen, Erziehern und Lehrern sowie deren Umgang mit Kindern und deren Eltern stützen. In meinem Arbeitsalltag schildere ich meinem Klientel auch Erfahrungen mit Wahrnehmung und Fremdwahrnehmung, auch hinsichtlich meiner Arbeit als männlicher Erzieher mit deutsch-amerikanischen Wurzeln.

Kurios ist aber, dass die Berufsgruppe der männlichen Erzieher in puncto Wertschätzung, Respekt und Unvoreingenommenheit in Deutschland derzeit mitunter noch Gegenwind erhält. Gemeint sind die wenigen Erzieherinnen, Kitaleitungen und Eltern, die männlichen Erziehern gegenüber eher skeptisch denn optimistisch und positiv eingestellt sind. Ich stehe da in regem Austausch mit anderen Erzieherinnen und Erziehern.

Ernüchternd empfand ich auch die Engstirnigkeit und Festgefahrenheit einiger Akteure im Pädagogikbereich. Dies soll nicht als Generalschelte für alle Pädagogen gelten. Allerdings ließen mich mein Einblick und Austausch mit Mitarbeitern sowie Befürwortern und Kritikern des Kita- und Schulbereichs zu dem Urteil kommen, dass in diesem Zusammenhang auch unser (Schul-)Bildungssystem zu Recht auf den Prüfstand gehört, da es diese fragwürdigen Handlungsweisen vieler Pädagogen ermöglicht.

Dabei sollte man aber nicht außer Acht lassen, dass Pädagogen in einer Leitungsfunktion sich zum einen überlastet und im Stich gelassen fühlen und zum anderen unfähig zu sein scheinen, Impulse zu setzen, damit Elementar-, Primar- und Schulbereich an Attraktivität gewinnen.

Was meinen weiteren beruflichen Werdegang anging, so war ich zunächst in der Phase, in der Sie sich jetzt unter Umständen befinden. In der Übergangsphase; auf der einen Seite noch im Angestelltenverhältnis, auf der anderen in den Vorbereitungen für eine berufliche Veränderung. In diesem Zusammenhang beinhaltet für mich folgende Begebenheit eine aufschlussreiche Anekdote: Mit meiner Absicht, offene Fragen, Vorkommnisse, eigene Befindlichkeiten und fragwürdige innerbetriebliche Abläufe zu klären, die ich als städtischer Kita-Mitarbeiter erlebte, wandte ich mich an das in der Innenstadt befindliche Personal- und Organisationsamt. Dort im Wartezimmer angekommen, fiel mein Blick auf einen Flyer mit dem Titel: „Beratungsstelle für Beschädigte".

Ich machte mir so meine Gedanken darüber, wie hart es Angestellte im Alltag doch getroffen haben muss und dass es wohl so weit gekommen war, dass sie durch ihre Arbeit beschädigt wurden. Nachdem ich so meinen Gedanken nachhing, nahm ich den Flyer in die Hand und stellte dann fest, dass auf ihm stand: „Beratungsstelle für Beschäftigte". Sicher, man sollte nicht alles im Leben überbewerten, aber für mich war jetzt noch klarer, was ich zu tun hatte. Das Mitarbeitergespräch war aufschlussreich. Oder auch nicht. Man könnte sagen, es war das Höchste, was in einem städtischen Apparat möglich war. Das Fazit des Gespräches war, dass es nun einmal in der Arbeitswelt so sei und man an den Umständen nichts ändern könne. Nun, die zuständige Mitarbeiterin sah es aus der Arbeitnehmersicht und durch die Beamtenbrille.

Sie war in ihrem System gefangen. Sie war im städtischen System gefangen. Deshalb konnte sie mir auch keinen hilfreichen Rat geben. In dieser Zeit war ich auch Gewerkschaftsmitglied. Bis zu dem Zeitpunkt, als ich mit der Kita-Belegschaft an den landesweiten Kita-Streiks einer Gewerkschaft teilnahm, deren Name so klingt wie ein italienischer Komponist, wusste ich wenig über die Abläufe von Streiks und die Wirkungen von Gewerkschaften. Interessant wurde es aber, als Interna bekannt wurden, aus denen hervorging, dass der damalige Chef dieser Gewerkschaft, der einen polnisch klingenden Nachnamen hat, den Gewerkschaftssekretären und anderen Mitarbeitern Konsequenzen androhte, falls sie nicht auf das (lächerliche) Angebot der Arbeitgeber eingehen würden. Vermutlich sah er sein Image in Gefahr. Man fragt sich nur, welches. Der Vorwurf, diese Gewerkschaft sei ein zahnloser Tiger, erschloss sich mir schnell.

Wie erwähnt, gibt es unter Pädagogen leider immer noch sehr rückständige und fragwürdige Haltungen bezüglich anderer Einflussgrößen, wie zum Beispiel Erzieher mit interkulturellem Background, männliche Kita-Erzieher und Schulbetreuer und deren – im Vergleich zum weiblichen Personal – eigene Herangehens- und Arbeitsweise im Alltag. Ihnen wird, wie gesagt, in einem weiblich dominierten Berufszweig mitunter noch mit Irritation und Skepsis begegnet.

Allerdings weiß ich durch meine Arbeitserfahrungen in Unternehmen aus anderen Berufsbereichen auch, dass solche Engstirnigkeit zunehmend erkannt und verhindert wird und Unternehmer Offenheit und divergentes Denken von ihren Mitarbeitern erwarten. Sie beschäftigen sich weniger mit Fragen des Geschlechtes oder der Herkunft von Bewerbern und Mitarbeitern, sondern legen primär wert auf deren Hard und Soft Skills.

Die Flucht nach vorn

Ich war emotional bereit für eine neue Tätigkeit im Berufsfeld Soziales, aber zunächst orientierungslos, und ich suchte mein Heil nicht in den von zahlreichen, mitunter amateurhaft anmutenden Flyern und Werbeplakaten angepriesenen Seminaren zur Selbstverwirklichung. Ich wollte mir die Erfahrung sparen, die viele potenzielle Unternehmensgründer, aber auch Bekannte von mir machten, diese Erfahrung, als sie an diesen „Selbstverwirklichungsveranstaltungen" teilnahmen, in denen man lernte, gebetsmühlenartig laut sprechend und klatschend mantraartig „Ja, ich schaffe es" zu sagen. Ich wusste nur eines: Ich wollte es ohne diese mitunter dubios wirkenden Seminare schaffen, deren Leiter sich im Nachhinein – wie auch in den Medien zu erfahren war – als Scharlatane entpuppten. Zwar war ich zunächst in Unkenntnis darüber, wie es weitergehen sollte, aber stets wachsam und nach Rat und Ideen suchend. Und was soll ich sagen, ich hatte es schlussendlich geschafft, mich aus meinem unbefriedigenden Alltag zu befreien. Ja, es fühlte sich an wie eine Befreiung.

Die Befreiung erreichte ich auch mit der Erkenntnis, dass ich sozusagen auf mein Pfund meiner gesamten Berufs- und Lebenserfahrungen bauen und dieses für mich nutzbar machen konnte. Nach dem Erstellen meiner To-do-Liste kam nur die Möglichkeit einer beruflichen Unabhängigkeit durch Freiberuflichkeit, in Kombination mit Angestelltenverhältnissen, in Betracht. Ich wollte also aus meinen Berufserfahrungen der letzten Jahrzehnte einen neuen Berufsweg beschreiten.

Manches dafür entstand auch durch das Feedback anderer, nämlich zum Beispiel dadurch, dass sie äußerten, dass sie sich durch mich gut beraten und verstanden fühlten, dass ich glaubhaft wirke und sei und auch wirklich etwas zu erzählen hätte, bedingt durch meine Berufs- und Lebenserfahrung.

Anderes wiederum aus Zufällen, die das Leben mit sich bringt. Daraus formte sich – nachdem ich sie erkannt hatte – meine Berufsidee und ich packte sie beim Schopfe. Ich schlug einen Weg ein, der mir aufzeigte, dass nicht nur meine Optik die einzige Geschäftsgrundlage und manchmal Ausschlusskriterium für mein Leben darstellt, wie damals beim Schauspiel, sondern einen Weg, der mir ermöglichte, mich über meine Fähigkeiten und meinen Arbeitseinsatz zu definieren.

Als ich meinen jetzigen Berufsweg noch nicht umgesetzt hatte, wich ich häufig in Tagträume aus und hoffte mir somit selbst Mut zu machen. In einem von ihnen hatte ich das Bild von Muhammad Ali vor Augen, wie er sich in dem legendären Kampf gegen den viel stärkeren Boxer George Foreman lange in die Seile zurückdrängen und hart schlagen ließ, bis er sich zur Flucht nach vorn entschied, nicht wissend, was passieren würde, aber mit dem Mut der Verzweiflung und der Überzeugung und dem Glauben an sich, dass er scheinbar Unmögliches schaffen kann. Es verging eine Zeit, bis ich imstande war, diesen Schritt des sinnbildlichen Zurückschlagens zu wagen und mich zu wehren und meinem Potenzial zu vertrauen. Der Entschluss zu einer neuen Berufsrichtung war eine Gratwanderung und ich hatte damals in dieser Umbruchphase auch häufig negative Gedanken im Bilde eines Drahtseilartisten vor Augen, der über eine Schlucht balancieren muss. Ein Fehltritt und man ist tot. Zumal ich mir als Familienvater und Ernährer keinen Fehltritt leisten konnte. Mein Unterbewusstsein wollte mir möglicherweise mithilfe meiner negativen Erfahrungen im Leben, bedingt durch mangelndes Selbstbewusstsein und meinen durch Rassismuserfahrungen erworbenen persönlichen Minderwertigkeitskomplex, einen Streich spielen, aber ich nahm noch rechtzeitig die Zügel in die Hand und behaupte heute, dass jeder – um es in der Bildersprache auszudrücken – die Möglichkeit hat, als David den Goliath zu bezwingen. Wer oder was auch immer Goliath in Ihrem Leben sein mag. Heute leite ich meine Geschicke selbst und werde nicht mehr geleitet. Das ist sicherlich auch Ihr Ziel.

8. (M)ein Blick zurück

In diesem Zusammenhang soll Ihnen meine kleine persönliche Geschichte auch als Inspiration dienen. Ich hatte einen amerikanischen Vater. Für viele in meinem Umfeld schien diese Tatsache ein Problem zu sein, denn er war Afroamerikaner und ich dementsprechend Afrodeutscher. Mich meiner „roots" zu besinnen schien mir unausweichlich und wichtig, denn ein Blick in den Spiegel zeigte mir, so dachte ich, dass Menschen durchaus irritiert reagieren könnten, wenn sie mir begegneten. Schließlich geriet ich auf Fragen nach meinen Eltern in Erklärungsnot, weil ich so wenig über meinen Vater und meine amerikanische Familie wusste. In gewisser Weise beneidete ich die Kinder, die afrikanische Väter hatten und die als Studenten oder Arbeitnehmer nach Deutschland kamen, um sich hier eine Existenz aufzubauen. Ihre afrodeutschen Kinder hatten meiner Erfahrung nach weniger Fragen hinsichtlich ihrer Identität, denn sie wussten, woher ihre Eltern – insbesondere ihre Väter – stammten und wuchsen meist gemeinsam mit ihnen auf oder wussten zumindest, wo sie sich aufhielten, im Gegensatz zu den afrodeutschen Kindern, deren Väter US-amerikanische Soldaten waren.

Hauptgründe dafür waren die durch häufige Trennungen gekennzeichneten Beziehungen zwischen deutschen Frauen und US-Soldaten und die Tatsache, dass die Väter danach oft keinen Kontakt mehr zu den Kindern hatten. Entweder weil sie es so entschieden oder weil die Exfrauen keinen Kontakt mehr wünschten. Die Kinder aus solchen Beziehungen wurden häufig auch noch in den 1970er Jahren als Besatzerkinder bezeichnet und blieben meist durch die

Tatsache, dass ihre Väter nicht mehr auffindbar waren, mit vielen Fragen zurück. Auch ihre Identität betreffend.

Das war genau auch mein Problem, denn ich fühlte mich zwar als Deutscher, aber man nahm mich nicht als deutschen Jungen wahr. Zudem war ich hin- und hergerissen zwischen meinen amerikanischen und meinen deutschen Wurzeln. Ich selbst wurde von meinem Umfeld häufig nicht als Bereicherung, sondern als Problem wahrgenommen. Durch meine Erfahrungen mit Rassismus war die Suche nach meinem Vater eine Schutz- und Identitätssuche. Ich wusste aber nicht, wo ich mit der Suche beginnen sollte, denn ich hatte, was seinen Verbleib anging, kaum Anhaltspunkte. Ich besaß nur eine veraltete US-Wohnadresse von ihm, ein paar alte Fotos und einige Single-Schallplatten, die meine Mutter ab und zu hörte.

Mich auf die Suche nach meinen Wurzeln zu machen erschien mir daher fast unmöglich, aber ich wusste, sie war lebenswichtig für mein zukünftiges Leben. Also machte ich mich auf die Suche: „Back to my roots." Wer war mein Vater? Wer sind meine amerikanischen Verwandten, Tanten, Onkels und Cousinen? Meine deutschen kannte ich ja. Ich hätte mich so gerne ratsuchend an meine amerikanische Familie gewandt, da ich vermutete, dass sie wahrscheinlich über Rassismuserfahrungen verfügten.

In meiner deutschen Familie konnte ich mich an niemanden wenden. Ich fühlte mich daher oft hilflos. Ich erinnere mich in diesem Zusammenhang auch gut daran, dass mir sehr oft der Zugang zu Discotheken oder Musikcafés aus rassistischen Gründen verwehrt wurde. Es hieß dann, dass ich nicht reinkönne, weil es sich um eine Privatveranstal-

tung handele und nur geladene Gäste hineindürften, was natürlich gelogen war, da die (weißen) wartenden Besucher
an mir vorbeizogen und es natürlich keine Gästeliste gab.
Mein Aussehen ließ in den 1980er Jahren bei vielen offensichtlich ein Schubladendenken in Gang kommen; es wurde
also zum Problem und nicht zur Selbstverständlichkeit.
Mein Charakter oder meine Fähigkeiten waren uninteres-
sant. Ich sage es in dieser Deutlichkeit und wähle auch bewusst die nüchterne Schilderung des äußerlichen Erscheinungsbildes, da ich verdeutlichen will, dass sich – wie erwähnt – heutzutage immer mehr Unternehmer in Deutschland Menschen meiner Couleur oder Menschen mit sogenanntem Migrationshintergrund einstellen, ohne dass sie,
aufgrund des dunkelhäutigen Erscheinungsbildes eines Be-
werbers, defizitär denken, nach dem Motto: „Was will der
denn hier, der kann doch bestimmt sowieso nichts?" oder
wie ich es oft erlebt habe: „Die Stelle ist leider nicht mehr
vakant" (kurz vorher am Telefon war sie es aber noch) oder
„Was wollen Sie hier und wann gehen Sie wieder zurück in
Ihre Heimat?" Ich entgegnete: „Da bin ich schon." Den Ge-
sichtsausdruck können Sie sich vorstellen.

Zum Glück haben sich die Zeiten geändert. In der Bevölkerung und bei Unternehmen denken und agieren nur noch
wenige so weltfremd. In der Zeit nach meinem Abitur
konnte ich mich unter anderem freier bewegen, weil meine
Mutter in all den Jahren zuvor meist verhinderte, dass ich
rausgehen und die Wohnung verlassen konnte; Ausnahmen
in dieser Zeit bildeten mein Schulfreund Michael und mein
Stiefbruder Dirk, zu denen ich gehen durfte. In meiner Übergangsphase vom Abi zur Schauspielschule lernte ich auch
mehr oder weniger zufällig Entertainer aus den USA und

Menschen aus aller Herren Länder kennen, die Soulmusik liebten und die allesamt auf die Bretter dieser Welt wollten, meistens als Tänzer oder Sänger. Diese Begegnungen waren wichtig für mich und meinen Erfahrungshorizont, denn bis zu meiner Volljährigkeit lebte ich ja faktisch isoliert, mit wenig sozialen Kontakten, bedingt durch die restriktiv-autoritäre Erziehung meiner Mutter. Durch das Zusammensein mit diesen Künstlern in spe lernte ich sehr viel Nützliches für mein weiteres Leben, wie zum Beispiel die Tatsache der Mentalitätsunterschiede bei diesen, da sie aus unterschiedlichsten Nationen kamen, und die Art und Weise, wie sie das Leben sahen und lebten. Auf einmal erlebte ich die Begegnung mit der Welt, könnte man sagen. Auch mit all ihren Problemen, denn natürlich ergaben sich auch Konflikte unter den Leuten. Wertvoll waren dabei auch die Erfahrungen hinsichtlich Missgunst auf künstlerischer Ebene. Es kam vor, dass einige dieser Leute anderen bestimmte Jobs im künstlerischen Bereich nicht gönnten. Das begann mit Nicklichkeiten untereinander und steigerte sich zum „Hintenrum-Gerede", bei dem die Missgunst quasi den Rufmord zur Folge hatte, mit dem Ziel, den vermeintlichen Konkurrenten auszuschalten, damit er psychisch nicht mehr in der Lage war, für die gleiche Rolle beim Casting oder bei einer Audition teilzunehmen. Dabei wurde mir klar, dass überall mit Wasser gekocht wird und Künstler oder auch angehende Künstler keine besseren Menschen sind.

Diese Erfahrungen haben mir auch ein Stück weit die Augen geöffnet und mich vor allzu viel Naivität dieser Szene gegenüber, aber auch grundsätzlich, bewahrt. Im Nachhinein betrachtet, lebte ich vorher ein Leben eines Dorfmenschen, der kaum Kontakt zur Außenwelt hatte.

In Berlin aufgewachsen, in den Kindergarten gegangen, die Schule bis zum Erwerb des Abiturs besucht, kannte ich – außer auf Reisen mit meiner Mutter in den Schulferien nach Mallorca oder Ibiza – nichts anderes als meine Berliner Heimat. Für mich war also klar: „Ich bin Berliner, was sonst?" Zumal wie erwähnt leider kein Kontakt zu meinem damals noch lebenden Vater bestand. Zu Lebzeiten sah ich ihn in meiner Kindheit bis zu meinem fünften Lebensjahr, dem Zeitpunkt der Scheidung meiner Eltern. Danach nur noch selten. Zu meinem zehnten Geburtstag besuchte er uns in der Wohnung meiner Mutter in der Gropiusstadt.

Danach sollte ich ihn noch ein allerletztes Mal, als ich 29 Jahre alt war, in den USA wiedersehen. Damals unternahm ich eine sechswöchige Reise dorthin. Vier Wochen blieb ich in New York City und zwei Wochen hatte ich für Kalifornien eingeplant, also ein Aufenthalt in Los Angeles, San Francisco und Venice Beach. Diese Orte beeindruckten mich, aber sie waren nichts im Vergleich zu der unerwarteten Begegnung mit meinem Vater in New York.

Ich begab mich zuvor an die einzige Adresse, die ich noch von meinem Vater besaß. Diese war in Baltimore, etwa 300 km entfernt von New York. Mit dem Greyhound Bus war ich zirka vier Stunden unterwegs. Dort angekommen begab ich mich sicherheitshalber per Taxi zu der Adresse. Die Gegend war eher unscheinbar, bestehend aus kleinen Häuschen. Ich klingelte an der Tür und die Bewohner schauten argwöhnisch aus dem Fenster. Ich sagte, dass ich aus Deutschland sei und meinen Vater suchte. Man schüttelte nur den Kopf und gab mir zu verstehen, dass ich verschwinden solle. Danach versuchte ich es erfolglos an weiteren Türklingeln. Ich war schon bereit zu gehen, um mir eine bessere Strategie für den nächsten Versuch meiner Vatersuche zu überlegen, als plötzlich ein Wagen in die Straße einbog, die Fahrt verlangsamte und schließlich hielt.

Ein etwa 50-jähriger Afroamerikaner parkte vor einem Haus und stieg aus dem Wagen. Er wollte gerade zu dem Gartentor gehen, als ich ihn ansprach. Er war sehr hilfsbereit und bat mich sogar ins Haus. Nachdem ich ihm mein Anliegen geschildert hatte und er mir aufmerksam zuhörte, äußerte er die Vermutung, dass mein Vater - mit Nachnamen White - möglicherweise ein Bruder einer Kirchgängerin der Baptist-Church seiner Gemeinde sein könnte und ich ihn vielleicht auf diesem Wege finden könnte. Dann blätterte er in einem Telefonbuch, um nach ihrer Telefonnummer zu suchen. Er wurde aber nicht fündig und versprach, sich darum zu kümmern. Ich gab ihm die Telefonnummer meines Appartments in Manhattan und danach verabschiedeten wir uns, wobei er mir Gottes Segen wünschte.

Schon einen Tag später klingelte das Telefon und es meldete sich eine Frau, die sich mit dem Namen Dorothy White vorstellte. Sie bemerkte meine Irritation und fragte mich, ob meine Mutter Dagmar hieße. Vor Schreck fiel mir fast der Hörer aus der Hand. Ich bejahte und sie entgegnete, dass ich nun meine Familie gefunden hätte.

Ja, es handelte sich um meine Tante Dorothy, die Schwester meines Vaters. Wir verabredeten uns für den nächsten Tag in Baltimore. Ich fuhr also erneut dorthin, diesmal aber unter ganz anderen Voraussetzungen. Am Busbahnhof angekommen haben wir uns sehr schnell gefunden und innigst in die Arme geschlossen. In der Wohnung angekommen begrüßten mich ihre Tochter Karen, also meine Cousine und ihre Brüder Terence und Vernon, meine Onkel. Alles fühlte sich vertraut an, so als wäre ich zuhause angekommen. Wir hatten uns viel zu erzählen. Unsere Familie ist sehr groß, denn mein Vater hatte fünf Geschwister. Ich hatte also viele Tanten, Onkel, Cousins und Cousinen. Sie lebten buchstäblich über die USA verteilt in verschiedenen Staaten. Ich blieb über Nacht und meine Tante verhielt sich bezüglich meines Vaters eher zurückhaltend. Sie sagte nur, dass sie ihn erst vor kurzem ermitteln konnte, aufgrund ihrer beruflichen Tätigkeit an einer Sozialversicherungsbehörde. Vorher hatte auch sie lange Jahre keinen Kontakt mehr zu ihm. Sie sagte, er lebe in der Bowery in Manhattan in einem Hotel namens Sunshine Hotel und ich solle bei dem Besuch nicht meinen besten „Church Suit" anziehen, wobei ich verschwieg, dass ich gar keinen besaß. Der Abschied war sehr emotional und wir versprachen einander Kontakt zu halten. Am nächsten Tag machte ich mich auf den Weg zum Sunshine Hotel. Die Gegend wirkte wenig vertrauenerweckend und es war mir ein wenig mulmig zumute.

Als ich das Gebäude betrat, war mir schnell klar worum es sich handelte. Es war eine Absteige, heruntergekommen, mit vergitterten Fenstern und Türen. Ich fühlte mich nicht gerade wohl in dieser Situation, aber ich war dem Ziel nun so nahe. In einem größeren Raum versammelten sich vor einem TV-Gerät viele unterschiedliche Charaktere, von unscheinbar wirkenden, bis hin zu Männern mit Transvestiten- und Gangsterlook, war alles dabei. Alles begleitet von einem lauten Gewirr aus Stimmen und dem aufgedrehten Fernsehgerät. Es handelte sich also um ein Obdachlosenheim. Jetzt wurde mir klar, warum sich meine Tante so bedeckt hielt. Ich fasste all meinen Mut zusammen und fragte einen Mitbewohner, ob er einen Daniel White kennen würde. Mir war durchaus bewusst, dass man neugierige Fragesteller nicht unbedingt willkommen heißt. Dennoch hatte ich Glück und man verwies mich auf eine Art Pförtner, der hinter einem vergitterten Fenster saß. Er fragte mich, ob die Person eher klein wäre, was ich vermutete und ich nickte, da es mir fast die Sprache verschlug und ich immer aufgeregter wurde.

Nach einer gefühlten Ewigkeit sah ich dann einen Mann langsam die Treppe herunterkommen, verwundert um sich blickend. Ich erkannte ihn sofort als meinen Vater. Der Pförtner drückte auf einen Knopf und die vergitterte Tür öffnete sich und mein Vater ging hindurch. Am liebsten wäre ich ihm um den Hals gefallen, was sich aber in der Situation nicht ziemte. Ich stellte mich vor und erinnere mich, dass er mir nicht in die Augen schaute. Vor mir stand ein gebrochener und vom Straßenleben gezeichneter Mann, der damals - als meine Mutter und er sich kennenlernten - wunderschöne Zähne hatte, wie sie sagte. Jetzt waren sie abgebrochen. Vermutlich ausgeschlagen, wie mir später dazu ein Schauspielkollege entgegnete, der über die Reise Bescheid wusste. Mein Vater sagte nur: „How is everybody?" Vermutlich erinnerte er sich an die Berliner Zeit, aber er redete fast überhaupt nicht. Sein Schamgefühl oder der Schock darüber mich zu sehen, war wohl zu groß. Er hatte ja mit allem abgeschlossen. Unsere Begegnung dauerte vielleicht zehn Minuten, wobei ich versuchte sein Vertrauen zu gewinnen.

Ich fragte, ob ich ihn noch einmal besuchen und zu einem Kaffee einladen dürfte, da ich bald abreisen müsste. Er bejahte und ging dann wieder durch die vergitterte Tür, ohne sich umzudrehen. Danach stieg er schwerfällig die Treppen hinauf zu seiner Schlafstelle. Er wirkte dabei wie ein 100-

jähriger, aber er war damals gerade einmal 50 Jahre alt. Ich blickte ihm noch lange nach, obwohl er längst weg war.

In meiner Unterkunft angekommen, brachen bei mir alle Dämme. Ich heulte wie ein Schlosshund, zum einen weil die Anspannung nachließ, zum anderen, weil ich nicht wusste, wie ich mit der Situation umgehen sollte. Letztendlich fühlte ich mich ein wenig erleichtert, denn ich hatte meinen Vater gefunden. All meine jahrelangen Bemühungen, ihn ausfindig zu machen, blieben erfolglos, aber jetzt wusste ich endlich wo er war. Ich verspürte auch keine Abneigung gegen ihn, weil er in solch einer Behausung lebte.

Zwei Tage später besuchte ich ihn dort erneut. Ich fragte ihn, ob er mit mir in ein Café gehen wolle, ich würde ihn selbstverständlich einladen. Er verneinte und sagte, dass es gerade ungünstig sei. Letzten Endes blieb mein Einladungsversuch erfolglos und ich musste es akzeptieren. Er bejahte die Frage, ob ich ihm schreiben dürfte und er auch antworten würde. Ich schaute ihn an und wir gaben uns die Hand. Mich überkam dabei ein eigenartiges Gefühl. Vor mir war mein Vater, den ich jahrzehntelang suchte. Er stand so nah vor mir und war doch so weit entfernt. Es sollte das letzte Mal gewesen sein, dass ich ihn lebend sah.

Dennoch war meine Mission sozusagen vollbracht. Das erfüllte mich mit einem Zufriedenheitsgefühl, denn die Verbindung zu meiner amerikanischen Hälfte war nun hergestellt. Ich hatte die Nadel im Heuhaufen gefunden, wenn man bedenkt, wie schwierig die Ausgangslage war. Viele, die ihre amerikanischen Väter suchten, blieben erfolglos. Ich hatte ja zuvor nur meinen amerikanischen Pass und der war buchstäblich meine einzig real existierende Verbindung zu den USA. Ich wusste zwar, dass mein Vater Geschwister hatte, aber der Nachname „White" war nicht besonders hilfreich bei der Suche nach ihm. Er hieß, wie ich Daniel White, nur mit einem sr. für senior am Ende des Namens. In meiner Sehnsucht, meinen Vater unbedingt finden zu wollen, wandte ich mich an einen damals von der ISD-Berlin (Initiative Schwarze Deutsche, heute Initiative Schwarze Menschen) empfohlenen ehemaligen US-afro-amerikanischen Soldaten, der laut ISD-Zeitschrift ohne Probleme die gesuchten amerikanischen Väter finden würde. Wie sich herausstellte, handelte es sich um einen Scharlatan, der einem leere Versprechungen machte und der mich nach meinen Zahlungen an ihn immer nur vertröstete und sagte, dass es doch länger dauere als vermutet, um die Zielperson zu finden. Tja, das war Lehrgeld, das ich zahlte. 1.000 DM zahlte ich ihm schrittweise – vertraulich und jeweils in einen Briefumschlag verpackt, wie er es wünschte. Es handelte sich um meine gesamten Ersparnisse vom Sparbuch. Meine Sehnsucht nach meinem Vater und meine Verzweiflung, ihn nicht finden zu können, machten mich naiv und leichtsinnig.

Wie blöd muss man sein, höre ich mich heute sagen, aber damals wäre mir jedes Mittel recht gewesen, und ich hätte alles dafür gegeben, ihn zu finden, denn als Kind und auch als Heranwachsender vermisste ich sehnlichst seine Präsenz und Nähe. Wenn mich jemand nach meinem Vater fragte, dann war es mir unangenehm und peinlich, zugeben zu müssen, dass meine Eltern geschieden sind und ich nicht wusste, wo er sich aufhielt. Deshalb tat ich nach außen hin so, als würde er viel unterwegs sein, und ich erinnere mich, dass ich ihn auf grundsätzliche Fragen zu seiner Person immer gut aussehen ließ. Ich wollte mir nicht vorstellen, dass es ihm schlecht ging oder er vielleicht im Gefängnis saß oder gar tot war. Auch wenn es um Fragen zu seiner Militärzeit ging, erinnere ich mich, dass es Menschen gab, die von sich aus glaubten, er sei ein hochrangiger Offizier, was ich aus Erklärungsnot heraus bejahte, um eventuelle Konfliktgespräche zu vermeiden. In Wirklichkeit war er bis zu seinem Ausscheiden aus der Armee ein einfacher Soldat gewesen.

Mir war das egal. Von mir aus hätte er arbeitslos und arm sein können, das war unwichtig, denn meine Sehnsucht nach ihm war unermesslich groß. Ich wollte einfach nur meinen Papa um mich haben, ihm nahe sein und mit ihm spielen, nicht mehr und nicht weniger, aber ich war zu feige, um anderen die Realität anzuvertrauen. Ich wollte einfach nur, dass er mir bei Problemen beschützend zur Seite stehen würde und dass ich mich dann an ihn schmiegen und mich auch mit meinen Fragen und rassistischen Erlebnissen Rat suchend an ihn hätte wenden können; so jedenfalls glaubte ich lange Zeit. Womöglich hätte sich meine Identitätskrise so nie ereignet, dachte ich damals zumindest. Ich weiß, das war mehr als naiv gedacht, aber damals verlor ich mich in solch idealisierenden Gedankengebilden. Diese begleiteten mich in meiner Kindheit und frühen Jugend und betrafen Identitätsfragen zu meiner Person.

Ich wusste nicht wirklich, wer ich war oder worüber ich mich selbst
eigentlich definierte. Ich berlinerte, war aber hin- und hergerissen zwischen meinem Gefühl, Berliner zu sein, dem scheinbar nicht deutschen Aussehen und dem Gefühl, aus diesem Grunde nicht dazuzugehören. Ich liebe die deutsche

Sprache, die deutsche Kultur und ich kannte nichts anderes als mein Leben in Deutschland. Auf der anderen Seite gefiel es mir auch, die in den US-Barracks stationierten „Amis" in Berlin-Dahlem in Discotheken mit Soul- und Funk-Musik zu erleben. Auch weil sie so stolz waren, US-amerikanische Soldaten zu sein, die ihrem geliebten Vaterland dienten. Ich wollte an dem Gefühl teilhaben, zu wissen, wer ich war und wohin ich gehörte. Weil ich in dem Moment einer von ihnen war, wollte ich dort am liebsten jeden Tag sein oder zumindest am Wochenende, soviel stand fest. Fest stand auch, dass ich AFN-Radio mit seiner Disco-, Soul- und Funkmusik liebte. Soweit ich mich erinnere, gab es in den Jahren um 1978 dafür zwei Sendungen in der Woche. Donnerstags „The Great 88" mit Dan Simmons und sonntags „The Juice" mit Mr. McGoo.

Es fühlte sich an wie eine Reise, sozusagen in meine amerikanische Hälfte, und ich fühlte mich beim Hören dieser DJ-Stimmen sehr wohl, denn sie lösten in mir ein Zugehörigkeitsgefühl aus, wodurch ich mich als Teil der Radiosendung empfand und übergeordnet in ihnen auch die Repräsentanten der USA und afroamerikanische Identitätsfiguren sah.

Ich hörte aber auch regelmäßig – immer wieder freitags – die allwöchentlich stattfindende Radiosendung auf Rias Berlin „Schlager der Woche" mit Lord Knud. Dort hörte ich neben internationalen Sängern und Bands wie ABBA, Smokie, Boney M., Hot Chocolate, George Baker Selection, Gloria Gaynor, Barry White und Donna Summer auch gerne deutsche und deutschsprachige Interpreten wie Marianne Rosenberg, Costa Cordalis, Chris Roberts, Roy Black, Jürgen Marcus, Christian Anders, Michael Holm, Adamo, Udo

Jürgens und viele mehr. Hin und wieder gewann ich bei den Gewinnspielen der Sendung dort auch Schallplatten, LPs. Die Älteren erinnern sich. Um am Gewinnspiel teilnehmen zu können, musste man dafür eine Postkarte (!) zum Sender schicken, und Lord Knud verlas die Gewinner. Es war dann immer ein schönes Gefühl, wenn ich meinen Namen über den Äther gehört hatte. Ich vielerlei Hinsicht erinnere mich gerne an die Discothekenzeiten zurück. Bei folgenden Discotheken hatte ich aufgrund meiner Hautfarbe zum Glück keine Probleme, eingelassen zu werden.

Die Discothek namens „Flashpoint" am Kurfürstendamm in Berlin war die erste, in der ich jemals war. Der Titel, zu dem ich das erste Mal auf einer Discotanzfläche tanzte, hieß „Rappers Delight" von der Sugar-hill Gang.

„Riverboat" hieß die Discothek, in die wir am häufigsten gingen. Dort tanzten wir unter anderem nach der Musik von Al Jarreau, George Benson, The Whispers, Kool & the Gang, Rick James, The Temptations, Xavier, Mtume und Zapp.

Was bin ich? oder Meine Identitätssuche

Obwohl es doch so klar und einfach war, konnte ich anderen nicht selbstbewusst vermitteln, dass ich Berliner war mit einem afroamerikanischen Vater. Nahezu jede Frage von Unbekannten verunsicherte mich, wenn sie wie folgt lautete: „Und wo kommen Sie her?" „Sie sprechen aber gut deutsch." Gerade dadurch fühlte ich mich oft wie ein Fremder im eigenen Land. „Was bin ich?" Ein Mensch oder ein Alien? Diese Frage spukte oft in meinem Kopf herum. Ich kam mir manchmal vor wie ein geduldeter Besucher aus fernen Galaxien. Mit dem Unterschied, dass dieser wirklich fremd wäre. Ich war aber eine Berliner Pflanze. Meine Mutter liebte mich sicherlich, aber sie bedachte nicht, dass ich aufgrund meiner Hautfarbe die von mir beschriebenen Szenarien erleben könnte und bereitete mich nicht darauf vor. Erst in meinem späteren Leben erfuhr ich, durch viele Begegnungen mit Menschen aus unterschiedlichsten Berufen, dass man auch Vorsichtsmaßnahmen hätte treffen können. Dies bestätigte sich auch in einem Fernsehinterview, dass ich zufällig sah und worin eine afroösterreichische Moderatorin, die in den 1990ern häufig in Jugendprogrammen zu sehen war, sagte, dass ihre Eltern und Großeltern sie darauf vorbereiteten, dass es Menschen gibt, die rassistisch denken und handeln, sie entsprechend zu einer selbstbewussten Person erzogen und sie im Konfliktfall immer unterstützten, im Gegensatz zu meiner Mutter, die immer sehr mit ihrem Putzzwang und Wohnungs- und Modezeitschriften beschäftigt war.

Es ging also auch anders. Es benötigt nur Eltern mit ein bisschen Feingefühl und Weitblick. Ich habe meiner Mutter diesbezüglich nie Vorwürfe gemacht. Meine Erkenntnis war, dass ich versäumtes nicht mehr ändern konnte und gehalten war fortan mein Leben selbstverantwortlich zu meistern.

Günther Kaufmann, ein mittlerweile verstorbener afrodeutscher Schauspieler, wirkte in großartigen Rollen, aber auch in Klischeerollen mit. Ich lernte ihn einst bei Dreharbeiten auf Sardinien zu einer Schmonzette kennen, in der wir beide als vermeintliche Afroamerikaner besetzt waren.

Dabei erzählte er mir, dass er seinen leiblichen Vater nicht kannte, aber sein Stiefvater klasse war und ihn zu einer selbstbewussten Person erzogen hatte, was man ihm auch anmerkte. „A Vater brauchst scho", sagte er, „denn ohne geht's net, gerad` für a Jungen." Da konnte ich ihm nur beipflichten, nur sah meine Familiengeschichte eben anders aus, da meine Mutter alleinerziehend war und es auch bleiben wollte. Das musste ich hinnehmen, aber ich litt unter der Trennung. Günther Kaufmann sagte mir, dass er an meiner Stelle enttäuscht vom Vater wäre, wenn er sich nicht gemeldet und sich nicht um mich als Kind gekümmert hätte, auch wenn die Mutter keinen Kontakt mehr zum Exmann wünschte.

Jeder verarbeitet seinen Vaterverlust auf unterschiedliche Art und Weise. Mein Weg beinhaltete, dass ich ihn vermisste und ihn deshalb suchen musste. Was Günther Kaufmann angeht, so habe ich ihn auch kummervoll und nachdenklich erlebt, wenngleich er in der öffentlichen Wahrnehmung als streitbarer Mensch galt. Jedenfalls habe ich ihn als Mensch mit harter Schale und weichem Kern in Erinnerung. Das schloss ich auch daraus, dass er mir private Details seiner damaligen von Tragik geprägten Lebenspartnerschaft anvertraute.

Diese Begegnung war eine wertvolle Erfahrung für mich, da ich ja wissen wollte, wie andere Afrodeutsche mit ihrer Identitätsfrage umgingen, so sie sie überhaupt hatten.

Bei Günther Kaufmann, so wurde mir klar, bestanden für ihn offenkundig keinerlei Identitätsfragen. Er wusste, wer er war, und er war sehr selbstbewusst.

Das, was man sozusagen mit der Muttermilch aufgesogen hat, sprich elterliche Wachsamkeit und Fürsorge, verschafft einem Kind sehr gute Startbedingungen. Was aber nicht heißt, dass Kinder, die frühzeitig mit familiären oder anderen Problemen konfrontiert werden, für immer in dieser benachteiligten Rolle verharren müssen. Im Gegenteil.

Die Erziehung ist zwar in hohem Maße dafür verantwortlich, wie wir als junge Heranwachsende ins Leben starten, aber es gibt im Leben auch Mittel und Wege, um sich selbst ein starkes Selbstbewusstsein anzueignen. Wenn die elterliche Schulung des kindlichen Selbstbewusstseins verabsäumt wurde, kann dies unter Umständen einen zeitlichen Umweg für das Kind bedeuten, bis es als selbstbewusster Mensch durchs Leben geht. Dessen muss man sich bewusst sein. Es macht aber keinen Sinn, sich der Opferrolle zu ergeben.

Ob man dann als selbstbewusster Mensch zwangsläufig auch ein von Erfolg gekröntes Berufsleben hat, steht aber auf einem anderen Blatt.

Auch selbstbewusste Menschen scheitern in ihrem Privat- oder Berufsleben. Wie beruhigend. Oder beunruhigend. Alles eine Frage des Standpunktes. Es hat wohl doch vieles im Leben mit ein bisschen Glück oder mit der Frage zu tun, ob man zur rechten Zeit am rechten Ort ist, ob man Kenntnisse über das Ursache-Wirkung-Prinzip hat (was bedeutet, dass alles, was wir tun oder auch unterlassen, eine Auswirkung auf unser Leben hat oder auch eine Konsequenz), ob man das Vermögen hat, seinem Bauchgefühl zu trauen, und ob man „Vitamin B" besitzt.

Nun, heute blicke ich nicht mehr zurück im Zorn, auch wenn die rigide Erziehung meiner Mutter so aussah, dass sie buchstäblich jegliche Selbstständigkeit unterband. Sie nahm mir alles aus der Hand. Ihre Welt war auf moderne Kleidung und die Wohnungseinrichtung reduziert. Beides musste immer picobello sein. Ich durfte daher nichts tun, was auch nur den Anschein erwecken konnte, dass meine Kleidung schmutzig werden oder Staub in der Wohnung entstehen konnte. So durfte ich mir auch kein Brot schmieren, weil es krümeln konnte, durfte mir ungefragt keine Schallplatte zum Hören nehmen, weil diese durch mich beschmutzt werden könnte. Im Kinderhort bekam ich beispielsweise eine furchterregende Szene präsentiert, bei der sie mich vor allen Kindern und Erziehern anschrie, als sie mich dort beim Spielen im Sandkasten gesehen hatte.

Zu Hause bekam ich deshalb dann Ohrfeigen, und nicht nur dafür. Eigentlich immer dann, wenn meiner Mutter etwas nicht passte.

Im Allgemeinen war dieser Erziehungsstil in der Zeit der 1970er-Jahre keine Seltenheit. Auch ein Freund aus dem Kindergarten und einige Schulfreunde äußerten hin und wieder, dass sie sich „eine eingefangen" hätten. Besonders in Erinnerung ist mir ein Schulkamerad namens Thomas P. aus Grundschulzeiten, der von seinem Vater, einem damaligen Polizisten, regelmäßig verprügelt wurde und in meinem Beisein am Esstisch mit dem Hausschuh ins Gesicht geschlagen wurde. Wehren konnte er sich nicht. Auch die Klassenlehrerin konnte nichts ausrichten, auch deshalb, weil man es nicht beweisen konnte. Handyvideos gab es noch nicht.

Was meine Mutter anging, so führte ihr Reinlichkeitsgedanke dazu, dass ich auch am Wochenende oder in den Ferien nicht mit anderen Kindern draußen spielen durfte, denn für sie lauerte dort buchstäblich die Gefahr des Schmutzes. Die Möglichkeit, mich frei zu entfalten, wurde auch durch solche Verbote und Ohrfeigen im Keime erstickt.

Die beste Schulfreundin meiner Mutter entgegnete ihr, dass sie mich doch in einem Fußballverein spielen lassen sollte. Sie würde ihrem Sohn das auch ermöglichen, weil sie es für eminent wichtig hält, dass Kinder Sport treiben und zum Beispiel in einen Sportverein gehen sollten, auch weil es wichtig für die kindliche Entwicklung ist, dass man zusätzlich durch ein sportlich angeleitetes Training geschult wird. Augenscheinlich hatte das Gespräch nach längerer Zeit doch Wirkung gezeigt, denn meine Mutter gab ihrem Drängen und der Argumentation nach und ich durfte dann bei Concordia Gropiusstadt spielen, fünf Minuten fußläufig von unserer Wohnung entfernt.

Viele Jahre später versuchte ich, behutsam fragend, den Grund dafür herauszufinden, warum meine Mutter alles unterband, auch Dinge, die mir zuträglich und nützlich für mein späteres Leben sein könnten. Es schien, als hatte sie Angst davor, dass mich jemand ihr wegnehmen würde. Ich sollte auch auf keinen Fall eine sportliche Karriere wählen, sondern einen vernünftigen, bürgerlichen Beruf ergreifen.

Begründet war dies nicht, denn sie unterstützte mich nie bei der Berufswahlentscheidung. Alles sollte wohl irgendwie seinen Weg gehen, wie bei ihr. Ich sollte irgendwas arbeiten. Ich sollte adrett und hübsch aussehen. Kleidung und Aussehen, das war alles was wirklich für sie zählte.

Dazu passt auch folgende Kindheitserinnerung: Ich war ungefähr acht Jahre alt und es geschah an einem warmen Sommertag in Berlin. Ich saß auf einem Stuhl im Garten meiner Omi, wobei sie und meine Mutter jeweils links und rechts von mir standen und versuchten meine Haare zu glätten, beziehungsweise zu „entkrausen", wie sie es nannten. Für die Prozedur des „Entkrausens" verwendeten sie keinen sogenannten Relaxer, den es zum Glätten der Afrohaare auch damals schon gab, sondern benutzten Stahlkämme und Haarbürsten mit Metallborsten. Meine Omi zog in eine Richtung, meine Mutter in die andere. Wobei das Wort ziehen auch so zu verstehen ist. Ich rede nicht von kämmen, sondern von brutal ziehen. Meine Schreie interessierten nicht. Bei dem Gedanken daran, verspüre ich noch heute die Schmerzen. Damals mokierte sich offenbar auch kein Nachbar darüber. Man war noch nicht so sensibilisiert, wie heute. Wenn die Erwachsenen etwas für richtig befanden, wurde es gemacht. Die Meinung des Kindes zählte kaum. Aus Angst vor Ohrfeigen setzte ich mich nicht zur Wehr.

Nach Stunden der Fehlversuche gaben sie entnervt auf. Was sie mir damit antaten kam ihnen nicht in den Sinn, denn sie wollten mir ja Gutes tun. Ich sollte aussehen, wie die anderen. Und nicht mit der im Volksmund bekannten „Negerkrause" herumlaufen. Auch dazu passt, dass ich mich nicht zu lange in der Sonne aufhalten sollte, denn ich bräunte sehr schnell. Meine Mutter wollte nicht, dass ich zu dunkel aussehe. Sie wollte ein Püppchen aus mir machen mit glattem Haar, heller Haut und schicker, modischer Kleidung. Diese Haltung korrespondiert nicht mit dem Fußballsport und den damaligen Ascheplätzen. Nach dem Training oder Spiel, war man von Kopf bis Fuß staubig und dreckig.

Das gehörte halt dazu. Heutzutage existieren diese Plätze kaum noch und die Spiele oder Trainingseinheiten im Kinder- und Jugendbereich, finden fast nur noch auf Kunstrasenplätzen statt. Es scheint, als hätten viele Kinder ohnehin schon gar keine Lust mehr auf Bolzplätze zu gehen. Sie sind schon ein stückweit verwöhnt und mögen nicht Fußballspielen auf holprigen, sandigen Böden. Hätte es damals schon Kunstrasenplätze gegeben, wäre es vermutlich eine helle Freude für meine Mutter gewesen. Wer weiß, vielleicht hätte ich öfters trainieren dürfen und dadurch mehr erreichen können in meinem geliebten Fußballsport. Aber hätte, hätte.....

Damals verfuhr meine Mutter nach dem Training oder Spiel wie folgt: Ich sollte zuhause duschen, da es viele Kinder im Verein gab, aber nur einen Duschraum. Dafür musste ich mich zuhause auf dem Hausflur vor der Wohnungstür ausziehen, erst dann durfte ich ins Badezimmer gehen. Wie entwürdigend es war in dem Hausflur zu stehen, wo jede Sekunde ein Nachbar oder Besucher hätte erscheinen können!

Aber so war meine Mutter halt und so ist sie noch immer. Übrigens, Besuch empfängt sie zu Hause nur widerwillig, denn der Staub, das Putzen und die Hysterie darüber, dass jemand etwas beschmutzen könnte, regieren ihr Leben. Ich erinnere mich, ich musste ihren Besuch aus Aschaffenburg bei mir übernachten lassen, da sie Sorge hatte, dass er zuviel Staub verursachen würde. Sie sitzt auch im Sommer nur in Ausnahmefällen auf dem Balkon oder im Gartenlokal gemeinsam mit den anderen in geselliger Runde draußen, denn ein laues Lüftchen könnte ein Staubkörnchen mit sich bringen und ihre Kleidung beschmutzen. Das ist beinah tragisch, denn sie erkennt, dass sie zwanghaft handelt, möchte sich aber nicht helfen lassen. Das hat sie immer vehement abgelehnt, trotz aller Hilfestellungen. Mitleid hielt ich dann immer für wenig zielführend. Durch ihr Verhalten grenzt sie sich aus und ihr entgehen dadurch viele wertvolle Augenblicke des Lebens. Allerdings hat sie die Gabe, sich davon nicht beirren und tangieren zu lassen. Selbst wenn alle anderen draußen sitzen, wendet sie sich von ihnen ab, um sich alleine ins Lokal zurückzuziehen, weil sie keinen Kompromiss schließen und ihren Kopf durchsetzen will.

In meiner Kindheit und Jugend hat sie Elementares verhindert, aber so manches dann doch wiederum ermöglicht. Ich werde ihr ewig dankbar sein, weil sie sich beim damaligen stellvertretenden Berliner Schulsenator dafür einsetzte, dass ich die Gesamtschule besuchen durfte. Ihr vehementer Einsatz und auch der meiner Klassenlehrerin Frau Sielaff, hatte sich gelohnt, denn aufgrund der schlechten Noten in Mathe, Physik, Biologie und Geschichte - auch bedingt durch die erwähnten Lehrerinnen, mit ihren herabwürdigenden Aussagen und ihrer Einflussnahme bei der Schulleitung - drohte mir beinahe nur eine Hauptschulempfehlung. Die wollte meine Mutter um jeden Preis verhindern.

Das ist ihr gelungen und ich danke ihr von ganzem Herzen dafür. Der zuständige Stellvertreter im Senat räumte mir die Möglichkeit ein, eine Gesamtschule zu besuchen und sagte im Ernst, dass dies ein Beschluss sei und wenn er mich persönlich an die Schule brächte. Am Ende machte ich dort dann mein Abitur. Wer weiß, welchen Weg ich sonst genommen hätte. Vielleicht einen, mit dem ich am Ende ein zufriedeneres Leben geführt hätte? Oder ein deprimierenderes? Hätte, hätte.

Ich danke ihr aufrichtig dafür, dass sie mich in meiner Wiener Zeit finanziell unterstützte, nachdem ich die Aufnahmeprüfung am Max-Reinhardt-Seminar bestanden hatte. Sie stellte sich meinem Traumberuf nicht mehr in den Weg. Das verdient Respekt. Um in Wien überleben zu können, unterstützten mich auch meine Großeltern finanziell, indem sie meine Mietkosten übernahmen. Es wäre damals in der Tat sehr schwer gewesen, nach einem Schultag von 09.00 bis 21.00 Uhr – einschließlich der Probenarbeit - noch einen passenden Job zu finden, mit dem man sich hätte selbst finanzieren können. Es gab einige Schicksale von deutschen Bewerbern, die zwar die Aufnahmeprüfung bestanden, aber das Max-Reinhardt-Seminar nach einem Jahr verlassen mussten, da sie keine finanzielle Unterstützung mehr erhielten. Denn als „Auslandsstudent" konnte man lediglich für ein Jahr BAföG beziehen. Die Kommilitonen, die darauf angewiesen waren, mussten dann wohl oder übel nach Deutschland zurückkehren. So bitter kann das Leben sein.

Ich schätzte mich dann glücklich darüber, dass ich unterstützt wurde. Wenn ich es recht bedenke, konnte ich all diese Erfahrungen nur machen, weil ich im Alter von ungefähr 15 Jahren die Überzeugung hatte, dass ich nach einem besonderen Beruf für mich suchen musste. Außerdem konnte ich mich bis dahin mit keinem Berufsfeld identifizieren, oder ich empfand mich als nicht geeignet oder talentiert genug, allen voran für Berufe, die mit Technik und Elektronik zu tun hatten. Ich wusste zunächst nicht, was das Besondere überhaupt sein sollte. Es sollte aber die Möglichkeit beinhalten, mir Gehör zu verschaffen. Ein Podium sozusagen. Wodurch konnte ich mir eines schaffen? Welcher Beruf konnte dafür infrage kommen? Ich hatte ein großes Mitteilungsbedürfnis, obwohl ich eher schüchtern war, dennoch wollte ich die Ungerechtigkeiten, die mir zu Hause und durch mein Alltagsleben widerfahren waren, hinausschreien und hoffte darauf, gehört zu werden. Aber welcher Beruf konnte so etwas leisten? Oder musste das ein Beruf überhaupt? Waren dies nicht eher meine privaten Probleme? Oder war ich doch ein Fall für die Klapse?

Damals konnte ich mir beim besten Willen nicht vorstellen, einen der im „Beruf aktuell"-Buch aus dem Jahre 1980 aufgelisteten Berufe zu ergreifen. Ich las mir die Berufsbeschreibungen durch, konnte aber nichts Passendes für mich finden. Dann versuchte ich es nochmals mit dem Durchblättern des Buches nach Daumenkinoprinzip, dabei hielt ich an einer zufälligen Stelle einen Finger in die Seiten. Er zeigte auf den Beruf „Luftverkehrskaufmann".

Die kaufmännischen Berufe zog ich für mich vorher nicht wirklich in Betracht und überlas sie möglicherweise. Irgendwie hielt ich dennoch inne und versuchte mich mit der Berufsbeschreibung anzufreunden. Ich malte mir gedanklich aus, gut gelaunte Menschen am Flughafen im Reisefieber zu erleben, und das ließ mich Hoffnung schöpfen, dass der Beruf etwas für mich sein könnte. Allerdings machten der Gedanke daran, dass ich zu Hause bleiben und den Reisenden nur hinterhersehen darf, alles zunichte und ließen mich wieder Abstand davon nehmen. Auch andere Berufe aus dem Buch schienen nichts für mich zu sein. Zumindest konnte ich ihnen nichts abgewinnen, weil ich immer etwas fand, was mich störte oder irritierte. Oder ich hielt mich schlichtweg für zu unbegabt dafür. Der sprichwörtliche

Mann mit den zwei linken Händen. Ganz so schlimm ist es zwar nicht, dennoch empfand ich mich so. Somit war mein Entschluss klar, erst einmal weiter zur Schule zu gehen, um mein Abitur zu machen; diese Möglichkeit würde mich nicht dazu zwingen, relativ zeitnah eine Berufsausbildung antreten zu müssen. Das bedeutete also einen Zeitgewinn, von dem ich mir einen beruflichen Erkenntnisgewinn erhoffte. Eine Ideen-Glühbirne, die mir erscheinen würde, ein Licht, das mir aufgehen sollte. Ein Aha-Erlebnis sozusagen. Peu à peu wuchs aber schleichend der Wunsch in mir, Schauspieler werden zu wollen. Ich kann mich nicht mehr daran erinnern, in welchem Zeitrahmen dieser entstand. Es waren mehrere Komponenten, die dazu führten, wie zum Beispiel meine Leidenschaft für das Kino und auf der anderen Seite meine Rassismuserfahrungen, die mich ausgrenzten und mich deshalb auf die Suche nach dem Besonderen gehen ließen.

Als mich der Gedanke an das Schauspiel nicht mehr losließ, wurde mir klar, dass für mich auch nichts anderes mehr infrage kam. Aber es ging bei mir, im Gegensatz zu vielen anderen Kollegen, nicht darum, reich und berühmt zu werden, sondern darum, meinen Platz in der für mich damals meist feindselig erlebten Gesellschaft zu finden. Was den Schauspielberuf und seine Ausbildung anging, war ich sehr naiv. Ich hoffte, durch den Beruf mehr Selbstbewusstsein und Selbstwertgefühl zu erfahren. Weit gefehlt, wie ich später feststellen musste, denn auch im Privaten schüchterne Menschen mit wenig Selbstbewusstsein können sehr gute Schauspieler sein. Zwar kann der berufliche Erfolg als Schauspieler ein erhabenes Selbstwertgefühl hervorbringen und das Selbstbewusstsein steigern, aber wenn sich ein

Schauspieler nur über seinen Schauspielberuf definiert, birgt das Gefahren und ist mit Vorsicht zu genießen, wenn man menschlich und charakterlich nicht gefestigt ist, denn die Showbranche ist trügerisch. Dieser Beruf kann einen buchstäblich zerstören, da die Anerkennung eine oberflächliche und man sehr leicht austauschbar ist. Es ist eben eine Welt der Illusionen.

Ein Psychologe hätte sicher seine helle Freude an meinen Ausführungen, denn sie zeigen wahrscheinlich mehr als deutlich, dass ich zum Aufbau meines Selbstbewusstseins natürlich keinen Schauspielberuf, sondern eine Anerkennung auf menschlicher Ebene benötigt hätte. Vielleicht auch mittels eines Psychologen. Dies hätte mir damals wie Schuppen von den Augen fallen und ich mich zu der Erkenntnis bringen müssen, dass ich so, wie ich bin, o. k. bin. Ja, hätte, wäre, wenn und aber, hinterher ist man immer schlauer.

Ich erinnere mich nur daran, dass ich mich durch die Verbote meiner Mutter in die Rolle des Stubenhockers gefügt habe und mir dort Traumwelten erschuf, die ich in dieser Zeit als Trost, Flucht und Ausweg aus dieser Situation entwickelt hatte.

Um mein ungewolltes Stubenhockerleben vergessen zu machen, flüchtete ich mich auch in Comics, allerdings konnte ich mir maximal eines pro Monat leisten, denn zu mehr reichte mein Taschengeld nicht aus. Ich erinnere mich an eine Comicreihe namens Zack-Parade. Die Geschichten halfen mir dabei, sozusagen in eine andere Welt einzutauchen, wobei einige Stories auf mich wie Filmszenen und gleichsam wie ein kleines Filmerlebnis wirkten. Am besten aber fand ich Ablenkung durch Radiomusiksendungen, Cassetten, Schallplatten und Fernsehfilme.

Meine Mutter machte mir später Schuldzuweisungen hinsichtlich meiner Berufswahl zum Schauspieler, aber sie ließ ihre quasi Mitschuld außer Acht, wonach ich – auch durch ihren Einfluss und den von ihr auferlegten Dauerstubenarrest – Schauspieler werden wollte. Das war natürlich das Letzte, was meine Mutter für mich wollte. Der eigene Sohn als Schauspieler. Natürlich hätte das Resultat meiner Traumweltengedankengänge ein anderes sein können, war es aber nicht.

Irgendwann, viele Jahre später, versuchte ich ihr, durch ihre Verbote verursacht, ihre Mitverantwortung für meinen Entschluss, Schauspieler zu werden, schonend und ohne Vorwurf oder Ironie darzulegen und ihr das Prinzip von Ursache und Wirkung näherzubringen, aber sie konnte diesbezüglich keinen Zusammenhang herstellen und bewertete ihr damaliges Handeln und ihre Erziehung als gut und richtig. Es ging mir seit jeher um Offenheit und Ehrlichkeit, nicht um Schuldzuweisung.

Aber vermutlich ist diese Thematik zwischen den Generationen schwierig. Besonders bei Menschen, die aufgrund ihrer Sturheit nicht von ihrer Meinung abweichen können, und sei sie noch so falsch. Meine Omi sagte dazu, meine Mutter würde auch noch unter dem Galgen streiten. Leider offenbarte sich – man muss es so hart sagen - die Ignoranz meiner Mutter, aber auch insbesondere die ihres jetzigen Mannes, dahin gehend, dass sie Entschuldigungsforderungen an meine Omi richteten, die infolge von Zwistigkeiten entstanden. Jeder möge vor seiner eigenen Haustüre kehren, wie es im Volksmund so schön heißt. Der tiefere Sinn dieser Redensart wäre zutreffend für meine Mutter und ihren Mann gewesen. Aber diese Erkenntnis und das erforderliche Handeln lagen außerhalb ihres Sichtbereiches. Zudem ist es zulässig, ja sogar wünschenswert, dass jeder Mensch seine eigene Meinung haben darf und soll; so aber eben nicht nach Auffassung meiner Mutter und ihrem Mann. Eine eigene Meinung durfte meine Omi haben, solange diese Meinung nicht im Gegensatz zu der meiner Mutter und deren Mann stand. Da meine Omi dieser Forderung verständlicherweise nicht nachkam, brachen sie kurzerhand den Kontakt zu ihr ab. Glücklicherweise erklärte sich der Sohn aus erster Ehe vom Mann meiner Mutter, also juristisch gesehen mein Stiefbruder Dirk, dazu bereit, meine Omi mit Lebensmitteln in ihrem Haus zu versorgen.

Die Rechthaberei meiner Mutter und ihres Mannes ging so weit, dass sie auch in dieser Situation auf Gedeih und Verderb auf einer Entschuldigung bestanden hatten und keinen Funken Empathie und Menschlichkeit aufbrachten. Die Entschuldigung war wichtiger als die Grundversorgung. Durch ihren Versorgungsentzug hätten sie sogar Omis Tod in Kauf genommen. Wenn es nicht so traurig wäre, könnte man meinen, dies sei die Geschichte eines schlechten Drehbuchs. Es drängt sich einem der Verdacht auf, dass sie somit nach ihrem Ableben den Zugriff auf das Haus beschleunigen wollten.

Die Ablehnung und der regelrechte Hass meiner Mutter auf meine Omi resultieren aus einer Zeit, die über 60 Jahre zurückliegt und aus der heraus meine Mutter meiner Omi bis zu ihrem Lebensende immer noch Dinge vorwarf, die anno dazumal stattgefunden haben sollen. So kam es, dass meine Mutter nicht einmal am Sterbebett meiner Omi Frieden mit ihr schließen wollte. Meine Mutter warf meiner Omi vor, dass sie ihr als Kleinkind auf die Finger schlug, wenn sie bestimmte Dinge anfasste, die sie nicht anfassen sollte, und dass meine Omi Verbote aussprach, die meiner Mutter widerstrebten. Die strenge Erziehung der 1940er- und 1950er-Jahre. So erging es mir auch mit meiner Mutter, in den 1970er-Jahren. Es scheint eine klassische Generationenmitgift zu sein. Dennoch bin ich der Meinung, dass es nicht sein kann, dass man sich buchstäblich auf seinen schlechten Kindheitserlebnissen ausruht oder sie permanent vor sich her trägt und diese dann an seine eigenen Kinder weitergibt; stattdessen sollte man einen Lösungsweg für sich suchen, um nicht das gleiche Erziehungsmuster zu leben wie die Eltern. Im Idealfall ist es erstrebenswert, die Eltern und ihre Erziehung als Vorbild zu haben.

Meine Omi vertraute mir bereits lange vor ihrem Tod an, dass sie, als meine Mutter 13 Jahre alt war, nicht mehr wusste, wie sie ihrer Herr werden sollte. Sie tat, was sie wollte, waren die Worte meiner Omi, und dies zeigte sich, wie sie sagte, in einem extrem rebellischen Verhalten. Die traurige Krönung in der nachfolgenden Zeit war ihre Schwangerschaft mit 16 Jahren. Zu dieser Zeit entschlossen sich alle Seiten zur Abtreibung. Da sie ihre Mutter, also meine Omi, buchstäblich loswerden wollte, verlangte sie im Alter von 21 Jahren von ihr, das Haus zu verlassen. Sie wollte es für sich alleine in Anspruch nehmen. Das war ihre klare Forderung. Erst per Gerichtsentscheid hatte meine Omi einen Nießbrauch, das bedeutet ein Wohnrecht auf Lebenszeit, erreicht. Das Haus war aber fortan im Besitz meiner Mutter.

Was das Haus angeht, so denke ich gerne an das, was meine Omi über diese Zeit berichtete auch bezüglich ihrer Schwestern und ihres ersten Ehemannes. Sie war eine geborene Timmler und hatte drei Vornamen. Sie hieß Vera Maria Ellen und nach der Heirat mit Erich Ludwig, Vera Ludwig. Meine Omi wohnte seit 1938 in seinem kleinen Haus, das er erbaut hatte und zu dem ein 800 qm großes Grundstück gehörte. Eine gute Lage in Berlin in der Nähe des Flughafens Schönefeld, mit einem heutigen Marktwert von ca. 400.000 Euro.

Sie selbst wuchs in der Bergstraße 9, in Neukölln auf, im vierten Stock des Hauses der heutigen Karl-Marx-Straße 118. Als sie 24 Jahre alt war, zog sie zu Erich Ludwig und sie erzählte mir, dass ihr Vater sie dafür schlug. So waren die Zeiten. Zu diesem Zeitpunkt waren sie noch unverheiratet und sie verließ ungefragt ihr Elternhaus. So war meine Omi. Sie erzählte mir, dass die Männer damals oft abergläubisch waren und keine Testamente in jungen Jahren machen wollten, bevor sie in den Krieg zogen. Demzufolge waren die Besitzverhältnisse nach dem Krieg oft ungeklärt und benachteiligten diesbezüglich viele zurückgebliebene Witwen.

Das schlimmste Los für eine daheimgebliebene Frau im Krieg war ohnehin die Ungewissheit über das Schicksal ihres Gatten. Feldpost wurde von den Russen nur äußerst selten erlaubt. Im Jahre 1943 gab es von der zuständigen deutschen Einsatzleitung nur die lapidare Mitteilung, dass ihr Mann mitsamt der Kompanie als vermisst galt. Das sollte sich nach Ende des Krieges leider nicht ändern. Man muss sich das vorstellen, in ständiger Ungewissheit zu leben und nicht zu wissen, ob der Ehemann noch lebt oder nicht. Ein Nachbar meiner Omi kam zehn Jahre nach Kriegsende aus russischer Gefangenschaft frei. Er durfte keinen Brief an seine Frau schreiben, die annehmen musste, er sei längst gefallen. Sie wartete aber auf ihn und sie sollten noch viele schöne gemeinsame Jahrzehnte miteinander verleben.

Dies hoffte meine Omi auch, und sie wartete 13 quälende Jahre voller Ungewissheit mit zahlreichen Suchaufträgen, bis zum Jahre 1958, als sie Georg Ilgner traf. Sie lernten sich per Kontaktanzeige in der Zeitung kennen. Er war der Opi, den ich kennen- und lieben gelernt hatte. Sie sollten 42 glückliche, gemeinsame Jahre miteinander verbringen. Ich erinnere mich gerne an so manche Frotzeleien zwischen ihnen. Wenn mein Opi wieder einmal eine Geschichte erzählte, die meine Omi schon oft gehört hatte, sagte sie immer: „Mensch hör`uff, dit kann ick schon uffn Latschn feifn."

Viele Frauen hatten sich nach einer Zeit des Wartens neue Lebenspartner gesucht; umso schockierender war es für einen rückkehrenden Soldaten, wenn sein einziger Trost, der ihn am Leben hielt, nämlich die Ehefrau, ihn nicht mehr erwartete, geschweige denn liebte und Kinder von einem anderen hatte. Dies zu erleben muss sich nach dem erlebten Kriegsleid unerträglich für die Heimkehrer angefühlt haben.

Was nun die Missgunst meiner Mutter gegenüber meiner Omi anging, sagte sie mir oft, dass sie befürchte, dass, wenn sie ihren letzten Atemzug mache und kaum kalt sei, meine Mutter das Haus verkaufen würde. Dies hat sich bis jetzt aber noch nicht bestätigt. Meine Omi wünschte immer, dass ich das Haus bekäme, aber ich konnte ihr nicht einmal hinsichtlich meines Pflichtteils Hoffnungen machen, da ich vermutete, dass meine Mutter ihren Hass gegen mich aufrecherhalten wird. Wie sie bereits vor Jahren einer Nachbarin eröffnete, werde sie es sich dann mit dem Haus erst einmal gut gehen lassen. Aus ihrer Sicht vermutlich eine Wiedergutmachung für all die schlechten Jahrzehnte mit ihrer Mutter.

Das Verhalten, das meine Mutter gegenüber meiner Omi über lange Zeit an den Tag legte, hätte ich meiner Mutter gegenüber einmal im Ansatz wagen sollen. Sie hätte mich im wahrsten Sinne des Wortes grün und blau geschlagen. Ich war aber wie gesagt auch kein rebellischer Typ im klassischen Sinne. Die Rebellion fand nach innen hin statt. Meine Gedanken rebellierten. Meine Hände nicht.

Meine Mutter hingegen rebelliert nach allen Seiten, mit allem, was sie hat. Einzig, dass ihre heißblütig emotionale Rebellion bei anderen Missachtung bewirkte und der rebellierenden Person selbst schadete. Trotz aller Vorkommmmnisse hält ihr Mann ihr bedingungslos die Treue. Nach außen hin ist er reaktionär und laut und dabei feinfühlig wie eine Betonwand oder ein Presslufthammer und kognitiv mit überschaubarem Weitblick sowie charakterlich mit sehr begrenzter emotionaler Intelligenz ausgestattet. Wenn es aber darauf ankam, Farbe zu bekennen und menschlich zu handeln, war er so groß wie eine Maus mit Hut, wie ein Bekannter sagte. Er war damals einer von vielen reaktionären und rechtsgerichteten Arbeitern bei einem großen Zeitungsverlag der Boulevardpresse in Berlin. Dort arbeitete er als Offset-Drucker.

Ich selbst habe dort kurze Zeit gejobbt und mir ein Bild von vielen Angestellten im Zeitungsdruck machen können. Ich war schon erschrocken über deren rechtslastige Gesinnung und den entsprechenden derben Sprüchen. Gedruckt wurden übrigens die klassischen Berliner Boulevardzeitungen. Keine Zeitung ohne Alkohol. Das war das Motto der Arbeiter. Die Chefs drückten diesbezüglich ein Auge zu. Und immer feste druff, wenn jemand andere politische Ansichten hatte. Bei kritischerer Argumentation war man halt Kommunist. Bist du nicht für uns, so bist du unser Feind. So könnte man die Haltung übersetzen.

Nach meiner Einschätzung hat sich die reaktionäre Haltung des Mannes meiner Mutter im Alter verstärkt. Sogar meine Mutter übernahm sie in weiten Teilen, wie ich anhand vieler ihrer Äußerungen feststellen konnte. Und gepaart mit ihrer eigenen speziellen Art, sind sie und ihr Mann gemeinsam eine unkalkulierbare hochexplosive Mischung aus reaktionärem Verhalten mit Aggressionspotenzial, untermauert mit Ignoranz und Sturheit. Ich erinnere mich, dass er unverhohlen äußerte, dass er Stolz wäre, wenn er eine signierte Buchausgabe hätte von Adolf und dass so einer in der heutigen politischen Landschaft fehlt. Jemand, der einmal so richtig aufräumt und alle Linken mit Gewalt zum Umdenken bringen und alle Ausländer und Asylanten rausschmeißen würde, die keine Arbeit haben, und dass Adolf damals leider nicht alle Juden und Nichtsnutze in den Ofen geschoben hat, so seine Worte.

Der Verfasser dieses Buches hat seinen Kampf verloren, aber sein Ungeist durchweht noch viele Köpfe, so auch den des Stiefvaters. Er und meine Mutter regen sich noch heute über vieles auf. Im Grunde agieren sie wie Choleriker. Ein ruhiges, bewusst gelebtes Rentnerleben könnte anders aussehen, wenngleich sie es nach ihrem Empfinden wohl leben. Sollen sie, ich gönne es ihnen von Herzen, denn wenn man im Winter des Lebens angekommen ist, sollte man sich der eigenen Vergänglichkeit bewusst werden und es entsprechend leben. Aber jeder soll nach seiner Fasson selig werden, wie schon der alte Fritz sagte.

Im Jahre 2015, zwei Jahre vor dem Tod meiner geliebten Omi, war unübersehbar, dass sie unter zunehmender Demenz litt, dennoch ließ meine Mutter immer noch ihren Hass gegen meine Omi aufkeimen. Vermutlich ist es auch ein Selbsthass meiner Mutter und die Erkenntnis über ihr eigenes unerfülltes Leben. Ein Leben, dominiert von Zwängen. Dem Zwang, nicht loslassen zu können, was in der Vergangenheit liegende Ereignisse angeht, gepaart mit ihrem Putzzwang, der ihr Leben dominierte und immer noch dominiert.

Daher liegt die Vermutung nahe, dass sie eine verzerrte Wahrnehmung von dem Erlebten hat, weil die übersteigerte Emotionalität die sachliche Realitätserfassung beeinflusst. Zumindest war erkennbar, dass sie sich über Jahrzehnte hinweg in Gespinste hineinsteigerte, die sich verselbstständigten und sie bis zum Tode meiner Omi hasserfüllt agieren ließen. Die Unterstützung meiner Omi sah in ihren letzten Lebensjahren jedenfalls dementsprechend aus und ließ das Verhalten meiner Mutter am letzten Lebenstag meiner Omi vorausahnen. Sie begleitete meine Omi nicht am Sterbebett bis zu ihrem Tod und ließ sie allein sterben und sogar nach ihrem Ableben, wollte sie meine Omi nicht noch einmal sehen und Abschied von ihr nehmen.

In der Zeit nach dem Tode meines Opis im Jahre 2000 – als meine Omi dann allein in ihrem Häuschen lebte – war die Rolle meiner Mutter, die der Versorgerin mit Lebensmitteln, die meine Omi permanent lautstark zurechtwies. Somit ist, aus meiner Sicht, das Handeln meiner Mutter gegenüber meiner Omi absolut unemotional, unempathisch und in dem Zusammenhang, als unmoralisch und unethisch zu bewerten.

Es geht nicht ums Vergessen, auch nicht ums Verzeihen, aber ums Loslassen. Meine Mutter will aber nicht loslassen. Sie vermag es wohl nicht, Dinge aus der Vergangenheit wirklich ruhen zu lassen, um den Blick in die Zukunft zu richten. Sie lebt als extrem nachtragender Mensch geradezu in der Welt der Vergangenheit und mit Gedanken daran, was einmal war und was hätte sein können, aber mit wenig Blick auf das, was ist und wie man das Beste daraus machen könnte.

Ein Stück weit, so wurde mir in meinem späteren Leben klar, hatte ich unbewusst das Muster des Verharrens und des Zurückblickens meiner Mutter übernommen, aber ich habe mich selbst und bewusst davon befreit. Jeder trägt die Verantwortung für sein Handeln und letztendlich für sein Leben.

Von Frankreich nach Berlin

Geboren wurde ich in einem amerikanischen Militärhospital in Frankreich in Evreux. Mein Vater war dort zu dieser Zeit als US-Soldat in der Normandie stationiert. Eigentlich erwarteten meine Eltern eine Zwillingsgeburt. Mein Zwillingsbruder Calvin, der erstgeborene, verstarb leider nach fünf Tagen. Meine Mutter erzählte, sie hätte nicht viel von dem verstanden, was der Arzt ihr sagte, nur so viel, dass Calvin ein Loch im Bauch hatte und dadurch nicht überlebensfähig war.

Da mein Vater Militärangehöriger war, wurde der Leichnam des Kindes auf den Nationalfriedhof nach Arlington, USA überführt, wo sich im Übrigen die Grabstätte von John F. Kennedy und auch heute noch das Grab meines Bruders befindet, dass ich im Jahre 1993 während meiner USA-Reise aufgesucht hatte. Es war ein beklemmendes Gefühl, vor dem Grab des Bruders zu stehen. Die Frage, was gewesen wäre, wenn er gelebt hätte, umkreiste wieder meine Gedanken und ob ich mit ihm glücklicher oder gar unglücklicher gewesen wäre. Sicher ist, mit ihm hätte mein Leben natürlich einen ganz anderen Verlauf genommen.

In der Psychologie spricht man davon, dass es für den allein zurückgelassenen auch ein Trauma bedeuten kann, gekennzeichnet durch sehr tiefgehende Ängste und Verlustängste. Man hat erforscht, dass viele der allein zurückgelassenen Zwillinge sich oft fremd fühlen, selbst unter Freunden und das Gefühl haben, immer einen Teil von sich suchen zu müssen oder sich selbst sogar für den Tod des Zwillings verantwortlich machen. Leider kann ich mich in diesen Aussagen wiederfinden und ich erinnere mich auch daran, dass mich in meiner Adoleszenz der Gedanke quälte, am Tod meines Bruders mitverantwortlich gewesen zu sein.

Als ich geboren wurde lebten meine Eltern mit mir in Orvaux, einem kleinen Ort, der zirka 500 Einwohner zählte. Dort befand sich ein Schloss namens Château d`Orvaux. So jedenfalls nannte man es seinerzeit im Dorf. Kein Schloss im üblichen Sinne. Eher ein Landhaus. Nur damit keine Missverständnisse aufkommen, wir wohnten neben dem „Château" in einer Laube, bestehend aus einem Raum, ohne Dusche, Waschmaschine und Toilette. Letztere befand sich draußen im Freien und war ein klassisches Plumpsklo, wie man es vom Lande her kennt. Man kann sich vorstellen, wie es bei entsprechend kalter Witterung ist, dies zu benutzen, vor allem nachts, wenn es auf dem Hof dunkel ist. Nicht wie in der Stadt, in der man Straßenbeleuchtung auch fernab der City noch wahrnehmen kann, sondern stockdunkel. Übrigens war ich nach meinem 22. Geburtstag im Juli 1986 mit meiner Mutter und meinen Großeltern dort und muss sagen, dass ich entzückt war von dem Ort und der Offenheit und Freundlichkeit der Menschen. Man denke an die Ressentiments nicht nur der Le-Pen-Anhänger oder vieler ewig gestriger Franzosen gegenüber dunkelhäutigen Menschen, auch oder gerade in Kleinstädten. Ich erinnere mich, dass ich gebrochenes Französisch sprach, mit deutschem Akzent. Daraufhin hatte ich eigentlich mehr fragende Gesichter erwartet. Aber dem war nicht so. Das Nummernschild und das Länderkennzeichen D auf unserem Auto verrieten uns als Deutsche. O, là, là. Aber es gab seitens der Dorfbewohner uns gegenüber keinerlei Vorbehalte. Auch daraus entstand mein persönliches Credo: „Urteile nicht nach Äußerlichkeit, sondern versuche den Menschen und seine Qualitäten kennenzulernen."

Etwa in der Zeit um 1964, meinem Geburtsjahr, forderte der damalige Präsident de Gaulle, freundlich gesagt, die US-Armee auf, Frankreich zu verlassen. Diese Forderung leitete auch die Wende in meiner Familiengeschichte ein, da die Auflösung der US-Truppenstützpunkte in Frankreich Stationierungen der US-Soldaten in andere Länder zur Folge hatte.

Dieser Umstand sollte auch meinen Vater betreffen. Da sich Mitte der 1960er-Jahre die Franzosen und anschließend die Amerikaner im Vietnamkrieg verstrickten, sollten auch US-Truppenteile aus Frankreich nach Vietnam verlegt werden. Mein Vater erkannte die Zeichen der Zeit, ließ sich nicht von der penetranten amerikanischen Kriegspropaganda, die die vermeintliche Bedrohung durch den Kommunismus heraufbeschwor, blenden und verließ die Armee. Er wusste, welche Gräueltaten im vietnamesischen Dschungel angerichtet wurden, auch gegenüber unschuldigen Frauen und Kindern, und dass auch Verstümmelungen von US-Soldaten eine Folge der Auseinandersetzungen waren. Er wollte niemanden töten und auch selbst nicht abgeschlachtet werden.

Das Ausscheiden aus der Armee, genauer aus der US-Air Force, der er als Soldat der Bodentruppen angehörte, war alternativlos und es führte zu seiner Arbeitslosigkeit. Da er keine andere Ausbildung absolviert hatte, war er im Prinzip auf die Armee angewiesen. Einen Weg zurück zu ihr war aber aus besagten Gründen nicht möglich. Meine Eltern entschlossen sich daraufhin, nach Berlin, der Heimat meiner Mutter, zu gehen. Allerdings herrschte Mitte der 1960er-Jahre in Berlin eine große Wohnungsnot und so zogen meine Mutter und mein Vater zu meiner Omi und meinem Opi. Das Häuschen im Stadtbezirk Rudow bestand aus einer kleinen Veranda, in der meine Eltern ein Bett hatten und mit mir lebten, einem kleinen Schlafzimmer und kleinem Wohnzimmer sowie einem kleinen Badezimmer mit Toilette, aber ohne Kanalisationsanschluss, sondern mit Jauchegrube, die alle zwei Monate per Schöpfeimer entleert und deren Inhalt danach auf dem Grundstück verteilt werden musste. Was die Wohnsituation anging, waren allein aufgrund der Enge der Ärger und die Probleme vorprogrammiert. Nicht zu vergessen die Irritation meiner Großeltern darüber, dass ihre

Tochter ein Kind mit einem Schwarzen hatte. Sie waren nicht rassistisch und wollten meine Mutter auch deshalb nicht verbannen, aber sie waren, was Dunkelhäutige anging, auch durch die Erziehung der Zeit der Weimarer Republik und der NS-Zeit geprägt und auch auf ihren Leumund bedacht. Damals und wohl auch heute noch gab man noch sehr viel darauf, was die Nachbarn wohl denken könnten. Es ziemte sich einfach nicht, mit einem Schwarzen auszugehen, geschweige denn, ihn mit nach Hause zu bringen oder gar ein Kind mit ihm zu haben. Allerdings schlossen sie mich von Anfang an in ihr Herz und halfen uns damals, als ich ein Baby war, indem sie uns Obdach gaben.

Meine Omi war als Friseurin, sie selbst sagte Friseuse, und mein Opi als gefragter Maschinenschlosser, insbesondere für Offsetdruckmaschinen – beide in Vollzeit – tätig, aber meine Eltern waren beide arbeitslos.

Meine Mutter verfügte ebenso wie mein Vater über keine Berufsausbildung und er sprach kein Wort Deutsch. Keine guten Voraussetzungen für einen Neustart in Deutschland. Er musste dringend eine Arbeit finden. Dies gelang ihm mehr schlecht als recht. Das Unheil war im Grunde vorprogrammiert. Die hohen Erwartungen des Umfeldes, aber auch die Unzulänglichkeiten meines Vaters ließen ihn am Ende scheitern. Er kam in der Folge immer später nach Hause und wenn, so erfuhr ich viele Jahre später von meiner Mutter, dann alkoholisiert. Es ist zu vermuten, dass er wohl versuchte, seinen Kummer im Alkohol zu ertränken. Auch heute noch ein leider weitverbreitetes Handlungsschema. Meine Mutter beantwortete mir in meiner Jugend die Frage, wie sie denn versucht hätten, diese Problematik anzugehen, damit, dass sie damals nie mit meinem Vater über das

Thema Alkoholismus geredet hatte. Ihr sei nur aufgefallen, dass er eines Tages nach Alkohol roch, was sonst nie der Fall war. Danach zog er sich immer mehr in sich zurück, wurde phasenweise gewalttätig und verlor immer wieder seine Arbeitsstellen. Nur einen kurzen Lebensabschnitt von insgesamt etwa vier Jahren – die Zeit in Frankreich eingerechnet – bestand zumindest formal das kleine Familienglück zu dritt. Danach brach es unter dem massiven Druck zusammen. Dieser kam von allen Seiten. Druck von meinen Großeltern, denn sie drängten meine Eltern zur Wohnungssuche. Druck von ihnen auf meinen Vater und Druck auf ihn durch seine Frau, endlich eine Arbeit zu finden.

Das war das Dilemma. Eine Zwickmühle. Beide Parteien drängten auf Veränderungen. Das war der Anfang vom Ende. Vermutlich war die ältere Generation aus härterem Holz geschnitzt, wie man so sagt. Diese hatte sich immer durchkämpfen müssen, und viele von ihnen träumten damals nach 1945 regelrecht von den Arbeitsmöglichkeiten, wie sie dann später in den 1950er- bis 1970er-Jahren herrschten. Darum betrachteten meine Großeltern die Arbeitslosigkeit und die mangelnde Schulbildung meiner Eltern kritisch.

Meine geliebte Omi, die am 08.04.2017 im Alter von 101 Jahren verstarb, sagte, wenn sie über ihre Kindheit und Jugend sprach, dass sie gerne weiter zur Schule gegangen wäre, es ihr aber nicht möglich war, da die Schule seinerzeit Geld kostete, das ihr Vater nicht in sie investieren wollte. Er äußerte, dass seine beiden sechs Jahre jüngeren Töchter möglicherweise auch darauf bestanden hätten, weiter zur Schule zu gehen. Das war wohl eher eine Schutzbehauptung von ihm, denn die beiden anderen, also meine Großtanten, waren eher nur pragmatisch veranlagt und hätten wohl von sich aus eine Lehre bevorzugt, wie meine Omi sagte. Dieser Vermutung liegen auch Äußerungen zugrunde, die sie als ältere Damen machten, nach denen sie lieber einen Beruf erlernten, als weiter zur Schule zu gehen, und überhaupt keinen Gedanken an ein Abitur hegten. Damals wurde aber nicht diskutiert. Es galt das Machtwort des Vaters. Ansonsten gab es Prügel, auch von ihrer Mutter, als sie noch lebte. Meine Omi erzählte, dass sie und ihre Geschwister schon wussten, was geschieht, wenn der Teppichausklopfer von der Wand genommen wurde. „Der Ausklopper tanzt", sagte sie dann damals dazu. Das Geschehen kann man sich geradezu bildlich vorstellen.

Meine Omi war 18 Jahre alt, als ihre Mutter verstarb. Das war natürlich ein herber Schock für sie, zumal sie auf Anweisung ihres Vaters die Hausarbeit nun allein übernehmen und ihre jüngeren Geschwister versorgen sollte. Sie musste ohnehin schon immer in der Küche auf einer Pritsche schlafen, da sich die beiden jüngeren Geschwister ein kleines Zimmer teilten und die Eltern in dem anderen lebten. Zwei Zimmer und eine Küche, mehr gab es nicht. Die Toilette befand sich einen halben Stock tiefer auf dem Flur.

Ihre Schwestern hießen Anita Annemarie Ilse Timmler – nach der Heirat Gonska – und Ingeborg Ruth Margot Timmler – nach der Heirat Ribaroff. Letztere nannten alle Inge; sie lernte einen Mann aus Bulgarien kennen, der es, aus Angst vor den Russen und der dadurch angespannten politischen Situation um Westberlin herum, vorzog, in die USA zu emigrieren. Sie wohnten dann in Queens, und als sie Rentner waren, zogen sie nach New Jersey und lebten dort bis zu ihrem Lebensende.

Meine Omi sagte mir, ihr einziger Lichtblick waren ihre Großeltern. Sie hießen mit Nachnamen Jong, eigentlich Dzionk, vermutlich polnischen Ursprungs, und kamen aus Ostpreußen. Sie liebte ihre Großeltern abgöttisch. Sie hatten einen Schreibwarenladen in der Gartenstraße 7 und lebten ein zufriedenes Leben. Für meine Omi war es wie eine Oase, ihre Großeltern besuchen zu dürfen, denn im Alltag war sie sehr stark mit ihrer Versorgungspflicht eingespannt. Sie wurde nach damaligen Maßstäben von ihren Großeltern verwöhnt, und sei es dadurch, dass sie ein paar wenige Süßigkeiten und vor allem Aufmerksamkeit bekam. Der Vater meiner Omi hieß Erich Timmler. Als junger Mann war er Artist und trat zusammen mit zwei anderen Künstlern in Varietés auf. Sie nannten sich „Die drei Appalona`s".

Es handelte sich dabei um drei Artisten, die atemberaubende, akrobatische Darbietungen kunstvoll präsentierten. Zumindest lässt sich dies aus den zwei Fotoaufnahmen entnehmen, auf denen sie sich als Trio präsentieren. Insgesamt besitze ich noch fünf Fotokarten in Postkartenform aus dieser Zeit, worauf man die Drei in akrobatischer Aktion sieht. Die Aufnahmen sind alle mit dem Namen des Fotoateliers versehen und muten einer heutigen Sedcard an. Hochinteressant ist auch eine Aufnahme, auf der er als junger Mann mit einem klassischen Kaiser-Wilhelm-Schnurrbart und freiem Oberkörper posiert. Er ist nur mit einem Suspensorium bekleidet, wobei er seine muskulösen Arme nach hinten verschränkt und den Brustkorb nach vorne drückt.

Auf einer weiteren ist er in Ringerpose zu sehen und eine

andere imponierende Aufnahme, zeigt ihn im Ringeranzug mit 13 Medaillen und Orden um den Hals. Als er älter wurde, war er als Solokünstler namens Arthuro mit einem unglaublichen Balanceakt unterwegs. Die Fotoaufnahme zeigt ihn auf einem Stab balancierend, der sich auf der obersten von insgesamt sechs übereinandergestapelten Champagnerflaschen befand, die auf einem Caféhaustisch stehen. Er trägt dabei einen Frack mit Chapeau claque auf dem Kopf. Man fragt sich bei dem Anblick, wie das funktioniert haben soll, aber meine Omi sagte, dass er wirklich sehr gut balancieren und diesen Akt präsentieren konnte.

Ein Varietéleben der Eltern kann auch seine Schattenseiten für die Kinder haben, und das bekam meine Omi zu spüren. So musste sie auf ihre jüngeren Geschwister aufpassen, wenn sie unterwegs waren, oder alle Kinder wurden, wenn es möglich war, bei Verwandten oder Nachbarn untergebracht. Er gastierte häufig in Russland und dort bekam er als Gage häufig Pelze und Schmuck ausgehändigt. Bargeld gab es selten und reich wurde er dadurch nicht.

In späteren Jahren, als er keine Engagements mehr in Varietés erhielt, musste er in seinen alten Beruf als Ofensetzer zurückkehren. Das Geld war daher knapp und Rücklagen hat er durch sein Künstlerdasein auch nicht bilden können. Irgendwann waren alle Pelze und der Schmuck versetzt und der kleine Lohn des Ofensetzers musste reichen, um die Familie zu ernähren.

Darum befahl er meiner Omi in preußischer Manier, in die Friseurlehre zu gehen. Diese machte sie in der Fichtestraße 29 in Kreuzberg. Sie hing damals auch lange ihren Gedanken dahin gehend nach, was aus ihr hätte werden können, wenn ihr Vater es erlaubt hätte, dass sie weiter die

Schule besucht. Allerdings belasteten sie solche Gedankengänge nur in der Jugend, wie sie sagte. Danach, so erzählte
sie mir, hatte sie das „Hätte, wäre, wenn"-Gerede über Bord
geworfen und sich geschworen, ihrem Kind alles zu ermöglichen, damit es weiter zur Schule gehen kann.

Meine Mutter aber brach die Volksschule ab und ging lieber als Sortiererin in die Zigarettenfabrik, denn sie hatte
kein Interesse an schulischer Weiterbildung. Sie wollte
schnell Geld verdienen, was auch in Ordnung ist, verkannte
aber, dass sie ohne Schulabschluss immer Hilfsarbeitertätigkeiten würde ausüben müssen. Um sich aus der Fabrik-
arbeit zu lösen, belegte sie viele Jahre danach zunächst einen Schreibmaschinen- und dann einen Stenokurs. Sie hatte
durch die damals sehr gute Arbeitsmarktlage die Möglichkeit, offiziell als Hilfsschreibkraft zu arbeiten, durfte aber
dank ihres Chefs, Herrn Su., obwohl sie nur Schreibkraft
war, als Sekretärin vielfältige Büroarbeiten erledigen. Die
Firma hieß Neumann und vertrieb vorwiegend hochwertige
Studiomikrofone. Dort war sie stets fleißig, hatte aber kein
Interesse daran, beruflich aufzusteigen, obwohl sie die Möglichkeiten und auch das Potenzial dazu hatte. Dies soll keine
Bewertung sein, sondern ist vielmehr eine nüchterne Betrachtung, die zeigt, dass sie offensichtlich zufrieden mit ihrer beruflichen Situation war und die Karriereleiter nicht
nutzen wollte, um zum Beispiel mehr Geld zu verdienen, obwohl das meist knapp und jede Mark verplant war. Hingegen meine Omi, die sich ein schulisches Weiterkommen so
sehnlichst wünschte – aber durch die Bedingungen, die ihr
Elternhaus diktierte und sie vor vollendete Tatsachen
stellte –, keine Möglichkeit zum weiteren Schulbesuch hatte.
So kann es kommen, der eine will es und kriegt es nicht, und

der andere könnte es haben und will es nicht. So ungerecht kann das Leben sein. Nun war es für meine Omi in ihrer Jugend weitaus unwahrscheinlicher, das „Hätte" in Aktivität umwandeln zu können. Es gab keine Stipendien und auch keine reichen Verwandten. Der Vater sprach ein Machtwort und damit war alles geklärt. Das heute von meiner Mutter immer noch oft bemühte „hätte" wäre allein durch ihre Aktivität umwandelbar gewesen, denn sie hatte, wie gesagt, durch meine Omi die Möglichkeit, ihre Geschicke anders zu leiten, indem sie die von meiner Omi und ihrem beruflichen Umfeld offerierten Weiterbildungsmöglichkeiten wahrgenommen hätte. Sie tat es aber nicht. Dennoch hing meine Mutter oftmals vergangenen Lebenssituationen nach und ihr Slogan im Leben ist bis heute: „Hätte, hätte." „Hätte ich das bloß nicht gemacht, dann hätte ich das und das machen können, und stell' dir vor, auch noch das und das und vielleicht dies und jenes davon kaufen können oder das und das erreichen können." In ihrer Art des Redeflusses und des Ausschmückens des Gesagten wirkte sie dabei immer wie die Komikerin Gisela Schlüter. Leider war es im Leben nicht so lustig mit ihr .....

Die Ohrfeigen meiner Mutter empfinde ich in der Rückschau als nicht einmal so schlimm, viel belastender war die Tatsache, dass sie keine Empathie aufbrachte und sie dieser Umstand auch dann unberührt ließ, als Bekannte und Verwandte sie darauf hinwiesen. Vielleicht wollte sie ein Kind, das abhängig und unselbstständig unter ihrer totalen Kontrolle lebte, vielleicht aber auch nicht. Auf jeden Fall hatte sie es erreicht.

Da heißt es doch so schön: „Jeder ist seines Glückes Schmied." Diesen Spruch habe ich mir, als ich aus der mütterlichen Wohnung auszog, zu Herzen genommen. Allerdings suchte ich vermutlich unterbewusst nach dem Glück, ohne damals wirklich zu verstehen, was das eigentlich ist. Ich begriff erst im späteren Leben, dass die Tat, also die Aktivität, um etwas verändern zu wollen, das eigentliche Glück ist. Vielleicht besteht Ihr Glück im Sinne von Prosperität und einem zufriedenen Leben im Beschreiten von neuen Wegen. Jeder muss für sich herausfinden, was Glück für ihn ist. Nüchtern betrachtet ist der Glückes-Schmied-Satz ein banal anmutender Satz.

Die Frage ist nur, ob er auch für alle gleichermaßen gilt. Ich denke, er lässt außer Acht, dass Menschen unterschiedliche Ausgangslagen haben. Ein Kind, dass in einer Hartz-IV-Familie groß wird oder zur Unselbstständigkeit erzogen wird, muss als Erwachsener nicht zwangsläufig ein ebensolches Schicksal hinnehmen; dennoch dürfte der Weg aus dieser Situation ein wesentlich härterer sein als der Weg eines Kindes aus einer gut situierten Familie, die ihr Kind wachsam und auf das Leben vorbereitend erzieht.

Natürlich gibt es Kinder wohlhabender, einflussreicher Eltern, die auch unter komplizierten Familienverstrickungen leiden müssen oder auf keine Unterstützung zählen können, falls sich das Kind anderen Berufen, als die Eltern planten, zuwenden sollte. Von Fällen, die ein ähnliches Szenario zum Thema sowie Enterbungen zur Folge hatten, war in der Vergangenheit in den Medien immer wieder zu hören. Selbst in einem solchen Fall sind das gesellschaftliche Ranking des Kindes und seine Chancen, zu den Gewinnern zu gehören, ungleich größer als die Chancen des Kindes, deren

Eltern Hartz-IV-Bezieher sind. Veränderungen sind nicht unmöglich, aber die Startvoraussetzungen sind ungleich gewichtet. Wenn ich an die G7-Industrienationen oder vergleichsweise an die Dritte Welt denke, fällt mir das Wohlstandsgefälle auf. Hier beziehe ich den Vergleich allein auf wirtschaftliche Faktoren. Ein Kind, das zum Beispiel in Westeuropa aufwächst, muss statistisch gesehen keinen Hunger leiden und hat es wesentlich leichter, eine Berufsausbildung zu machen, als ein Kind aus einer armen Region Indiens oder Afrikas. Dennoch gibt es auch Erfolgsgeschichten, die belegen, dass Kinder aus benachteiligten Familien grandiose Karrieren hinlegten. Leider besagen aber auch statistische Prognosen, dass – von jetzigen soziopolitischen Gegebenheiten ausgehend – Kinder aus Elternhäusern mit einer Hartz-IV-Biografie zu einem hohen Prozentsatz den gleichen Lebensweg wie ihre Eltern gehen werden.

Mein Glücksrad wollte lange nicht in Schwung kommen, dennoch gab ich die Hoffnung nie auf. Erst in reiferen Jahren hatte ich entdeckt, dass sich eben nicht Resignation, sondern Beharrlichkeit auszahlt, wenngleich ich nicht das Resultat dabei erzielt hatte, dass ich bei meinem Startschuss ins Leben noch vor Augen gehabt hatte, nämlich vom Schauspiel leben zu können. Ich war als Schauspieler tätig, bin es aber nicht mehr, aber ich spüre dadurch keine Traurigkeit, sondern Erfüllung und Zuversicht durch mein tägliches Tun, und ich bin auch getragen durch meine Rolle als Vater und Ehemann. Das ist, was zählt. Erst jetzt kann ich sagen, dass ich mein Glück geschmiedet habe. Ich bin weder reich noch weiß ich, was morgen passiert, aber ich bin im Lot und im Reinen mit mir. Das gibt mir Zuversicht und Kraft.

Daniel allein zu Haus oder Sehnsucht nach Familie

Die Trennung meiner Eltern war ein schwerwiegender Einschnitt für mich. Meine Mutter ließ sich 1969 scheiden und dadurch nahm mein Schicksal seinen Lauf. Viele Jahre später sagte mir meine Tante mütterlicherseits, dass es nicht so weit hätte kommen müssen, wenn man meinen Vater an die Hand genommen und unterstützt hätte. Zunächst in Bezug auf seine Alkoholsucht, von der er sich nie mehr befreien sollte, dann mit einem Deutschkurs, den man für ihn hätte suchen müssen, gefolgt von einer gemeinsamen Arbeitsstellensuche. Sie sagte weiter, dass meine Großeltern und meine Mutter aber nie solche Gedanken hegten. Wie sollten sie auch? Sie waren geprägt durch eine Zeit, in der man die Dinge selbst regelte. Es war ein Schutzmechanismus. Hilfe von außen annehmen? So etwas gab es kaum. Denn es schafft Abhängigkeiten. Nach außen hin wollte man souverän und unabhängig dastehen. Hinzu kam, dass der allgemeine Tenor dieser Zeit war, auch im weiteren Familienkreis nicht zu viel Persönliches nach außen zu tragen, nach dem Motto: „Wir schaffen das selbst. Jeder hat seine Probleme. Das müssen die anderen nicht wissen. Wir wollen nicht, dass es Gerede gibt."

Was Probleme angeht, wie im Falle meines Vaters die Alkoholproblematik, so bin ich persönlich der Meinung, dass sich heutzutage jeder Suchtabhängige selbst Hilfe holen und dazu bereit sein muss, sich helfen zu lassen. Manchen Menschen muss man dazu zunächst unter die Arme greifen, um sie auf diesen Weg zu bringen. Mein Vater war diesbezüglich wohl ein hilfebedürftiger Mensch und vermutlich einer, den man an die Hand nehmen musste, und keiner, der imstande war, das Problem zu erkennen und es selbst zu lösen oder zumindest die Initiative zu ergreifen, um sich auf den unbekannten Weg zu machen. Allerdings muss auch die Frage erlaubt sein, wie man das auch in der damaligen Zeit bewerkstelligen sollte? Wer hätte ihm, unter den besagten Umständen, helfen sollen, wenn er es nicht selbst vermochte? Zudem hätte er es aus Angst und dem Gefühl der Schmach heraus vermutlich nicht ertragen, sich alleine Hilfe zu holen. Möglicherweise wollte er sich auch nicht helfen lassen. Meine Mutter war in diesem Kontext nicht dazu in der Lage, hilfreich zu wirken. Sie verstand auch nicht, was vor sich ging. In die Tiefe zu gehen war nicht ihr Ding. In diesem Sinne trug sie also keine Schuld an der Situation; sie war von ihrem Umfeld geprägt, indem man keine Fragen stellte nach dem Warum und Wieso. So war es, so blieb es.

Leider zerbrechen die meisten Familien daran, wenn ein Familienmitglied Alkoholiker ist. So auch unsere. In der Zeit nach der Scheidung hielt er sich noch einige Zeit in Berlin auf und schlug sich mit Jobs durch. In dieser Zeit war ich noch voller Hoffnung, vielleicht sogar auf regelmäßige Treffen, denn ich wusste, wo er wohnte. Es war in Berlin-Neukölln in einem winzigen, dunklen Zimmer, in dem er zur Untermiete lebte. Meine Mutter und ich hatten ihn dort einmal besucht. Er nahm sich wohl auch vor, uns zu besuchen, aber vermutlich war er durch seine Scham und die Tatsache, fast mittellos zu sein, dazu nicht imstande. Allerdings erinnere ich mich, dass er uns zu meinem zehnten Geburtstag besucht hatte, was natürlich eine unglaubliche Freude für mich war. Aber es sollte der letzte Geburtstag gewesen sein, an dem er mich besuchte, denn danach kam er nie mehr wieder.

Die Hoffnung meines Vaters, meine Mutter zurückgewinnen zu können, wich der ernüchternden Tatsache, dass sie ihn nicht mehr wollte. Er verpasste womöglich auch den Zeitpunkt, an dem eine Annäherung an meine Mutter zumindest nicht ausgeschlossen schien, wie sie einmal äußerte.

Vermutlich kehrte er, nicht wissend wie er sich verhalten soll, kummervoll und gebrochen in die USA zurück. Auf jeden Fall war er eines Tages weg. Ohne ein Wort. Ohne Abschied. Ich blieb traurig zurück.

Es gab auch keine Möglichkeit, ihn zu kontaktieren, da er unbekannt verzogen war. Ich lebte fortan in der Hoffnung, bald von ihm zu hören. Erst Jahre später, als auch die Hoffnung gestorben war, wurde ich wütend auf ihn, weil ich mich im Stich gelassen fühlte. Ich war auch wütend, weil ich nicht verstand, warum er nicht um die Familie kämpfte, oder wenigstens um mich. Ich fühlte mich zurückgelassen, nicht gewollt und nicht geliebt. Deshalb verstand ich ihn nicht. Er hatte doch einen Sohn, auch wenn seine Ex-Frau ihn verlassen hatte. Hätte er mir nicht wenigstens einmal einen Brief schreiben oder mir zumindest zu meinem Geburtstag oder zu Weihnachten eine Karte schreiben können? Nein, er konnte es wohl nicht. Viele Fragen, aber keine Antwort. Und verschenkte Zeit, um nach Antworten zu suchen, denn es wird keine mehr geben. Mein Vater weilt nicht mehr unter uns.

Meine Mutter gestand mir, dass er eines Tages vor ihrer Tür stand. Zu dieser Zeit war ich etwa zwölf Jahre alt. Sie erzählte mir, dass er im Hausflur unserer Gropiusstädter Sozialbauwohnung im vierten Stock stand und sie ihn nicht einmal hereinbat. Sie fühlte sich damals überfallen, wie sie sagte. Zumal sie sich gerade frisch verliebt hatte und von seinen Besuchsabsichten nichts wusste. Das war eine verständliche Reaktion. Im Nachhinein tat es ihr leid. Auch deshalb, weil sie wusste, wie schüchtern mein Vater war. Als sich damals meine Mutter und mein Vater kennenlernten, fragte sein Kumpel meine Mutter, ob sie mit meinem Vater tanzen würde. Er traute sich nicht, sie anzusprechen, so schüchtern war mein Vater.

Erst viele Jahre später brachte sie Verständnis dafür auf, dass er vermied, seinen Besuch im Vorfeld anzukündigen. Sie erfuhr, dass er über zwei Jahre lang für seine Deutschlandreise gespart hatte. Er war ja ungelernt und schlug sich mit mehreren schlecht bezahlten Jobs durch, was die lange Zeit erklärt, die er benötigte, um ein Flugticket nach Deutschland zu finanzieren. Wie sich herausstellte, befürchtete er, bei einer Besuchsankündigung von ihr abgewiesen zu werden. Deshalb hoffte er wohl auf den freudigen Überraschungseffekt. Dieser ging aber gehörig nach hinten los.

Natürlich war es naiv von meinem Vater, so zu denken. Seine Sehnsucht nach ihr muss sehr groß gewesen sein und die damit verbundene Hoffnung, sie umzustimmen; aber seine Angst, eine Abfuhr zu bekommen, war wohl noch größer. Vermutlich wählte er deshalb diesen Weg. Er sollte bitter enttäuscht werden. Wahrscheinlich wollte er es auch nicht wahrhaben, dass meine Mutter sich in der Zeit in jemand anderes verlieben könnte und vermutlich überlagerte die Hoffnung darauf, dass alles wieder so werden könnte wie früher, jeden klaren Gedanken. Als wir noch eine Familie waren, wollte er höchstwahrscheinlich selbstbestimmt leben, zum einen als Versorger und vorbildlicher Ehemann, zum anderen als unabhängiger Macher und nicht als abhängig Getriebener mit schlecht bezahlten Hilfsarbeitertätigkeiten und in einem Umfeld, das ihn argwöhnisch betrachtete.

Ich weiß, das ist alles rein spekulativ, aber es sind Erklärungsmodelle für mich, die durchaus ihre Bewandtnis haben. Meine Mutter erwähnte damals lange Jahre nach der Scheidung in einem (durchaus nachvollziehbaren) spöttischen Ton, dass mein Vater eigentlich nicht wollte, dass meine Mutter arbeitet, und sie behütet leben sollte, wie in einem „Puppenhaus", wie sie sagte. Er würde für alles Sorge tragen. Nichts davon sollte je eintreten.

Für die Umsetzung dafür fehlte ihm aber womöglich die Erkenntnis der Sichtweisenerweiterung, um diese Unabhängigkeit zu erreichen und geeignete Schritte dafür einzuleiten, sich aus der Misere zu befreien. Sein Dilemma war vermutlich, dass er nie den Schlüssel zum Tor seiner Freiheit fand. Wie dem auch sei, Unfähigkeit ist keine Legitimation für Erfolgslosigkeit, und er hätte es probieren müssen, eine Lösung für sich zu finden. Hätte, wäre, würde und könnte. Konjunktivisches Leben. Diese Zeit ist nicht mehr veränderbar. Sie ist vorbei.

Fortan lebte ich bei meiner Mutter. Sie war präsent, dennoch fühlte es sich weitestgehend so an, als lebte ich allein. Nur sehr selten unternahm sie etwas mit mir. Ich erinnere mich gerne daran, als wir ab und zu in einem Hamburgerladen namens Wimpy essen gingen, einer Burgerkette der

1960er und 1970er-Jahre. Ansonsten war sie allein oder mit wechselnden Freunden unterwegs. Außer diesen Restaurantbesuchen, ging meine Mutter ab und zu mit mir und ihrem Freund, beziehungsweise mit ihren amerikanischen Beziehungen, ins Kino. Outpost und Columbia, so hießen die Kinos, die in den 1950er-Jahren eigens für die in Berlin stationierten US-Soldaten errichtet wurden.

Die Filme in Originalversion fand ich spannend, nicht so aufgesetzt, wie die Synchronisierten, wenngleich ich vieles nicht verstand, denn mein Englisch war damals eher schlecht. Im Kinosaal fanden sich US-Soldaten mit ihren Angehörigen, viele fein herausgeputzt und bei mir stellte sich eine Art amerikanisches Lebensgefühl für die Dauer einer Kinovorstellung ein.

Ich fühlte mich gut, auch wegen der Afroamerikaner, paradoxerweise aber auch unsicher, weil ich ja ein Berliner Junge war. Meine Mutter liebte diese amerikanische Szene und sie ging auch in entsprechende US-Discotheken. Tragischerweise verliebte sie sich immer wieder in US-Soldaten, die in Berlin stationiert waren und spätestens nach zwei Jahren abkommandiert wurden. Dann war sie wieder allein. Mit deutschen Männern, die kurzfristig in ihr Leben traten und alleinstehend waren oder ebenfalls ein Elternteil, wollte sie keine Familie oder Patchworkfamilie bilden.

In diesem Zusammenhang erinnere ich mich an eine ehemalige Arbeitskollegin meiner Mutter. Sie sagte mir vor längerer Zeit, dass sie damals immer das Gefühl hatte, meine Mutter wäre eine Single-Frau. Aber halt mit Kind. Irgendwie passte ich nicht zusammen, so ihre Worte. Sie hatte halt immer ihren eigenen Kopf und ist in ihrem Leben fast nie auf

Ratschläge, Kritik oder eine Kompromissfindung eingegangen.

Mein Opi liebte die Berge und als ich 13 Jahre alt war, fuhren meine Großeltern gemeinsam mit meiner Mutter und mir in seinem Auto nach Bozen in Südtirol.

Die Rückfahrt fand an einem Samstag statt und mein Opi schlug während der Fahrt vor die Strecke nach Berlin nicht in einem Stück zu fahren, sondern in einem Motel zu übernachten, damit wir den Abend gemütlich miteinander verbringen können. Meine Mutter rastete aus und sagte, sie wolle nach Hause, schließlich sei der Urlaub jetzt zuende. Sie wolle den Sonntag für sich haben und dann nicht mehr unterwegs sein. Lautstark befahl sie meinem Opi an einer Autobahnraststelle zu halten. Kurzerhand stieg sie aus, zerrte mich aus dem Auto und suchte auf einem LKW-Parkplatz nach einer Mitfahrgelegenheit. Meinem Opi standen die Tränen im Gesicht. Welches Risikio sie damit einging und was sie ihren Eltern damit antat, kam ihr nicht in den Sinn. Zum Glück fand sie einen netten Fahrer, der uns wohlbehalten nach Berlin brachte.

Ein Schwager meiner Omi sagte, nach solch einer Aktion hätte er ihr Gepäck nicht mitgenommen. Er hätte es ihr vor die Füße gestellt.

Eine dazu passende und zugleich traurige Tatsache ist, dass sie uns und unseren Sohn, also ihren einzigen Enkel, seit 10 Jahren nicht mehr sehen will, nur weil sie damals, nach einem Streitgespräch, ihren Willen nicht durchsetzen konnte. Das stimmt mich als Sohn traurig, aber vor allem auch deshalb, weil mein Sohn darunter leidet. Was kann ihr Enkel dafür? Sie verpasst die wunderschöne Zeit seines

Heranwachsens, nur weil sie es vorzieht auf ihrem Standpunkt zu beharren, anstatt nach einer Lösung zu suchen, um wenigstens den Kontakt zu ihm aufrechtzuerhalten. Ich habe versucht ihr persönlich und mithilfe meines Stiefbruders und ihrer ehemaligen Arbeitskollegin, die Hand zu reichen, aber sie ging nicht darauf ein. Wie gesagt, in ihrem Handeln war sie meist radikal und hat dadurch viele Menschen enttäuscht. Shit happens, sagte ich mir später.

Es war nun einmal, wie es war. Jetzt sind andere Zeiten angebrochen. Mir ist klar, dass ich die Zukunft nur in der Gegenwart verändere und nicht mit einem rückwärtsgewandten Blick in die Vergangenheit. Diesen lasse ich zwar hin und wieder noch zu, doch es gelingt mir mittlerweile immer besser, mich auf das Wesentliche zu konzentrieren. Ich weiß jetzt endlich, was mir wichtig ist und was nicht. Vor allem haben die lange vaterlose Zeit in meiner Kindheit und all meine Erfahrungen mit Rassismus und dem Gefühl, allein zu sein, insbesondere meinen Gerechtigkeitssinn geprägt.

Ich schwor mir, alles anders zu machen, Unrecht entgegenzutreten und selbst stets wachsam und gewissermaßen als Freigeist durchs Leben zu gehen; es so zu gestalten, wie ich es für richtig hielt. Hierbei hatte ich aber die Rechnung ohne den Wirt gemacht. Den Gerechtigkeitssinn habe ich beibehalten, aber wirklich als Freigeist zu leben, vermochte ich nicht. Dieses Verhaltensmuster des Hin-und-hergerissen-Seins setzte ich als Erwachsener fort, wobei immer die berüchtigten zwei Seelen in meiner Brust schlugen. Einerseits wollte ich wie gesagt die große Bühne, die mir als ein Podium und sozusagen als Sprachrohr dienen sollte, und ein unkonventionelles Künstlerleben mit entsprechendem Anti-Mainstream-Lebensstil, andererseits aber auch das traute Heim in familiärer Stille mit Gardinen, die mit der Goldkante, vor den Fenstern und mit Zimmern, die komplett mit Teppich ausgelegt sind und wo sich auf dem Wohnzimmercouchtisch aus Eiche gehäkelte Tischsets mit kunstvoll geschliffenen Kristallgläsern befinden, in denen Herva mit Mosel prickelt. Vermutlich war ich einfach nur ein Kleingeist, der nicht aus seiner Haut kam und deshalb unfähig war, wirklich unkonventionelle Gedanken zu entwickeln. Das hing wahrscheinlich damit zusammen, dass mich der Gedanke, was andere über mich denken könnten, lange Jahre nie wirklich losließ. Ich drehte mich im Kreise oder verhielt ich mich wie der Hund, der sich in den Schwanz beißt. Ich wollte eigentlich Nonkonformität und keine Angepasstheit, aber zugleich doch alles zusammen. Ich war wohl ein Zerrissener. Mehrere Komponenten gleichberechtigt zu leben erschien mir kaum möglich. Wie sollte ich mich entscheiden? Was wollte ich wirklich? Ich konnte mich nicht zu 100 Prozent für eine Richtung entscheiden. Die zwei Seelen in meiner Brust lieferten sich offenbar einen Kampf, bei dem es leider keinen Sieger gab. Obendrein nagte die Tatsache an mir, dass ich keine Nähe zu meinem Vater herstellen konnte, weil ich nicht wusste, wo er war.

Als ich 1994 mit einem Theaterstück am Schauspielhaus Wien gastierte, sagte mir ein Afroamerikanischer Gesangslehrer, den ich noch aus meiner Schauspielschulzeit kannte und den ich in meine Familiengeschichte eingeweiht hatte, dass er vermute, dass mein Vater ein sehr kreativer Mensch war, dies aber offensichtlich nicht bemerkt oder seinen Weg nicht gefunden hat. Damals war ich froh über diese Aussage, denn es war das erste Mal, dass jemand meinen Vater nicht einfach aburteilte und ins negative Licht rückte. Schließlich war mir ja bekannt, dass man in meiner Familie schlecht über meinen Vater redete und ihn als Versager sah, weil er keinen Job fand oder immer nur kurzfristig einen hatte und nicht dem Ideal eines guten Versorgers entsprach.

Wenn ich den Perspektivwechsel vornahm, hatte ich im Nachhinein zwar durchaus Verständnis für deren Meinung, andererseits, und das mag kühn gedacht sein, sah ich in den Handlungen meines Vaters auch ein Signal der Unangepasstheit, nicht im Sinne eines Arbeitsverweigerers, sondern im Sinne eines Menschen, der etwas eigenes auf die Beine stellen will, aber nicht weiß, wie er das anstellen soll. Natürlich sind das alles meine Erklärungs- und Interpretationsversuche und letztlich Spekulationen. Ich versuche sein Verhalten nicht zu entschuldigen, sondern suche vielmehr nach einer Erklärung, die auch mir nützlich sein kann. Denn es war durchaus denkbar, dass er nie wirklich seinen Platz in der Gesellschaft fand, mit Ausnahme der kurzen Zeit, in der wir eine kleine glückliche Familie waren. Und wenn der Apfel nicht weit vom Stamm fällt, wie man so sagt, dann bejahe ich die Interpretation der kreativen Unangepasstheit. Wie dem auch sei, es ist alles lange her und die Quintessenz des Ganzen ist, dass ich meinen Blick nach vorne richte und nicht mehr zurück, außer wenn mein Sohn mich über meine Vergangenheit befragt. Jetzt blicke ich nach vorn, denn da spielt die Musik, wie man umgangssprachlich so sagt. Früher verlagerte ich, bis auf wenige Ausnahmen mit schönen Arbeitsverhältnissen, meine Zufriedenheit in die Zukunft. Das bedeutet, dass ich im damaligen Hier und Jetzt nie im Einklang mit dem Moment sein konnte. War ich in einer Situation, dachte ich bereits an die nächste und daran, wie es weitergehen musste, in der Hoffnung, dass in meiner Zukunft alles besser sein und ich dann meine Zufriedenheit und mein Glück finden würde. Das Glücklichsein habe ich immer verwechselt mit dem Glück, das andere offenbar hatten und außerhalb meines Einflussbereiches zu liegen schien. Das Gefühl der Zufriedenheit konnte ich somit nur in ganz seltenen Momenten erreichen. Wie geschildert, hoffte ich es auf den Brettern dieser Welt zu finden, dabei wäre die Lösung für mich viel einfacher gewesen, wie ich jetzt weiß.

Vielleicht liegt Ihre Lösung auch viel näher, als Sie denken. Suchen Sie nach ihr, aber nicht in der Ferne. Ein Schlüssel dafür könnte sein, dass Sie störende Gedanken oder ein störendes Umfeld auszublenden lernen und sich auf eine Sache konzentrieren. Nutzen Sie den Moment, um mit ihm im Einklang zu sein.

Heute lebe ich nach diesem Prinzip. Ich bin mit dem jeweiligen Moment im Einklang. Das bedeutet, ich bin psychisch wie physisch zu 100 Prozent in meiner augenblicklichen Lebenssituation, ohne Gedanken an den nächsten Moment und ohne Gedanken daran, dass morgen möglicherweise ein anstrengender Tag vor mir liegen mag, der alle Lebensqualität des Augenblicks auf einen Schlag zunichtemacht. Auf den Alltag bezogen heißt dies: Wenn ich esse, dann esse ich, wenn ich arbeite, dann arbeite ich, wenn ich spiele, dann spiele ich. So zu denken und zu handeln ist eine wahre Kraftquelle. Meistens sind wir durch viele Einflüsse abgelenkt, aus dem gesellschaftlich angetragenen Gefühl heraus, etwas zu verpassen und darum immer und überall erreichbar sein zu müssen. Am Ende raubt uns dies Kräfte und wir fühlen uns mitunter matt und abgespannt. Sogar das ganze Leben fühlt sich trotz der Aktivität unerfüllt an.

Hier gilt es, die Notbremse zu ziehen und klare Kante zu zeigen, zu sich selbst und nach außen hin. Sie werden sehen, nach kurzer Zeit schafft Ihnen diese Abgrenzung neue Freiräume und die Fähigkeit zu genießen.

„Entschleunigung und Singletasking" sollte jetzt zu Ihren Lebensmottos dazugehören, damit sie wachsam vorangehen und nicht überhastet, mit dem Risiko eines Burn-outs. Und falls sich bei mir doch ein negativer Gedanke anbahnen sollte, gebe ich ihm Kontra mit positiven Gedanken, die dadurch entstehen, dass ich weiß, dass ich kraft meiner positiven Gedanken meine Handlungen dementsprechend positiv betrachten und gestalten kann. Auch weil ich weiß, dass ich – bildlich gesprochen – meinen Karren durch positives Denken und positive Handlungen aus dem Dreck gezogen habe. Heute kann ich endlich sagen, ich bin angekommen im Hier und Jetzt. Ich bin glücklich verheiratet, habe eine wunderbare Ehefrau und einen großartigen Sohn. Heute begrüße ich jeden Tag mit Freude!

9. Schlusswort

Sie gehören jetzt dazu, nämlich zu denen, die nicht mehr meckern oder zaudern oder die jeweiligen Umstände für ein Nichtgelingen eines neuen Planes verantwortlich machen. Sie sind jetzt bereit für eine Veränderung in Ihrem Leben. Sie sind mittendrin und haben die Weichen für die Verwirklichung Ihres Traumes gestellt. Allein dadurch, dass Sie jetzt gedanklich damit starten, Ihren Plan in die Tat umzusetzen, beginnt bereits Ihr neues Leben. Ich würde mir für Sie wünschen, dass Sie bei Ihren Gedanken an Ihre berufliche Zukunft Vorfreude, Zuversicht und auch ab und zu Glücksgefühle verspüren. Diese entstehen schon durch die ersten Schritte in eine neue Richtung. Wie gesagt, der permanente Glückszustand ist ein Irrglaube. Es geht darum, ein erfülltes Leben zu führen. Indem Sie nun gedanklich die „Reset"-Taste drücken und jetzt neu durchstarten, werden Sie sich schon sehr zeitnah befreiter, erfüllter und wohler fühlen in Ihrer Haut. Dann ist der Moment gekommen, an dem Sie merken, dass Sie glücklich sind. Ups, da war doch was?

Na ja, Sie werden es erleben; die Summe der Momente, in denen Sie sich zufrieden fühlen und die Sie jetzt durch Ihr Handeln in die Wege leiten, macht das Glücksgefühl aus. Kennen Sie den Ausspruch: "Glück ist ein Tuwort?" Ja, man muss vermutlich auch etwas für sein persönliches Glück tun. Das bedeutet, Ihr Weg zum Glück ist die Tat. Je mehr Sie für sich tun, desto höher ist Ihre Chance auf zahlreiche Glücksmomente. Und Sie tun ab jetzt das Richtige für sich.